BARBARES
ET
BANDITS

MICHEL LÉVY FRÈRES, ÉDITEURS

DU MÊME AUTEUR

EN VENTE :

HOMMES ET DIEUX

Troisième édition, un beau volume in-8º

EN PRÉPARATION :

LES FEMMES DE GOËTHE

AVEC UNE NOUVELLE PRÉFACE

Deuxième édition, un beau volume grand in-18

LES BUSTES ET LES MASQUES

Deux beaux volumes grand in-18

Clichy. — Imp. Paul Dupont et Cie, rue du Bac-d'Asnières, 12.

BARBARES
ET
BANDITS

— LA PRUSSE ET LA COMMUNE —

PAR

PAUL DE SAINT-VICTOR

PARIS

MICHEL LÉVY FRÈRES, ÉDITEURS
RUE AUBER, 3, PLACE DE L'OPÉRA

—

LIBRAIRIE NOUVELLE
BOULEVARD DES ITALIENS, 15, AU COIN DE LA RUE DE GRAMMONT

1871

Droits de reproduction et de traduction réservés

AVANT-PROPOS

Je rassemble en ce volume des pages écrites pendant les deux siéges de Paris, et les jours qui les ont suivis, contre les barbares de l'invasion et les bandits de la guerre civile. La Prusse en remplit la plus large part : presque toutes ont pour but l'ennemi perfide et cruel dont notre ressentiment n'égalera jamais les offenses. Les injures des journaux allemands m'ont prouvé que, quelquefois, elles avaient porté. A ces articles de polémique immédiate, j'ai joint une étude sur Frédéric-Guillaume Ier, le véritable fondateur de la monarchie prussienne. Ce n'est qu'une figure, mais, sous ses traits grossiers, perce déjà le caractère de la puissance malfaisante qui désolera le monde, si l'Europe ne parvient à la désarmer. J'ai cru aussi pouvoir ajouter à ce volume, sans hors-d'œuvre et sans disparate, deux notices nécrologiques : l'une, sur un célèbre écrivain, mort pendant le siége ; l'autre, sur un jeune artiste de grand avenir, frappé, au seuil de sa carrière, dans le dernier combat de Paris. Ces feuilles jetées au vent de l'orage, en gardent le trouble et le frémissement. Le lecteur y retrouvera peut-être quelques-unes des impressions qui l'ont agité dans ces jours terribles. Je les laisse telles que l'enthousiasme ou la colère de l'heure me les a dictées, avec leurs illusions déçues, leurs espoirs trompés et leurs présages démentis, avec leurs violences même et leurs emportements de langage. On n'écrit pas froidement au bruit du canon qui mutile et qui déchire la patrie. Mais, en maudissant la Prusse, j'ai tâché aussi de la pénétrer ; l'étude tient dans ce livre autant de place que l'indignation. Je n'ai rien à rétracter d'ailleurs des deux passions qui ont inspiré ces pages de combat : l'ardent amour de la France et la haine profonde de ses ennemis.

BARBARES ET BANDITS

I

HENRI HEINE ET LA PRUSSE

Dans la guerre d'idées aussi bien que d'armes que la France fait contre la Prusse, nous avons pour allié un des plus grands poëtes de l'Allemagne. Henri Heine fut de tout temps son ennemi mortel et lança sur son aigle noir les plus vives flèches de son carquois d'or. Allemand de cœur, Français d'adoption, il ne cessa, malgré les persécutions et l'exil, d'aimer tendrement son pays natal. Tout en raillant ses préjugés et ses ridicules, il resta fidèle à la vieille Allemagne. Jamais il ne voulut se faire naturaliser

Français, quoique cet acte lui eût ouvert, parmi nous, la carrière des honneurs et des hauts emplois. — « Oui, dit-il quelque part avec une ironie attendrie, où
» l'on sent des larmes mouiller le sourire, — oui, j'ai
» dit le vrai mot : ce fut le fol orgueil du poëte alle-
» mand qui m'empêcha, même *pro forma*, de deve-
» nir Français. Ce fut une chimère idéale dont je ne
» puis me débarrasser. Relativement à ce que nous
» nommons d'ordinaire patriotisme, je fus toujours
» un esprit fort; mais je ne pouvais toutefois me dé-
» fendre d'une certaine angoisse, quand il s'agissait
» de quelque chose qui, même de loin, pouvait sem-
» bler un divorce avec la patrie. Même dans l'âme du
» plus éclairé des hommes, subsiste toujours une pe-
» tite racine de mandragore de la vieille superstition,
» qui ne se laisse pas extirper. On n'en parle pas vo-
» lontiers, mais elle n'en pousse pas moins dans les
» recoins les plus mystérieux de notre âme ses bour-
» geons imprudents. Le mariage que j'avais con-
» tracté avec Notre-Dame d'Allemagne, notre chère
» Germania, la blonde gardeuse d'ours, ne fut jamais
» heureux. Je me souviens bien de quelques belles
» nuits de clair de lune où elle me pressait tendre-
» ment sur son large sein aux vertueuses mamelles;
» mais ces nuits sentimentales peuvent se compter;
» et, vers le matin, revenait toujours un refroidis-
» sement chagrin, accompagné de bâillements et de
» gronderies sans fin. Aussi avons-nous fini par vivre
» séparés de corps. Mais les choses n'allèrent pas jus-

» qu'à un divorce en forme. Je n'ai jamais pu prendre
» sur moi de me séparer de ma croix domestique.
» Toute apostasie m'est odieuse, et je n'aurais pu me
» séparer d'aucune chatte allemande, ni d'un chien
» allemand, quelque insupportables que fussent ses
» puces et sa fidélité. Sous ce rapport, le plus petit
» cochon de mon pays ne saurait se plaindre de moi.
» Parmi les élégants et spirituels pourceaux du Péri-
» gord qui ont découvert les truffes et s'en engrais-
» sent, je ne reniai jamais ces modestes porcs qui,
» chez nous, dans la forêt de Teutobourg, se gorgent,
» dans de simples auges de bois, des fruits du chêne
» paternel, comme autrefois leurs pieux ancêtres, du
» temps où Arminius battit Varus. Je n'ai pas perdu
» non plus une seule des soies de mon germanisme,
» une seule sonnette de mon bonnet allemand, et j'ai
» toujours le droit d'y attacher la cocarde noire, rouge
» et or. Je puis encore dire à Masmann : « Nous autres
» ânes allemands! » Si je m'étais fait naturaliser en
» France, Masmann pourrait me répondre. : « Moi
» seul, je suis un âne allemand, toi tu ne l'es plus. »
» Et, là-dessus, il ferait une culbute moqueuse qui
» me briserait le cœur. Non, je ne me suis pas exposé
» à une telle avanie. Semblable chose ne sied pas à un
» poëte qui a écrit les plus beaux *lieder* allemands...
» Le tailleur de pierres qui ornera le lieu de mon
» dernier sommeil, ne sera contredit par personne,
» s'il y grave ces mots : « Ici repose un poëte
» allemand. »

Mais s'il aimait l'Allemagne, le poëte haïssait la Prusse, et sa haine n'était que le revers de ce grand amour. Né à Dusseldorf en 1801, alors que cette ville était encore la capitale du duché de Berg, jamais il ne voulut se reconnaître le sujet des Hohenzollern. Lorsqu'il vint se fixer en France, il se déclara « Prussien libéré. » En Athénien du Nord, il détestait cette Sparte de caserne, cette pesante et dure Macédoine dont il voyait déjà le joug de fer broyer et niveler son pays. Avec l'intuition du poëte, il prédisait le brutal servage que, depuis, elle a étendu sur l'Allemagne. Il lui déclara une guerre immortelle, et son arc d'Apollon germain fit pleuvoir sur elle des traits meurtriers.

On sait quel incomparable railleur était ce poëte exquis et magnifique entre tous. Parmi les dons que lui firent les Fées de l'Allemagne, groupées autour de son berceau, — flûte enchantée, miroir magique, baguette divinatoire des trésors cachés, — figure, en première ligne, ce fusil du *Freyschutz* dont toutes les balles portent coup. Le rire du Satyre éclatait souvent sur ce visage inspiré ; il ajustait l'épigramme avec une verve et une sûreté effrayantes. La langue de feu de l'ironie voltigeait jusque sur son grabat de paralytique. — « Je viens de voir Aristophane mourant ! » s'écriait un de ses compatriotes qui venait de visiter son étincelante agonie. Gaieté héroïque et poignante : elle était le masque, ou plutôt le casque que ce mourant avait revêtu pour jouter contre la douleur : derrière coulaient le sang et les larmes.

Empruntons à son œuvre quelques-unes des pages militantes qu'il a lancées sur la Prusse ; puisons des armes de fabrique allemande dans cet arsenal splendide et terrible. La guerre vient de les retremper dans l'actualité la plus vive ; les prédictions qui s'y mêlent leur donnent une portée singulière. Comme Balaam, amenons dans notre camp le poëte étranger pour lui faire maudire nos ennemis. Aujourd'hui même s'il vivait encore, il ne rétracterait pas, comme le devin biblique, ses malédictions.

En 1832, dans la préface de son livre : *De la France*, Henri Heine flétrissait au fer rouge l'hypocrite politique de la Prusse, préférant l'absolutisme dogmatique et net de l'Autriche à cette ambition tortueuse et vorace qui ressemble à l'appétit d'un peuple de proie. — « Au fait, disait-il, nous pouvons com-
» battre contre l'Autriche, lui livrer hardiment un
» combat à mort le glaive à la main ; mais nous sen-
» tons dans le fond du cœur que nous ne sommes pas
» fondés à insulter cette puissance avec des paroles
» offensantes. L'Autriche a toujours été un ennemi
» franc et honorable, qui n'a jamais nié, ni même
» suspendu un seul instant sa lutte contre le libéra-
» lisme. Metternich n'a jamais fait les doux yeux à la
» déesse de la liberté, jamais, dans l'inquiétude de
» son cœur, joué le démagogue, jamais chanté les
» chansons d'Arndt, jamais bu la bière blanche de
» Brandebourg, jamais joué aux gymnases patrioti-
» ques sur la bruyère, jamais fait de bigoterie piétiste,

» jamais pleuré sur les détenus des forteresses, pen-
» dant qu'il les y tenait à la chaîne. On a toujours su
» ce qu'il pensait à cet égard, toujours su qu'il fallait
» se garder de lui, et l'on s'en est fort bien gardé. On
» savait qu'il n'agissait ni par amour, ni par haine
» mesquine, mais grandement, et dans l'esprit d'un
» système auquel l'Autriche est demeurée fidèle de-
» puis trois siècles... Pour la Prusse, nous en devons
» parler sur un autre ton. Que les savants valets des
» bords de la Sprée rêvent un grand empereur des
» Borussiens et proclament l'hégémonie et la magni-
» fique et protectrice suzeraineté de la Prusse, à la
» bonne heure! Mais, jusqu'à présent, la couronne de
» *Carolus Magnus* est suspendue trop haut, et les
» doigts crochus des Hohenzollern pourraient bien ne
» pas réussir à la faire descendre jusqu'à eux, et à
» l'ajouter, dans leur escarcelle, à leur précédent bu-
» tin de tant de joyaux saxons et polonais.

» Oui, la couronne de Charlemagne est encore trop
» haut, et je doute qu'elle descende jamais sur la tête
» de ce prince éperonné d'or, auquel ses barons ren-
» dent déjà et par avance hommage, comme au futur
» restaurateur de la Chevalerie... Il est vrai que na-
» guère encore, beaucoup d'amis de la patrie ont
» souhaité l'agrandissement de la Prusse, et espéré
» voir dans ses rois les chefs d'une Allemagne une et
» indivisible; qu'on a su amorcer le patriotisme, et
» qu'il y a eu un libéralisme de Prusse, et que les
» amis de la liberté tournaient déjà des regards con-

» fiants vers les tilleuls de Berlin. — Pour moi je n'ai
» jamais voulu consentir à partager cette confiance.
» J'observais bien plutôt avec inquiétude cet aigle
» prussien ; et, pendant que d'autres vantaient sa
» hardiesse à regarder le soleil, moi je n'étais que
» plus attentif à ses serres. Je ne pouvais me fier
» à cette Prusse, bigot et long héros en guêtres,
» glouton, vantard, avec son bâton de caporal qu'il
» trempe dans l'eau bénite avant de frapper. Elle me
» déplaisait cette nature philosophe, chrétienne et
» soldatesque, cette mixture de bière blanche, de
» mensonge et de sable de Brandebourg. Elle me ré-
» pugnait, mais au plus haut degré, cette Prusse
» hypocrite, avec ses semblants de sainteté, ce Tar-
» tuffe entre les États. »

« Tartuffe entre les États », c'est une marque indélébile, que ce mot appliqué à cet État rapace et perfide, qui vole et rançonne « par la grâce de » Dieu », et rédige ses actes de rapine en jargon biblique. Cette tartufferie nationale s'est incarnée dans l'homme de violence et de ruse qui la gouverne aujourd'hui, et qui, de la franchise même, a fait un mensonge.

« Cette Prusse — ajoutait le poëte, lui arrachant
» tous ses masques — elle sait mettre tout à profit,
» même ses révolutionnaires. Elle emploie des com-
» parses de toutes couleurs pour sa comédie politique;
» elle utilise ses zèbres aux raies tricolores. Elle a fait
» servir, dans les derniers temps, ses démagogues les

» plus fougueux à prêcher par le monde que toute
» l'Allemagne devait devenir prussienne. Hégel a
» été obligé de démontrer comme rationnel l'escla-
» vage, c'est-à-dire le *statu quo* actuel. Il a fallu que
» Schleiermacher protestât contre la liberté, et recom-
» mandât le dévouement chrétien au bon plaisir de
» l'autorité. C'est chose infâme et révoltante que cette
» profanation de philosophes et de théologiens, par
» l'influence desquels on veut agir sur le peuple, et
» qu'on force à se déshonorer publiquement, à trahir
» la raison et Dieu. Que de beaux noms flétris ! que
» de charmants talents desséchés dans le but le plus
» indigne ! Qu'il était beau, le nom d'Arndt, avant
» que, par ordre supérieur, il écrivit ce pamphlet tei-
» gneux, où il frétille comme un chien, en l'honneur
» de l'ancien maître, et, en vrai chien vandale, aboie
» après le soleil de Juillet ! Schleiermacher est cheva-
» lier de l'Aigle-Rouge de troisième classe. C'était ja-
» dis un meilleur chevalier et, par lui-même, un aigle,
» et il appartenait à la première classe. Mais ce ne
» sont pas seulement les grands, ce sont aussi les
» petits qu'on ruine de cette façon. Nous avons le
» pauvre Ranke, que le gouvernement prussien a fait
» voyager à ses frais. Il avait un joli talent pour dé-
» couper et coller d'un air pittoresque, les unes à côté
» des autres, de petites figurines historiques : excel-
» lente âme, tendre comme de l'agneau aux navets
» de Teltow, homme innocent, que je prendrai pour
» ami de la maison, si jamais je me marie ; et certai-

» nement libéral. Aussi le pauvre garçon a été ré-
» cemment obligé de faire, dans la *Gazette d'État*,
» une apologie des résolutions prussiennes de la
» Diète. D'autres stipendiés que je ne veux pas nom-
» mer, ont dû faire de même, et ce sont pourtant des
» libéraux. — Oh ! je les connais ces jésuites du
» Nord ! Quiconque, par besoin ou par légèreté, a
» une fois accepté d'eux la moindre chose est perdu
» pour toujours. De même que l'enfer n'abandonne
» plus Proserpine depuis qu'elle y a mangé un pepin
» de grenade, ainsi ces jésuites détiennent à tout ja-
» mais l'homme qui a reçu d'eux la plus chétive ba-
» gatelle, ne serait-ce qu'un pepin de la grenade
» d'or, ou pour parler prosaïquement, un simple
» louis. A peine lui permettent-ils, comme l'enfer à
» Proserpine, de remonter l'espace d'une demi-année
» sous le soleil de la terre. Pendant cette période,
» ces gens nous apparaissent comme des hommes de
» lumière, et prennent place parmi nous autres
» Olympiens, et ils parlent et ils écrivent tout d'am-
» broisie libérale. Cependant, au temps prescrit, on
» les retrouve dans les ténèbres infernales, dans
» l'empire de l'obscurantisme, où ils écrivent des
» apologies prussiennes... Quand Napoléon mesurait
» avec ses pas l'étroit espace de sa cage de bois, à
» Sainte-Hélène, et qu'il lui revenait dans l'esprit
» qu'il avait omis d'écraser la Prusse, il grinçait alors
» des dents, et si un rat venait à passer en ce mo-
» ment sous ses pieds, il écrasait le malheureux rat. »

Douze ans plus tard, en 1844, dans son poëme de *Germania*, relation humouristique du voyage qu'il fit, à cette époque, en Allemagne, Henri Heine, retrouvant la Prusse à Aix-la-Chapelle, roide et hostile comme un poteau de frontière, sentait l'antipathie native se réveiller dans son âme, et il écrivait ces strophes, où le sarcasme étincelle :

« — A Aix-la-Chapelle, les chiens s'ennuient dans
» les rues, et ont l'air de vous faire cette humble
» prière : « Donne-moi donc un coup de pied, ô étran-
» ger ! peut-être cela nous distraira-t-il un peu. » —
» J'ai flâné une petite heure dans ce trou ennuyeux.
» C'est là que je revis l'uniforme prussien, il n'est
» pas beaucoup changé. — Ce sont toujours les man-
» teaux gris avec le col haut et rouge : « Le rouge si-
» gnifie le sang français », chantait autrefois Kœrner
» dans ses dithyrambes guerriers. — C'est toujours
» le même peuple de pantins pédants, c'est toujours
» le même angle droit à chaque mouvement, et, sur
» le visage, la même suffisance glacée et stéréotypée.
» — Ils se promènent toujours aussi roides, aussi
» guindés, aussi étriqués qu'autrefois, et droits
» comme un I : on dirait qu'ils ont avalé le bâton
» de caporal dont on les rossait jadis. — Oui, l'ins-
» trument de la schlague n'est pas entièrement dis-
» paru chez les Prussiens, ils le portent maintenant
» à l'intérieur. Leur longue moustache n'est tout
» bonnement qu'une nouvelle phase de l'empire des
» perruques ; au lieu de pendre sur le dos, la queue

» vous pend maintenant sous le nez. — Je fus assez
» content du nouveau costume de cavalerie ; je dois
» en faire l'éloge. J'admire surtout l'armet à pique,
» le casque avec sa pointe d'acier sur le sommet. —
» Voilà qui est chevaleresque, voilà qui sent le ro-
» mantisme du bon vieux temps, la châtelaine Jeanne
» de Montfaucon, les barons de Fouqué, Uhland et
» Tick. — Cela rappelle si bien le moyen âge avec ses
» écuyers et ses pages, qui portaient la fidélité dans
» le cœur et un écu sur le bas du dos ! — Cela rap-
» pelle les croisades, les tournois, les cours d'amour
» et le féal servage, et cette époque des croyants sans
» presse où les journaux ne paraissaient pas encore.
» — Oui, oui, le casque me plaît ! il témoigne de
» l'esprit élevé de S. M. le spirituel roi de Prusse.
» C'est véritablement une saillie royale ; elle ne
» manque pas de pointe, grâce à la pique. — Seule-
» ment, je crains, messires, quand l'orage s'élèvera,
» que cette pointe n'attire sur votre tête romantique
» les foudres plébéiennes les plus modernes. — A
» Aix-la-Chapelle, je revis à l'hôtel de la poste, l'aigle
» de Prusse que je déteste tant ; il jetait sur moi des
» regards furieux. — Ah ! maudit oiseau ! si jamais
» tu me tombes entre les mains, je t'arracherai les
» plumes et je te rognerai les serres ; — puis je t'at-
» tacherai dans les airs, au haut d'une perche, en
» point de mire d'un tir joyeux, et autour de toi j'ap-
» pellerai les arquebusiers du Rhin. — Et le brave
» compagnon qui me l'abattra, je l'investirai du

» sceptre et de la couronne rhénane ; nous sonne-
» rons des fanfares et nous crierons : « Vive le
» roi ! »

Plus loin, le poëte, pénétrant dans la montagne enchantée où dort Frédéric Barberousse, et causant avec le vieil empereur légendaire, lui redemande, avec une mordante ironie, le moyen âge, ses pompes et ses œuvres, plutôt que la féodalité soldatesque exhumée et galvanisée par la schlague moderne de la Prusse : — « Sors bientôt, mon empereur, de ta
» montagne; reviens ! reviens ! — Si la guillotine ne
» te plaît pas, tiens-t'en aux anciennes méthodes : l'é-
» pée pour les nobles, la corde pour les bourgeois
» et les vilains. — Seulement, change de temps en
» temps ; fais pendre les nobles et décapiter un peu
» les bourgeois et les paysans ; car nous sommes
» tous des créatures du bon Dieu. — Rétablis le
» code pénal, la procédure impitoyable de Charles-
» Quint, et divise le peuple en états, en commu-
» nautés et en corporations. — Rétablis-nous le
» vieux saint-empire romain ; rends-nous toutes ces
» guenilles resplendissantes, avec toutes leurs gen-
» tillesses vermoulues. — Le moyen âge, le vrai
» moyen âge, tel qu'il a été, je veux bien l'accep-
» ter ; mais délivre-nous de ce régime bâtard, —
» de cette chevalerie en uniforme prussien, hideux
» mélange de superstition gothique et de moderne
» mensonge qui n'est ni chair ni poisson. — Chasse-
» moi cet attirail de comédiens, chasse-les de ces

» tréteaux où l'on parodie le passé. Viens, vieux
» empereur Barberousse ! »

Ce que Henri Heine détestait surtout dans la Prusse, c'était cette haine brutale de la France qu'on apprend chez elle à l'école, dont elle a fait l'âme damnée de sa politique, et qu'elle cherche à inoculer à l'Allemagne, comme une rage nationale. *Gallophagie* est le nom presque médical de ce virus écumant. Les teutomanes s'intitulent fièrement *Franzosenfresser*, « mangeurs de Français. » La teutomanie vit en Prusse à l'état de secte grotesque et farouche. Manger du Français à la choucroute dans les brasseries ; grimper au mât dans les salles de gymnastique, pour s'exercer à la conquête de la Gaule ; boire de la bière dans une sorte de verre taillé en forme de crâne romain, et que l'on appelle pour cela *roemer ;* se garder, comme d'un blasphème, de tout mot d'étymologie française ; apprendre, dans les manuels d'université, que le « peuple français est un peuple de singes, *affenwolk* », et que « la ville de Paris est la vieille maison de Satan », *Paris das alte Haus des Satans ;* aller saluer comme des ancêtres, dans le Walhalla du roi Louis de Bavière les bustes d'Alaric et de Totila, et les encenser d'un nuage de mauvais tabac ; allumer, chaque année, sur la plus haute montagne, un feu de paille à l'anniversaire de la bataille de Leipzig ; s'enivrer religieusement le jour de la prise de Paris, sont les rites sacrosaints de cette franc-maçonnerie gallophobe. Ses griefs contre nous ne remontent pas seulement aux guerres du premier empire ; ils se rattachent à toute sorte de vieux démêlés gothiques dont, avec notre légèreté française, nous avons perdu la mémoire. Cela remonte aux temps d'Armin, le Germain tatoué, et de cette vieille Thusnelda que l'Ambigu remettait l'autre jour en scène.

Henri Heine nous mettait en garde contre cette haine fossile et immémoriale. — « Prenez garde — nous
» disait-il — je n'ai que de bonnes intentions, et je
» vous dis d'amères vérités. Vous avez plus à
» craindre de l'Allemagne délivrée que de la Sainte-
» Alliance tout entière, avec tous les Croates et tous
» les Cosaques. D'abord, on ne vous aime pas en
» Allemagne, ce qui est presque incompréhensible,
» car vous êtes pourtant bien aimables, et vous
» vous êtes donné, pendant votre séjour en Allema-
» gne, beaucoup de peine pour plaire au moins à
» la meilleure et à la plus belle moitié du peuple
» allemand. Mais, lors même que cette moitié vous
» aimerait, c'est justement celle qui ne porte pas
» d'armes et dont l'amitié vous servirait peu. Ce
» qu'on vous reproche au juste, je n'ai jamais pu
» le savoir. Un jour, à Gœttingue, dans un cabaret
» à bière, un jeune Vieille-Allemagne dit qu'il fallait
» venger dans le sang des Français le supplice de
» Konradin de Hohenstaufen que vous avez décapité
» à Naples. Vous avez certainement oublié cela, mais
» nous n'oublions rien, nous. Vous voyez que lors-
» que l'envie vous prendra d'en découdre avec

» vous, nous ne manquerons pas de raisons d'alle-
» mand. Dans tous les cas, je vous conseille d'être
» sur vos gardes : qu'il arrive ce qu'il voudra en
» Allemagne, que le roi de Prusse ou le docteur
» Wirth parvienne à la dictature, tenez-vous tou-
» jours armés, demeurez tranquilles à votre poste,
» l'arme au bras. Je n'ai pour vous que de bonnes
» intentions, et j'ai été presque effrayé quand j'ai
» entendu dire dernièrement que vos ministres
» avaient le projet de désarmer la France... Comme,
» en dépit de votre romantisme actuel, vous êtes
» nés classiques, vous connaissez votre Olympe.
» Parmi les joyeuses divinités qui s'y régalent de
» nectar et d'ambroisie, vous voyez une déesse qui,
» au milieu de ses doux loisirs, conserve néanmoins
» toujours une cuirasse, le casque en tête et la lance
» à la main. — C'est la déesse de la sagesse. »

De même, Edgar Quinet raconte quelque part, que, voyageant sur le Rhin, avec un écrivain allemand, distingué du reste et même modéré, il se hasarda à lui demander quel était, selon lui et ses amis, le but politique vers lequel tendait l'Allemagne. A quoi il lui répondit du plus grand sang-froid : « Nous voulons revenir au traité de Verdun entre les fils de Louis le Débonnaire. »

Le teutomane était un des plastrons favoris d'Henri Heine; il le bafouait à outrance et le criblait de traits acérés. Dans ses tournois satiriques, c'était sur cette tête de Cimbre qu'il essayait le plus volontiers la

force de son esprit. Avec quelle verve comique il nous peint dans son livre du *Hartz*, un de ces voltigeurs d'Arminius! — « Mon Prussien de Greifswald assura
» que la simplicité et la force allemandes n'étaient
» pas encore éteintes, se frappa à s'ébranler la poi-
» trine, et vida là-dessus une énorme cruche de
» bière blanche. Celui-ci appartenait encore à ces
» temps patriotiques où la vermine vivait à souhait,
» et où les coiffeurs couraient risque de mourir de
» faim. Il portait une longue chevelure tombante,
» une barette chevaleresque, un habit noir teutoni-
» que, une chemise sale, qui servait également de
» gilet, et, par-dessus, un médaillon contenant quel-
» ques crins blancs du cheval de Blücher. C'était
» un niais de grandeur naturelle. Mon ami de Greifs-
» wald était aussi un barde allemand, et il me
» confia qu'il travaillait à un poëme héroïque na-
» tional, à la louange d'Arminius et de la bataille de
» Teutobourg. Je lui donnai plus d'un bon conseil
» pour la confection de cette épopée; je lui fis re-
» marquer qu'il pouvait donner une idée très ono-
» matopéique des marécages et des chemins raboteux
» de la forêt de Teutobourg par des vers rocailleux
» et flasques, et que ce serait une finesse patriotique
» de ne prêter à Varus et aux Romains que de véri-
» tables sottises. J'espère que cet artifice du métier
» lui aura réussi, comme aux autres poëtes de Ber-
» lin, de manière à produire l'illusion la plus ef-
» frayante. »

Ce qui répugnait surtout à Heine dans la Teutomanie, c'était sa grossièreté barbare et son étroitesse de tribu. Son esprit lumineux et libre avait horreur de ce patriotisme hargneux, parqué dans ses préjugés et ses superstitions de race, comme dans un clan insociable. — « Oui, dit-il, j'ai pu même jadis prendre
» en dégoût la chose elle-même, quand je vis la
» mascarade de ces noirs imbéciles qui ont fait du
» patriotisme leur métier régulier et ordinaire, se
» sont accoutrés d'un costume assorti au métier, se
» sont réellement partagés en maîtres, compagnons
» et apprentis, et avaient leur salut et leurs signes
» de passe, avec lesquels ils s'en allaient s'escrimer
» dans le pays. Je dis s'escrimer, dans le sens le plus
» canaille des teutomanes; car la véritable et noble
» escrime avec le glaive n'a jamais fait partie des
» us et coutumes de ce corps de métier. Leur père
» Jahn, Jahn le père de la maîtrise, fut, comme cha-
» cun sait, aussi lâche qu'absurde pendant la guerre
» avec la France. Ainsi que le maître, la plupart des
» compagnons n'étaient que des espèces vulgaires,
» des hypocrites mal léchés dont la grossièreté n'était
» pas même de bon aloi. Ils savaient fort bien que
» la naïveté allemande considère encore aujourd'hui
» la rudesse comme un indice de courage et de
» loyauté, quoiqu'un regard jeté dans nos maisons
» de correction pût suffire à démontrer que des gre-
» dins sont rudes aussi, de même que beaucoup de
» lâches. En France, le courage est civilisé et poli,

» et la loyauté porte des gants et vous tire le cha-
» peau. En France, le patriotisme consiste dans
» l'amour pour le pays natal, parce qu'il est en
» même temps la patrie de la civilisation et des pro-
» grès de l'humanité. Le susdit patriotisme allemand
» consiste, au contraire, dans la haine contre la
» France, dans la haine contre la civilisation et le
» libéralisme. N'est-ce pas que je ne suis pas un pa-
» triote, moi qui loue la France ? »

Il revient ailleurs, avec un redoublement de spirituelle éloquence, sur ce fétichisme tudesque opposé à
la propagande généreuse et large du génie français :
— « On chercha, pour renverser Napoléon, à réveiller
» un sentiment commun à tous les Allemands, et
» alors les personnages les plus éminents parlèrent
» de la nationalité allemande, d'une patrie commune
» à tous, de la réunion des races chrétiennes de
» la Germanie, de l'unité de l'Allemagne. On nous
» commanda le patriotisme, et nous devînmes pa-
» triotes; car nous faisons tout ce que nos princes
» nous commandent. Il ne faut pas cependant se
» représenter, sous ce nom de patriotisme, le senti-
» ment qui porte ce nom en France. Le patriotisme
» du Français consiste en ce que son cœur s'échauffe,
» qu'il s'étend, qu'il s'élargit, qu'il enferme dans
» son amour, non pas seulement ses plus proches,
» mais toute la France, tout le pays de la civilisa-
» tion. Le patriotisme de l'Allemand, au contraire,
» consiste en ce que son cœur se rétrécit, qu'il se

» rapproche comme le cuir par la gelée, qu'il cesse
» d'être un citoyen du monde, un Européen, pour
» n'être plus qu'un étroit Allemand. Nous vîmes
» alors la balourdise idéale mise en pratique par le
» sieur Jahn, et ce fut l'aurore de la teigneuse et
» rustique opposition contre le sentiment le plus
» noble et le plus saint de tous ceux qu'a produits
» l'Allemagne, contre cet amour de l'humanité,
» contre cette fraternité universelle, ce cosmopoli-
» tisme, qui ont été professés en tous temps par nos
» grands génies, par Lessing, par Herder, par Schil-
» ler, Gœthe, Jean-Paul, et toutes les âmes élevées
» de notre patrie. »

Né sur les bords du Rhin, Henri Heine s'indignait de le voir rouler à l'état de torrent prussien. De ce courant de division et de haine, il voulait faire un fleuve de concorde et de sympathie. — « Nous avons,
» disait-il dans la préface de sa *Germania*, le cœur
» cuirassé contre la mauvaise humeur de ces hé-
» roïques laquais à la livrée noire, rouge et or. Je
» les entends crier déjà de leur grosse voix : « Tu
» blasphèmes les couleurs de notre drapeau national,
» contempteur de la patrie, ami des Français, à qui
» tu veux livrer le Rhin libre ! » Calmez-vous ; j'es-
» timerai, j'honorerai votre drapeau lorsqu'il le mé-
» ritera et qu'il ne sera plus le jouet des fous et des
» fourbes. Plantez vos couleurs au sommet de la
» pensée allemande, faites-en l'étendard de la libre
» humanité, et je verserai pour elles la dernière goutte

» de mon sang. Soyez tranquilles, j'aime la patrie tout
» autant que vous. C'est à cause de cet amour que
» j'ai vécu tant de longues années dans l'exil, sans
» pleurnicher, sans faire les grimaces d'un martyr.
» J'aime les Français comme j'aime tous les hommes
» quand ils sont bons et raisonnables, et parce que je
» ne suis pas assez sot et assez méchant moi-même
» pour désirer que les Allemands et les Français, ces
» deux peuples élus de la civilisation, se cassent la
» tête pour le plus grand bien de l'Angleterre et de la
» Russie. Soyez tranquilles, jamais je ne livrerai le
» Rhin aux Français, par cette simple raison que le
» Rhin est à moi. C'est sur ses bords qu'est mon ber-
» ceau, et je ne vois pas pourquoi le Rhin appartien-
» drait à d'autres qu'aux enfants du pays. Il faut,
» avant tout, le tirer des griffes de la Prusse. Après
» avoir fait cette besogne nous choisirons, par le suf-
» frage universel, quelque honnête garçon qui aura
» les loisirs nécessaires pour gouverner un peuple
» honnête et laborieux. Quant à l'Alsace et à la Lor-
» raine, je ne puis les incorporer aussi facilement que
» vous le faites à l'empire allemand. Les gens de ce
» pays tiennent fortement à la France, à cause des
» droits civiques qu'ils ont gagnés à la Révolution
» française, à cause de ces lois d'égalité et de ces
» institutions libres qui flattent l'esprit de la bour-
» geoisie, bien qu'elles laissent encore beaucoup à
» désirer pour l'estomac des grandes masses. »

Terminons par ces lignes écrites en 1841, et dont

les événements font une prophétie d'heureux présage, d'héroïque et vainqueur augure : — « Les fortifica-
» tions de Paris sont l'événement le plus grave de
» notre temps, et les hommes qui ont voté dans la
» Chambre des députés, pour ou contre cette œuvre
» prodigieuse, ont opéré sur l'armée la plus grande
» influence. A cette enceinte continue, à ces forts
» détachés, se relie désormais le sort de la nation
» française. Ces constructions avanceront-elles l'éta-
» blissement de la liberté ou de la servitude? Sauve-
» ront-elles Paris d'une surprise ennemie, ou l'expo-
» seront-elles impitoyablement au droit dévastateur de
» la guerre? Je l'ignore; car je n'ai ni siége ni voix
» au conseil des dieux. Mais je sais que les Français
» se battraient parfaitement bien s'ils devaient un
» jour défendre Paris contre une troisième invasion.
» Les deux invasions antérieures n'auraient servi
» qu'à accroître la fureur de la résistance. »

C'est une gloire pour la France que d'avoir, de tout temps, rallié à son génie et à son influence les plus grands esprits de cette Allemagne, aujourd'hui liguée contre nous. — Schiller saluait sa Révolution avec enthousiasme, et la Convention le proclamait citoyen français. Beethoven chantait nos victoires. Gœthe, au milieu même des cruelles guerres de l'Empire, refusait de mêler sa grande voix aux cris de fureur que soulevaient nos conquêtes : — « Comment,
» disait-il, aurais-je pu écrire des chants de haine
« sans haïr? Et je ne haïssais pas les Français,

» quoique je remercie Dieu de nous en avoir délivrés.
» Comment moi, pour qui la civilisation et la barbarie
» sont des choses d'importance, comment aurais-je
» pu haïr une nation qui est une des plus civilisées
» de la terre, et à qui je dois une si grande part de
» mon propre développement? » Henri Heine vint chercher en France la patrie de son choix et de son esprit. Ainsi l'élite de l'Allemagne, tout ce qui chez elle est illustre, tout ce qui chez elle est sublime, a toujours été l'allié de la France. Nous avons aujourd'hui, contre nous, ses hordes; dans le passé, du moins, sa légion sacrée est pour nous.

22 août 1870.

II

L'ALLEMAGNE ET LA PRUSSE [1]

Voici un livre écrit et publié quelques mois avant la guerre, qu'il faut relire aujourd'hui. Les événements lui ont donné une portée nouvelle; ils ont élargi ses aperçus et réalisé ses présages. L'auteur, M. Victor Cherbuliez, est, comme on sait, un romancier distingué qui s'est trouvé, d'un jour à l'autre, historien sagace. Génevois de naissance, il n'apporte dans ses jugements sur la Prusse ni rivalité de race, ni antipathie nationale. C'est en dilettante politique qu'il l'expose et qu'il la raconte. Mais la force des choses est telle que ce livre, d'une impartialité évidente, devient un acte d'accusation sans appel. La politique prussienne y est percée à jour, disséquée à vif. Elle y est décrite en lignes trop légères, mais qu'il suffit de forcer pour faire saillir leur justesse. Le lecteur français, en le parcourant, n'a qu'à l'ac-

---

1. *L'Allemagne et la Prusse*, par Victor Cherbuliez, un vol. in-8°.

centuer de sa haine et le souligner de marques sanglantes.

Quoiqu'il en ait trop adouci les traits, M. Cherbuliez a vivement caractérisé, dans son livre, cette nation rapace et tortueuse, organisée, comme les animaux de proie, pour la ruse et la destruction. Née au milieu des sables du Brandebourg, sous un ciel dur, dans une terre ingrate qui ne produisait que des sapins et des seigles, il lui a fallu de bonne heure voler pour vivre et empiéter pour s'étendre. On sait l'humble origine de ce royaume parvenu. Ce fut en 1700 que Frédéric Ier, duc de Prusse, obtint de l'empereur d'Allemagne, à d'humiliantes conditions, sa promotion au titre de roi. Comme l'a dit Macaulay, « le nouveau souverain, en présence des autres têtes couronnées de l'Europe, faisait alors à peu près la même figure que ferait un nabab ou un commissaire des guerres, après avoir acheté un titre, s'il se trouvait en compagnie de pairs dont les ancêtres auraient été poursuivis par les Plantagenets, pour crime de haute trahison. » Le pape, l'électeur de Saxe et le grand maître de l'Ordre Teutonique refusèrent de reconnaître cette majesté de nouvelle fabrique. Louis XIV ne voulut voir en lui comme devant, que l'archichambellan de l'empire. Ce royaume factice et baroque, composé de provinces éparses, intercepté par d'immenses enclaves, ne paraissait pas capable de vivre. C'était une sorte de monstre grêle, ayant une tête et des jambes sans avoir de corps. Frédéric II le définissait lui-même : « une espèce d'hermaphrodite tenant plus de l'électorat que du royaume. » Il s'agissait de « décider cet être. » La conquête brutale de la Silésie, le dépècement de la Pologne, les traités de Vienne lui donnèrent tour à tour de la consistance et de la rondeur ; Sadowa l'étendit démesurément. Aujourd'hui le monstre, agrandi et devenu gigantesque, se rue sur la France, convoite la Hollande, veut s'étaler de la Baltique à l'Adriatique... Depuis Charles-Quint, l'Europe ne s'est pas trouvée en pareil péril.

Le caractère de la Prusse est celui de sa politique : depuis deux siècles ce peuple enrégimenté fait bande à part en Allemagne. Né par la force et dressé par elle, il ne connaît que ses œuvres. Sans imagination et sans enthousiasme, il s'emboîte et se restreint volontiers dans les cadres de fer de la discipline ; il y a de la servilité dans sa morgue et de la routine dans son énergie. Son originalité d'esprit est nulle ; sa culture intellectuelle, très-exacte et très-étendue, ne dépasse jamais un certain niveau. Le génie littéraire lui est étranger ; aucun grand écrivain n'est sorti de lui : Kant est le seul penseur qu'il ait engendré. Apre au travail, dur à la peine, façonné à l'obéissance, les passions généreuses n'ont aucune prise sur son égoïsme étroit et hostile. « Il n'est pas de nation, dit M. Cherbuliez, moins fantaisiste, moins chevaleresque ; leur bon sens les préserve de toutes les folies dangereuses ; ils ne feront jamais la guerre pour une idée, et quand, d'aventure, ils ont l'air de s'éprendre pour une Dulcinée, on peut être sûr qu'elle a une grosse dot. »

A cet esprit morne et dur ajoutez un fond de barbarie native que la lutte fait reparaître dans toute son horreur. Ce n'est ni de Berlin, ni de Breslau, mais des forêts décrites par Tacite dans sa *Germania*, que semblent sortir les hordes prussiennes déchaînées sur un pays envahi. On dirait les Chérusques et les Huns des invasions romaines, revenant avec des canons et des fusils à aiguille. Même cruauté farouche, même appétit de pillage, même vandalisme implacable. On les voit à l'œuvre devant Strasbourg, dont, par-dessus les remparts, ils bombardent les habitants sans défense. Et que dire de la cathédrale atteinte par leurs boulets stupides, de cette cathédrale édifiée par des mains allemandes, qui est à l'art germanique ce que le Parthénon était à l'art de la Grèce ! Ici les Prussiens ont dépassé les Vandales. S'il avait trouvé un monument germain dans Rome, lorsqu'il la mit à feu et à sang, Genséric l'aurait épargné.

Il n'y a que l'État dans la Prusse ; il l'accapare et il la remplit. L'homme n'est pour lui qu'un sujet corvéable, sinon taillable à merci, qu'il jette dans son moule, façonne à son type, aligne à divers angles, selon l'emploi où il l'encadre et l'usage qu'il veut en faire. Sous des formes modernes, la vassalité s'y est perpétuée. L'esprit du moyen âge fait mouvoir cette machine exacte et précise, si admirable-

ment montée pour l'absorption et pour l'oppression. La noblesse y fait caste, les communes ont leurs suzerains ; il est telle partie de la Prusse qui semble un morceau conservé et vivant encore du monde féodal. — Dans ses provinces orientales, les terres sont encore classées en terres nobles et en terres roturières ou vilaines, et le seigneur du domaine noble gouverne absolument la commune. Le *Landretch*, code civil de ces provinces, a gardé les lois gothiques d'un *Coutumier* du quatorzième siècle. — « Il arriva, il y a peu
» d'années, — raconte M. Cherbuliez — qu'un homme
» de qualité s'éprit d'une danseuse et l'épousa. Il en
» eut un enfant, auquel il légua sa fortune en mou-
» rant. Les collatéraux, frustrés de leurs espérances,
» attaquèrent le testament et plaidèrent la nullité du
» mariage, le *Landretch* interdisant le mariage entre
» la noblesse et la petite bourgeoisie ; mais ce même
» *Landretch* a fait aux artistes la gracieuseté de les
» classer parmi la grande bourgeoisie. Le tribunal fut
» embarrassé : une danseuse est-elle oui ou non une
» artiste ? On jugea que celle qui danse des solos fait
» de l'art, mais que le corps de ballet est de la petite
» bourgeoisie. On feuilleta les registres de l'Opéra ; il
» fut constaté que la ballerine en question avait dansé
» une fois un pas seul. Le mariage fut déclaré valide
» et l'enfant hérita. »

Les vieux torys anglais du dernier siècle, les émigrés de notre « Chambre introuvable » étaient des libéraux éclairés et des esprits lumineux auprès des hobereaux dont le parti — *junkerthum* — prédomine en Prusse : aristocratie ignare et hargneuse, ankylosée dans ses préjugés, glacée dans son insolence, pour qui la littérature est une sorte de baladinage supérieur et la libre pensée une peste publique.

L'armée est tout dans ce pays construit sur un plan de caserne. Au commencement de ce siècle, un homme d'État hanovrien, Rehberg, écrivait déjà : « La Prusse n'est pas un pays qui a une armée, c'est une armée qui a un pays. » Mais cette armée, quoique recrutée par le peuple entier, n'a rien de démocratique. L'accès des grades n'y est ouvert qu'à la grande ou petite noblesse. Sur deux cent-huit généraux qu'elle possédait avant la guerre, neuf seulement étaient bourgeois. La noble familiarité qui règne en France entre l'officier et le soldat, paraîtrait chez elle une monstruosité. La schlague et l'injure font partie de son commandement. Sa discipline est une terreur qui rompt les âmes comme les corps, qui aligne les volontés comme les jambes. L'armée française est une famille ; l'armée prussienne est un troupeau fauve conduit par des belluaires menaçants. Elle forme un État dans l'État, une tribu tyrannique qui regarde de haut en bas la nation civile. Ses crimes et ses délits sont jugés à huis clos par des tribunaux mystérieux. Les violences faites aux citoyens par des officiers y sont punies de peines dérisoires prononcées dans l'ombre. — Dans l'été de 1869, un lieutenant prussien s'étant pris de querelle, pour un

motif futile, avec un employé de chemin de fer, le tua roide d'un coup d'épée; il fut jugé secrètement par un tribunal militaire : la sentence fut secrètement revisée ou confirmée par le roi. On sut vaguement que le condamné devait passer quelques années ou quelques mois dans une forteresse, mais on ne sut pas comment ses juges avaient qualifié son meurtre, ni ce que portait l'arrêt, ni à quoi se montait la peine. Le casque prussien devient un masque pour juger ceux qui le portent. — Aussi l'uniforme est-il en Prusse le grand porte-respect et presque l'unique. Ceux qui l'ont une fois endossé ne le quittent plus. « Tel personnage, dit M. Cherbuliez, s'il s'avi-
» sait de se promener en redingote dans les rues de
» Berlin, ferait autant de sensation que s'il y parais-
» sait en robe de chambre. Durant le séjour que le
» prince Napoléon fit à Berlin, la foule se pressa plus
» d'une fois sur ses pas, attirée par la curiosité de
» contempler un prince en habit bourgeois. » Une anecdote caractéristique peint au vif la préséance tranchante et incontestée que s'arroge en Prusse le militarisme. — « Un journaliste fort connu — dit
» l'auteur — nous racontait qu'il était allé voir, un
» jour, M. de Bismark, lequel, après une heure d'en-
» tretien, le congédia et le reconduisit jusqu'au seuil
» de son cabinet, où il s'arrêta suivant son visiteur
» du regard. Le journaliste avait à traverser une an-
» tichambre qui a deux issues, l'une de face, grande
» et large, l'autre de côté, petite porte dérobée qui

2.

» ressemble à une porte de dégagement ou de ser-
» vice. Il s'en allait sans penser à rien, quand un éclat
» de rire le fit tressaillir et se retourner. Vous venez
» de me faire faire pour la centième fois, lui cria
» M. de Bismark, une expérience intéressante. Tous
» les militaires qui sortent de chez moi s'en vont
» droit devant eux gagner la grande porte que voici ;
» tous les civils obliquent à gauche et se dérobent
» modestement par la petite. »

La Prusse, du reste, est faite à l'image de sa royauté, la plus fourbe, peut-être, que le monde ait vue. Carthage était naïve, la « perfide Albion » d'autrefois était magnanime auprès de ce gouvernement sans foi ni loi, sans conscience ni miséricorde, à qui tous les moyens sont bons pour prendre et pour réussir. Le mépris des traités, la violation des serments, les attentats aux droits, les embûches et les coups de main politiques sont depuis deux siècles les jeux de ses princes. Frédéric II y mettait du moins un sans-gêne cynique : il trahissait le front haut, mentait à tue-tête et ne *tartuffiait* pas ses rapines. La seule divinité qu'il reconnût était celle qu'il appelait « Sa Sacrée Majesté le Hasard. » — Dans ses mémoires, il avoue franchement l'iniquité de sa conquête de la Silésie. — « L'ambition, dit-il, l'intérêt,
» le désir de faire parler de moi l'emportèrent, et je
» décidai la guerre. » Mais, depuis, l'ambition prussienne a pris un masque mystique ; elle a allumé autour de son casque à pointe une auréole qui reluit

faux à cent pas; elle assaisonne de simagrées dévotes ses œuvres de sang. Son brigandage s'intitule « mission historique »; elle déguise ses pirateries en croisades. Quand il s'est emparé de la maison du voisin, ce Tartuffe en bottes fortes tombe hypocritement à genoux, se signe de sa main sanglante et rend grâces au Dieu des armées. Frédéric-Guillaume IV se proclamait déjà le « Vassal terrestre du Seigneur Dieu. » Mais le roi Guillaume a poussé jusqu'à l'horreur cette caricature grimaçante du fourbe bigot. Quoi de plus révoltant et de plus grotesque que sa dévotion à ce Dieu prussien dont il a fait un atroce fétiche, qu'il nourrit d'exterminations, auquel il fait dicter ses parjures, et qu'on ne peut se représenter que sous les traits du Moloch punique ou de ce Teutatès germain qu'on gorgeait de la chair des hommes! La fausse bonhomie dont ce vieux soudard couvre ses rapines, les rend plus odieuses. On se rappelle les homélies qu'il débitait, après Sadowa, aux députés du Hanovre qui le suppliaient d'épargner l'indépendance de leur pays. Ce n'étaient qu'assurances de désintéressement, condoléances gémissantes, compliments sur leur « féauté », protestations qu'il n'avait entrepris cette guerre que pour faire des « conquêtes morales. » Il ne s'était « décidé que le cœur gros (*schweret* » *und schwersten Herzens*), à une lutte, dont il avait » remis l'issue à Dieu. » En terminant cette pieuse harangue, le vieux sire se lavait les mains dans le bassin sanglant de Pilate, et déclarait les yeux au ciel que « la Providence ayant parlé », l'annexion du Hanovre était un fait accompli. — Il y a quelque chose de plus horrible que les rugissements du lion et du tigre, ce sont les larmes du crocodile, pleurant sur la proie broyée qu'il tient dans ses dents.

La Prusse s'est personnifiée, depuis dix ans, dans M. de Bismark. Avec lui, du moins, elle a levé le masque : son visage découvert ferait reculer Hobbes et effrayerait Machiavel. Le Mal a trouvé en lui son homme de génie. Il rappelle ces démons d'État que Milton nous montre dans le Pandœmonium, ourdissant la diplomatie de l'Enfer. La force primant le droit, le fer tranchant la justice, la trahison glorifiée, l'espionnage érigé en fonction publique, le parjure pris en flagrant délit et riant de lui-même, l'effraction et le vol appliqués à la liberté des peuples, sont les maximes de sa politique. M. de Bismark a fait de la scélératesse un système ; il a achevé de corrompre cette Prusse déjà si perverse. On y rit effrontément, aujourd'hui, en plein parlement, de la foi jurée. — Trois ans avant la guerre s'étaient écoulés, et la Prusse n'avait pas encore exécuté l'article du traité de Prague, par lequel elle s'engageait à rétrocéder au Danemark les districts du nord du Sleswig. Toutes les fois que les réclamations danoises réussissaient à se faire entendre dans le parlement prussien elles excitaient sur tous les bancs une « hilarité prolongée ». — « C'est » une » chose des plus comiques pour les députés prus-

» siens, disait un journal danois, le *Dagbladet,* que
» deux cent mille Danois croient pouvoir en appeler à
» leur bon droit. Invoquer les traités contre la Prusse
» leur paraît une naïveté si bouffonne que c'est à qui
» en fera des gorges chaudes. » Ces libéraux prussiens,
pacifiques et humanitaires, qui ne parlaient que de
progrès et de droit des peuples, qui s'acharnaient à
prévenir la guerre de 1866, rejetaient d'année en
année la loi militaire qui l'a rendue possible, et luttaient corps à corps contre le despotisme royal, se
sont ralliés à la victoire, dès le lendemain: Ils ont
rendu leur âme au fait accompli ; ils acclamaient le
soir ce qu'ils maudissaient le matin. Le canon de Sadowa les a renversés, convertis et illuminés, sur le
chemin du plus fort. On les a vus s'étonner qu'on eût
assuré aux États alliés la conservation de leur territoire, et taxer M. de Bismark de trop de clémence.
Comme le dit spirituellement M. Cherbuliez, « les
» mêmes gens qui avaient repoussé le verre de gloire
» qu'on leur présentait, en étaient venus à vouloir
» défoncer le tonneau. » Aujourd'hui même, c'est de
leurs rangs surtout que partent, d'un même aboi,
ces cris de meute réclamant le pillage et la curée de
la France. M. de Bismark peut être fier, il a tué la
conscience allemande.

Pour bien connaître cet homme et la politique qu'il
personnifie, il faut lire dans le livre de M. Cherbuliez
l'analyse serrée et sagace du piége dans lequel il a
enveloppé l'Allemagne après Sadowa : l'autonomie

dérisoire laissée aux États alliés comme un fantôme de leur existence, cette Confédération du Nord qui n'est qu'une vassalité travestie, la confusion savante et systématique des pouvoirs, les compétences mal délimitées comme des frontières indécises, les attributions embrouillées comme des énigmes, que le maître peut toujours résoudre à son gré, une Chambre haute qui n'est pas une Chambre, des ministères qui ne sont pas des ministères, une assemblée investie de toutes les prérogatives d'un parlement, à cette seule condiion qu'elle ne pourra jamais s'en servir, un chancelier responsable de la politique étrangère, des finances, des affaires intérieures, de l'administration militaire, et qui ne répond de rien parce qu'il répond de tout; un président qui, tour à tour, est chef de la Confédération et roi de Prusse, sans qu'il soit possible de savoir où commence le président, où finit le roi.... Ajoutez la spoliation cauteleuse, qui, dans la pratique, dépouille les États, pièce par pièce, de leur semblant de souveraineté. — « Sauf les cas imprévus, — disait un di-
» plomate, — c'est le caractère de la politique prus-
» sienne de ne dévaliser personne. Elle se contente
» de vous enlever un à un tous les boutons de votre
» habit, et quand il ne peut plus vous servir, elle
» vous en soulage. » L'esprit français répugne à entrer dans ce labyrinthe de ruse et de fraude ; il faut des yeux allemands pour voir dans sa nuit. La noirceur de ses stratagèmes échappe à la vue ; on s'y perd comme dans les dédales des mines et des sapes.

Comme elle embusque son armée dans le fond des bois, la Prusse cache sa politique dans un inextricable fouillis de mensonges. Il appartenait à M. de Bismark de faire un « instrument de règne » de l'obscurité germanique. Il a frappé l'Allemagne de la Plaie des ténèbres. La voracité prussienne, dirigée par lui, ressemble à cette hideuse araignée de mer qui dégorge contre sa proie une liqueur d'encre, trouble l'élément où elle nage et l'aveugle avant de la dévorer.

En terminant, détachons du livre de M. Cherbuliez un portrait de M. de Bismark, coloré d'une main trop légère, où l'éclair de l'indignation devrait remplacer les étincelles de l'esprit, mais d'une ressemblance assez vive sous son expression adoucie.

« Il vous est impossible, nous disait un jour un con-
» servateur prussien, en arpentant avec nous l'une
» des avenues du Thiergarten, il vous est impossible,
» à vous autres, Welches, Français ou Romans, de
» comprendre notre *premier*. Un tel homme n'a pu
» naître qu'en Prusse ; il n'a pu croître et grandir
» que sur le pavé de Berlin. Il y a en lui du
» *Bursche* d'université, du *Junker*, du lieutenant de
» la garde, du diplomate, du despote et du révolu-
» tionnaire ; tout cela assaisonné d'une sorte de fan-
» taisie ironique qui fait de lui un artiste et presque
» un poëte. Aristocrate, il l'est jusque dans la moelle
» des os ; non qu'il ait des préjugés ou le respect
» des traditions, mais par tempérament, par le goût

» et le talent de commander, par son immense
» mépris de la *phrase libérale*. Le fond de son âme
» est le scepticisme ; il ne croit qu'à la bêtise hu-
» maine, et il n'a jamais pris de sa vie des vessies
» pour des lanternes ; il les crève sans pitié. Hélas !
» il ne respecte pas davantage nos pauvres petites
» lanternes libérales ; il souffle malicieusement sur
» ces lumignons fumeux. Avec cela, radical dans
» l'âme, radical par sa méthode, par son peu de
» répugnance pour les moyens violents et sommaires,
» par son goût de trancher dans le vif... — Non,
» continuait notre interlocuteur, cet aristocrate scep-
» tique et radical n'est pas un type commun ; ce
» n'est pas un homme complet, je le veux bien ;
» mais c'est un homme très-compliqué. On admire
» beaucoup son audace, on admire aussi sa géniale
» et méphistophélique insolence ; et soyez sûr que
» la Prusse s'est réjouie plus d'une fois d'être repré-
» sentée dans ce monde par un insolent : elle sentait
» encore sur sa joue la rougeur du soufflet d'Olmütz.
» Mais l'insolence de M. de Bismark n'est point roi-
» deur d'esprit étroit, ni morgue de doctrinaire, c'est
» un procédé, un moyen de gouvernement. Rien ne
» lui est plus antipathique que le doctrinarisme, et,
» en ceci, il est vraiment prussien. C'est le propre
» de la politique prussienne de faire fi des idées
» comme des sentiments, des doctrines comme des
» traditions ; c'est, par essence, une politique de
» *main libre*, qui est toujours prête à jouer tous les

» jeux possibles, sans jamais engager l'avenir. A cet
» égard, M. de Bismark est le modèle accompli de
» l'homme d'État prussien. Jamais homme ne fut
» plus affranchi de toute pédanterie et de toute pru-
» derie conservatrice. Il est prêt, s'il le faut, à lier
» partie avec la révolution ; il se sent de force à lui
» faire tirer les marrons du feu et à les croquer à
» sa barbe. Ce qui n'est qu'à lui, c'est l'étonnante
» liberté de son langage : il méprise les petites dis-
» simulations ; il a inventé une nouvelle espèce de
» diplomatie, qui consiste à gagner en montrant son
» jeu ; il parle, il parle beaucoup : il instruit de
» ses projets l'univers, qui n'en croit rien ; il dit :
» Tel jour, je ferai ceci, et il le fait... C'est souvent
» un grand moyen de domination pour un homme
» d'État que de posséder les qualités les plus oppo-
» sées au tempérament de la nation qu'il gouverne.
» Quels services n'a pas rendus à M. de Bismark,
» dans un pays taciturne, gourmé, compassé et bou-
» tonné comme la Prusse, ce merveilleux abandon
» qui le caractérise, cette suprême désinvolture de
» conduite et de langage où se révèle la parfaite
» liberté d'un esprit abondant en idées, riche en com-
» binaisons, qui, sûr de son but, est toujours prêt
» à changer de route, ne s'asservit à aucun sys-
» tème, saisit l'occasion au vol, vit au jour le jour,
» et, pour ainsi dire, invente au fur et à mesure ses
» moyens. — Grand virtuose dont la carrière poli-
» tique est une perpétuelle improvisation. »

Accusez ces traits que le peintre n'a fait qu'effleurer, vous trouverez la méchanceté froide, le cynisme féroce, l'effronterie hautaine, un mépris satanique de l'humanité. Le portrait aujourd'hui a poussé au noir, le sang l'éclabousse et le défigure, et l'histoire l'accrochera bientôt à son pilori.

5 septembre 1870.

III

LA STATUE DE STRASBOURG

Une des manifestations les plus émouvantes du patriotisme parisien est la sainte idolâtrie, le culte ardent et passionné dont, sur la place de la Concorde, il entoure la statue de Strasbourg. Des pieds à la tête, l'image de la noble ville est pavoisée et comme drapée de drapeaux. On lui en fait une robe glorieuse, une parure héroïque, et les bandes rouges de ce vêtement d'étendards semblent les larges taches du sang qu'elle verse si vaillamment pour la France. Une guirlande de fleurs et de feuillages couronne sa tête crénelée ; d'autres couronnes, des bouquets sans nombre sont jetés pêle-mêle entre ses genoux ; des lanternes vénitiennes sont suspendues à ses pieds ; des inscriptions enthousiastes, des acclamations d'amour et de deuil, des chants patriotiques et des pièces de vers sont collés à son piédestal. Le soir, des verres de couleur, disposés sans ordre, l'illuminent comme un autel. Vous diriez la chapelle ardente de la ville martyre. L'aspect rustique et grossier de cette décoration hâtive la rend plus touchante. On croit voir une de ces madones miraculeuses que la dévotion populaire surcharge d'ex-voto et de naïfs ornements. Les pèlerinages de la foule qui s'y succèdent jour et nuit, complètent l'illusion. N'est-elle pas, en effet, la protectrice et la sainte de la patrie menacée? Quel plus grand miracle que celui de sa défense intrépide, de l'immolation sublime que, depuis un mois, elle fait d'elle-même au pays!

C'est sous les traits d'une figure réelle et vivante qu'elle nous apparaît aujourd'hui. On l'admire comme une héroïne, on la chérit comme une sœur. — Dans un tableau du musée d'Anvers, le vieux Van Eyck a peint la Vierge assise au seuil de la cathédrale de Cologne à demi construite. Elle attend là, rêveuse et triste, que sa maison soit bâtie et qu'elle puisse y entrer. L'imagination se représente ainsi la cité douloureuse, bien plus touchante, bien plus pathétique. C'est debout, la main sur ses armes, le glaive de l'ennemi à demi plongé dans son sein, sous la grêle de la mitraille, sous la pluie des bombes, qu'elle se serre contre sa cathédrale écroulée. L'invasion a submergé la France, et elle résiste toujours, inébranlable, intrépide, couvrant de sa poitrine la plus haute porte de nos frontières ébréchées. La France se reconnaît dans Strasbourg; elle frémit d'admiration, elle tressaille de reconnaissance. La foi remonte à son cœur exalté par ce grand exemple. On ne doute plus des dieux auxquels on voit faire de tels sacrifices. Gloire à cette ville magnanime, illustre par la science et par le courage ! Muse cuirassée, guerrière qui veille aux remparts de la patrie, assise sur un canon, penchée sur un livre. Elle se présente au monde appuyée d'une main sur la presse de Gutenberg, tenant de l'autre l'épée de Kléber et d'Uhrich.

12 septembre 1870.

IV

LES TRÉSORS DE PARIS

Paris est attaqué ; des machines de ravage et de destruction roulent déjà contre ses remparts. C'est le moment de rappeler sur quelle ville vont tomber les bombes de l'Allemagne, et quelles pertes irréparables la civilisation peut faire dans son siége. Le sac de Corinthe par Mummius, le pillage d'Athènes par Sylla, la prise de Rome par Genseric n'en donneraient qu'une faible image. Le patrimoine de l'humanité s'est démesurément accru depuis dix-neuf siècles, et Paris, dans son enceinte, en contient la plus grande partie.

Paris, en effet, n'est pas seulement un foyer d'idées, un atelier de progrès, le salon des peuples, le cœur de l'Europe, et, comme Montaigne disait déjà de son temps, « l'un des plus nobles ornements du monde » ; Paris est encore un musée immense, un entassement de bibliothèques, le réceptacle des chefs-d'œuvre de la pensée et de la main humaine. Athènes, disait-on, comptait autant de statues que d'habitants ; Paris compte plus de marbres célèbres, de tableaux sans prix, de livres précieux, de manuscrits uniques, d'antiquités et de trésors artistiques que de citoyens. Comme la Jérusalem céleste qui apparut au prophète « illuminée de la clarté de Dieu, bâtie de pierres précieuses, et d'un or pur comme du cristal transparent », Paris est construit d'art, de science, de lumière. Un peuple idéal de types immortels, de génies sublimes, s'abrite derrière sa population vivante. L'Égypte et la Grèce, l'Orient et Rome, le moyen âge et l'Europe moderne ont concentré dans ses murs, comme dans un panthéon inviolable, leurs plus rares merveilles. Si Dieu se manifeste par les révélations de l'esprit humain, Paris est, on peut le dire, une cité de Dieu.

Dénombrons rapidement les monuments augustes, les temples sacrés qui font sa couronne : calculons en masse, sans en faire le compte, qui remplirait des volumes, les trésors sans fond qu'ils recèlent. Tout l'or du monde ne les payerait pas ; une poignée de fer pourra les détruire.

C'est d'abord le Musée du Louvre, ce sanctuaire glorieux de l'art, ce labyrinthe de chefs-d'œuvre accumulés par les siècles. Toutes les écoles y sont représentées par l'élite de leurs plus grands maîtres. Son Salon Carré l'emporte sur la Tribune même de Florence. L'Italie y compte, pour sa part, six Léonard de Vinci, parmi lesquels la *Vierge et sainte Anne* et la *Joconde*, ces deux miracles de la peinture ; treize

Raphaël qui déroulent, sous tous ses aspects, ce divin génie, depuis la *Belle Jardinière* jusqu'à la *Sainte Famille* de François Ier; deux Corrége incomparables, *le Mariage mystique de sainte Catherine* et l'*Antiope;* dix-huit Titien superbes et magnifiques, entre tous : — *Le Couronnement d'épines, Le Christ au tombeau*, le portrait de sa maîtresse et celui du marquis du Guast; — deux Giorgione; treize Véronèse, que domine ce prodigieux tableau des *Noces de Cana*, qui ferait à lui seul la gloire d'une ville, l'illustration d'un musée. —. Rubens y rayonne au centre de l'école flamande, avec sa *Kermesse*, sa *Fuite de Loth*, ses portraits d'*Hélène Fourment* et du *Baron de Vicq*, et ces vingt grandes peintures de la *Galerie de Médicis*, dont l'ensemble forme l'épopée pittoresque la plus riche et la plus pompeuse que jamais peintre ait exécutée. Ici Van-Dyck, avec son portrait équestre de François de Moncade, et ce *Charles Ier*, dont la disparition arracherait une page à l'histoire. Plus loin, Rembrandt avec ses deux *Philosophes en méditation*, plongés dans un magnifique clair-obscur, son *Ménage du menuisier* et les quatre portraits où il s'est peint lui-même à chaque saison de sa vie, illuminé par le rayon ou assombri par le crépuscule des années. L'Espagne figure au Louvre par dix Murillo que couronne son éblouissante *Conception* et par quatre Velasquez, au milieu desquels brille, comme une perle sans prix, le petit portrait de l'*Infante*. — Les quarante plus beaux tableaux de

Poussin, l'œuvre entière de Lesueur, seize Claude Lorrain, resplendissants de lumière, y rayonnent sur l'école française.

Et nous ne citons ici que les Olympiens de l'art, les maîtres des maîtres. Au delà du sanctuaire idéal où nous les rassemblons, s'étend un temple immense, infini, plein d'embranchements et de dédales, tapissé, de la base au faîte, de toiles admirables. On y marche comme dans une foule, à travers les Fiesole et les André del Sarte, les Luini et les Parmesan, les Pérugin et les Jules Romain, les Mantegna et les Tintoret, les Téniers et les Metzu, les Terburg et les Paul Potter, les Berghem et les Ruysdaël, les Watteau et les Greuze, les Prud'hon et les Fragonard. Toutes les grandeurs et toutes les grâces, toutes les noblesses et toutes les délicatesses de l'art sont là rassemblées. Les transformations du style et du goût, des formes et des couleurs s'y succèdent, d'école en école et de siècle en siècle, comme dans une féerie grandiose et charmante. C'est une fête des yeux et des âmes inépuisable en contrastes : une vie d'homme ne suffirait pas à s'en rassasier.

A ce musée central se rattachent, dans le Louvre même, d'autres musées d'une incomparable richesse. — Voici le musée des Antiques, où règne la *Vénus de Milo*, dans la plénitude de sa beauté suprême. L'*Achille* et la *Vénus d'Arles*, le *Gladiateur* et la *Polymnie* entourent dignement le marbre sacré. — Ailleurs, s'ouvre le musée Égyptien, chargé des dépouilles des palais de Thèbes et des hypogées de Memphis. Le musée Assyrien déroule ses vastes cryptes, encombrées par les colosses et les bas-reliefs de Ninive. Le musée Campana étend à l'infini ses galeries pleines de tombeaux étrusques, des vases et des terres cuites de la Grèce. Le musée de la Renaissance groupe autour de la svelte Diane de Jean Goujon les trois ravissantes *Grâces* de Germain Pilon, les sublimes *Captifs* de Michel Ange, et la *Nymphe de Fontainebleau* de Benvenuto Cellini. Le musée des Sculptures modernes débute par le *Milon de Crotone* de Puget, en passant par la *Psyché* de Canova, pour finir à l'*Atalante* de Pradier. Le musée des Dessins accumule dans ses portefeuilles et dans ses vitrines trente-six mille esquisses de toutes les écoles et de tous les maîtres. Le musée des Souverains part du *Fauteuil de fer de Dagobert* pour arriver à l'*Épée de Napoléon*.

Le Louvre est à Paris ce que l'Acropole était à Athènes : une masse compacte de chefs-d'œuvre, une agglomération de merveilles. En dehors de lui, des musées spéciaux forment, dans la ville, les provinces de ce royaume d'art dont il est la capitale et le centre. Le palais du Luxembourg est sa succursale immédiate. Son musée consacré aux artistes vivants est comme une galerie d'attente, où les maîtres modernes attendent l'heure de leur glorieuse réunion aux maîtres anciens. Ingres y a déposé son *Apothéose d'Homère*, son *Christ remettant les clefs à saint*

Pierre, son *Angélique* et son *Portrait de Chérubini*. Les plus admirables toiles d'Eugène Delacroix y sont réunies : — la *Barque du Dante*, les *Femmes d'Alger*, le *Massacre de Scio*, la *Liberté sur les barricades*, la *Noce juive*, — recouvertes en quelque sorte par la coupole lumineuse où il a peint les héros, les poëtes et les philosophes de l'antiquité, conversant dans la clarté sereine des Champs-Élysées. Ary Scheffer, Horace Vernet, Paul Delaroche, Decamps, Camille Roqueplan et les artistes de la jeune école y résument, par leurs meilleures pages, l'histoire de la peinture française depuis quarante ans. La sculpture contemporaine y compte des chefs-d'œuvre tels que *l'Eurydice* de Nanteuil, et *le Danseur napolitain* de Duret.

Auprès du Luxembourg, à l'ombre séculaire des Thermes de Julien, s'élève l'hôtel de Cluny, bâti sous Charles VIII, par Jean de Bourbon. De ce charmant édifice, Paris a fait un éblouissant reliquaire. C'est comme une arche archaïque qui conserve, au milieu des vicissitudes de la ville moderne, les trésors et les curiosités du passé. Meubles monumentaux, sculptures rares, ivoires de haut goût, orfévreries uniques, faïences introuvables, verreries de Venise, vitraux suisses, émaux de Limoges. Ici les neuf couronnes d'or massif incrustées de pierreries et de perles fines des rois visigoths de Tolède ; là l'autel d'or donné, au onzième siècle, par l'empereur Henri II, à la cathédrale de Bâle ; plus loin, les dix tapisseries de l'*Histoire de David et Bethsabée*, fabriquées en Flandre, sous

Louis XII. On se promène dans ces salles austères et brillantes, comme dans les rues d'une Pompéi gothique, miraculeusement conservée.

Sur la même rive, le Musée d'artillerie déroule ses sombres couloirs où dorment du lourd repos qui suit les batailles, toutes les armes offensives et défensives de l'humanité militante, depuis la hache en silex de l'âge de la pierre, jusqu'au fusil chassepot : cuirasses grecques qu'on dirait ramassées sous les murs de Troie, panoplies du moyen âge pareilles à des statues de fer et d'airain, armures portées par les rois et par les héros, casques italiens brodés d'arabesques et de ciselures qui seraient dignes d'encadrer la tête des guerriers et des paladins de l'Arioste, épées de toutes les trempes et de toutes les formes, engins bizarres qu'on prendrait pour des instruments de torture, armes orientales si splendides et si éclatantes qu'elles donnent l'idée d'un écrin de la mort ; série complète de l'artillerie, débutant par des bombardes informes pour finir par les canons nouveaux, machines mathématiques, instruments de précision de la guerre moderne.

Après l'art, la science et les lettres. Les bibliothèques de Paris égalent ses musées. Ce que la bibliothèque d'Alexandrie était au monde antique, la Bibliothèque nationale l'est au monde moderne. Ses deux millions de volumes, depuis le *Catholicon* imprimé à Mayence en 1460 — « sans le secours de la plume », dit la légende inscrite à sa dernière page par le typographe primitif — jusqu'à la brochure publiée hier, rassemblent toutes les productions de l'esprit humain. Elle réalise à la lettre cet édifice de l'imprimerie, dont parle Victor Hugo dans sa *Notre-Dame*, immense construction appuyée sur le monde entier, à laquelle l'humanité travaille sans relâche, qui grandit et s'amoncelle en spirales sans fin, où il y a confusion de langues, activité incessante, labeur infatigable, concours acharné ; refuge promis à l'intelligence contre un nouveau déluge, contre une submersion de barbares ; seconde tour de Babel du genre humain. Et que d'ornements exquis et précieux décorent cette masse prodigieuse ! éditions *princeps*, exemplaires uniques, raretés inouïes, incunables intacts, reliures qui valent des joyaux. Toutes les bibliothèques réunies de l'Europe ne reformeraient pas un pareil ensemble. — Cette immense multitude de livres a, dans la galerie des Manuscrits, sa salle des ancêtres. Cent mille volumes la composent, de tous les pays et de tous les âges, de toutes les calligraphies et de toutes les langues, sources des textes, originaux vénérables, feuillets sibyllins de l'érudition. Beaucoup sont de ceux que les rois du moyen âge achetaient parfois au prix d'une ville, et que, sous peine d'excommunication, il était défendu de changer de place. Les miniatures qui les illustrent, les ornements qui les encadrent ajoutent à leur prix une inestimable valeur. Tout un monde d'art est scellé sous leurs lourdes reliures de bois ou d'ivoire. La peinture, au moyen âge, s'était réfugiée dans le livre; elle y attendait l'heure de son réveil; elle y préludait à ses grandes créations futures par des vignettes et des figurines du fini le plus délicat. Tel manuscrit enluminé est souvent le seul témoin qui reste de l'art d'un siècle aboli.

A la Bibliothèque nationale correspondent le cabinet des Médailles et le cabinet des Estampes. Trois cent mille monnaies et médailles antiques et modernes, une série de camées sans rivale au monde, dont l'étonnant Camée de la Sainte-Chapelle, le plus grand qu'on ait jamais taillé, une pierre précieuse qui est un tableau, forme, pour ainsi dire, le glorieux chaton ; la Coupe des Ptolémées, où but Cléopâtre, la Patère d'or de Rennes, avec ses bas-reliefs bachiques, les vases et les statuettes d'argent de Bernay, les quatre médailles de la trouvaille de Tarse, entre lesquelles une médaille d'or d'un roi de la Bactriane, pesant vingt statères, les six mille monnaies grecques, les vases, le torse de Vénus de la collection du duc de Luynes, ne sont que les maîtresses pièces, les morceaux d'élite de cette trésorerie merveilleuse de l'antiquité.

Quatorze cent mille gravures remplissent les portefeuilles du cabinet des Estampes. Cela commence par les nielles florentins et les bois barbares du quinzième siècle, pour finir aux lithographies de Mouilleron, aux planches de Calamatta et de Mercuri. Tous les œuvres illustres, ceux de Marc-Antoine, d'Alber Durer, de Lucas de Leyde, de Rembrandt, y figurent au grand complet, en épreuves d'une beauté hors ligne. Le monde de l'histoire en masse reprend forme et vie dans les deux cent mille portraits qu'il possède.

Autour de cette métropole littéraire rayonnent d'autres bibliothèques dignes des plus grandes capitales : la Mazarine, l'Arsenal, Sainte-Geneviève, la Sorbonne, toutes encombrées de richesses, étageant leurs galeries de livres sur des assises de manuscrits. Ajoutez encore le Muséum d'histoire naturelle, avec ses collections interminables qui centralisent la nature ; le palais des Archives, nécropole auguste où toute l'histoire de France dort, inhumée, vivante, dans deux cent cinquante mille cartons, depuis la charte de Childebert jusqu'au testament de Louis XVI ; et les innombrables collections particulières de toute sorte, dont l'ensemble formerait de vastes musées.

Voilà ce que contient Paris, et, malgré les précautions prises, avec une sollicitude vigilante, par le ministre de l'instruction publique, voilà ce que menacent, plus ou moins, les obus de l'armée allemande. Ces musées, ces bibliothèques, Paris les ouvrait au monde avec une libéralité sans limites. L'hospitalité des intelligences n'a jamais été pratiquée plus magnifiquement que par lui. L'Allemagne veut-elle encourir la responsabilité terrible de leur destruction ? Chacune de ses bombes peut être une torche d'Omar volant par les airs. Elle peut incendier une bibliothèque, fracasser des statues, brûler des tableaux, résoudre en fumée un des chefs-d'œuvre du génie de l'homme. Toute ruine de ce genre serait irréparable, nos ennemis le savent; ce n'est pas la science qui leur manque. Aucun des généraux prussiens n'a l'ignorance naïve du consul Mummius qui, dans le pillage de Corinthe, avertissait les patrons de vaisseaux chargés de transporter à Rome les marbres de Praxitèle et les tableaux de Zeuxis, qu'ils seraient tenus de les remplacer, s'ils les perdaient en chemin. On ne refait pas un Léonard anéanti, on ne ressuscite pas un Raphaël mitraillé ; un Corrége consumé ne se rallume pas plus qu'une étoile éteinte. Une vertu se retire du monde lorsqu'il se perd un chef-d'œuvre; une influence féconde, un enseignement inépuisable périt avec lui. Tel manuscrit détruit dépareille à jamais la bibliothèque de l'humanité. Qu'on se souvienne de la sensation que produisit, il y a deux ans, la perte du *Martyre de saint Pierre* du Titien, brûlé dans une église de Venise. Ce fut par toute l'Europe cultivée un regret poignant, un deuil unanime. Chacun sentait qu'un vide s'était fait dans l'art, que nul effort ne pourrait combler. Multipliez à l'infini cette catastrophe isolée, vous aurez le désastre que pourrait produire une bombe sacrilége lancée sur le Louvre. Cette seule idée fait frémir d'horreur. La fumée de la bibliothèque d'Alexandrie jeta sur l'antiquité une ombre moins sinistre et moins aveuglante que celle que répandrait sur le monde moderne la bibliothèque de Paris incendiée par les boulets rouges de la Prusse. Une éclipse subite obscurcirait la civilisation ; il faudrait des siècles pour la dissiper.

L'Allemagne se vante de sa grandeur morale ; elle proclame sa souveraineté spirituelle, elle croit que le monde doit devenir le disciple de ses philosophes et de ses penseurs. Ce siége impie, poussé à outrance, la ferait reculer jusqu'au vandalisme. Genséric se remettrait à sa tête et repousserait Gœthe à l'écart. L'écroulement possible de Paris retomberait sur elle d'un poids éternel. Elle sortirait barbare de ce ravage, sauvage de cette ruine. Cette idée consterne l'intelligence. On ne se figure pas les fils de Herder et de Kant tuant la science, le peuple de Winkelmann et d'Ottfried Muller exterminant l'art.

19 septembre 1870.

V

LA CITÉ ANTIQUE

« La patrie en danger ! » Ce mot suprême, dès qu'il retentit, l'évoque devant nos yeux, sacrée comme une déesse, touchante comme une mère. Ce n'est plus l'être abstrait, la machine administrative que nous voyons en elle dans les temps de sécurité. Le péril lui rend sa vie propre, sa sublime personnalité. Il nous fait sentir combien nous l'aimons, à quel point nous vivons en elle, et quels liens intimes, quelles fibres filiales nous rattachent à ce grand corps maternel. Il en est de même de la ville que nous habitons. A qui de nous Paris n'est-il pas devenu plus cher depuis que l'ennemi cerne ses remparts ? Pour beaucoup, ce n'était, avant, qu'une ville de plaisir, un rendez-vous d'élégances et de voluptés ; pour d'autres, un centre unique d'intelligence et d'étude. Le cosmopolitisme qui l'envahissait avait effacé à nos

yeux ses traits distinctifs. Le malheur lui a rendu sa vertu natale, son originalité superbe et charmante. Nous n'étions que ses passants hier, nous nous sentons ses fils aujourd'hui, et nous lui répétons la fière et tendre déclaration d'amour de Montaigne : « Que
» je ne me mutine jamais tant contre la France, que
» je ne regarde Paris de bon œil. Elle a mon cœur
» dez mon enfance, et m'en est advenu comme des
» choses excellentes ; plus j'ay veü d'aultres villes
» belles, plus la beauté de cette cy peult et gaigne
» sur mon affection. Je l'aime par elle-mesme, et
» plus en son estre seul que rechargée de pompe es-
» trangière. Je l'aime tendrement, jusques à ses ver-
» rues et à ses taches. Je ne suis François que par
» cette grande cité, grande en peuples, grande en
» félicité de son assiette, mais surtout grande et
» incomparable en variété et diversité de commodi-
» tez, la gloire de la France et l'un des plus nobles
» ornements du monde. Dieu en chasse loing nos di-
» visions ! »

C'est pourquoi j'ai relu ces jours-ci, comme une œuvre d'actualité, le livre instructif et solide, aussi fermement écrit que pensé, que M. Fustel de Coulanges consacrait, il y a quelque temps, à la *Cité antique*. En nous montrant quelles raisons puissantes les Grecs et les Romains avaient d'aimer leurs cités, il nous rappelle les motifs différents, mais non moins sacrés que nous avons de chérir la nôtre. A deux mille ans de distance, les Athéniens et les Parisiens sont, en fin de compte, les concitoyens d'un même culte, les compatriotes d'une même idée.

La cité était tout pour l'homme antique, son univers et son monde; il y concentrait et y renfermait toute sa vie. — D'abord il y avait son foyer qui n'était pas pour lui, comme pour nous, une cheminée ou une métaphore, mais un autel et un feu sacré, l'âme de la maison, son dieu domestique, flamme vivante, inextinguible, alimentée par la graisse des victimes, par l'huile et l'encens des sacrifices, et qui, en récompense, réchauffait la famille et cuisait son pain. Le feu du foyer fut le premier dieu des races primitives. On le voit, dans les *Védas*, adoré par les bergers aryens, dès qu'il jaillit de l'âtre, sous le nom d'*Agni*. Leurs hymnes sont pleins de sa splendeur et de sa chaleur. — « O Agni, tu es la vie et le protec- » teur de l'homme; tu nous aimes comme si tu étais » de notre race... Fais que la terre soit toujours libé- » rale pour nous! Que je jouisse longtemps de la lu- » mière, et que j'arrive à la vieillesse comme le soleil » à son couchant! » Le dieu se disperse en étincelles avec les migrations successives. Chaque peuple emporte un tison du foyer sacré, et le rallume sur le rivage où il asseoit sa nouvelle demeure. En Grèce et à Rome, sa lumière rayonne encore sur toutes les autres divinités. Toute prière à un dieu, quel qu'il soit, doit commencer et finir par une prière au foyer. Le premier sacrifice qu'offraient les Hellènes rassemblés aux jeux d'Olympie, était pour le foyer; le second pour Zeus. Vesta reste l'aïeule immémoriale et auguste de l'Olympe romain. L'enfant n'est reconnu par le père que lorsqu'il lui a fait traverser sa flamme; l'épouse n'est légitime que lorsqu'elle a communié avec l'époux devant l'âtre, en mangeant le gâteau sacré. Le foyer, dans le monde antique, est la pierre angulaire de toutes les cités.

Avec le foyer, l'homme antique, dans la cité, avait ses ancêtres, divinisés par la mort, vivants sous la terre, selon la croyance primitive, non pas d'une vie fictive et abstraite, mais d'une existence souterraine, aussi réelle que celle que le soleil avait éclairée. En enfermant le corps dans le sépulcre, on croyait aussi y déposer l'âme. On ensevelissait avec lui ses vêtements, ses vases et ses armes. On égorgeait des chevaux et des esclaves, dans la pensée qu'ils le serviraient dans le tombeau, comme pendant sa vie. — Après la prise de Troie, les Grecs retournent dans leur pays, chaque guerrier emmène une Troyenne; mais Achille, qui est sous la terre, réclame aussi sa captive : on lui sacrifie Polyxène. — A la faim du mort, à sa soif posthume on offrait des repas funèbres, on l'abreuvait de lait et de vin, on le rassasiait du sang et de la chair des victimes qu'on immolait sur sa tombe. Le culte des morts fonde une religion domestique, une dynastie de mânes et de pénates dont chaque père est le prêtre. La famille honore ses aïeux par des rites et les nourrit par des libations. En retour, du fond de leur repos, les aïeux continuent à veiller sur elle ; ils la protégent dans les labeurs et les périls de la vie ; ils absolvent ses fautes et ils inspirent ses conseils. — L'Oreste d'Eschyle invoque ainsi son père mort : « O toi qui » es un dieu sous la terre ! » Electre le prie « de lui » donner un cœur plus chaste et des mains plus pures » que celles de sa mère. » — « Rendez aux dieux » mânes ce qui leur est dû, dit Cicéron ; ce sont des » hommes qui ont quitté la vie : tenez-les pour des » êtres divins. » Une communion de bienfaits et de bons offices reliait ainsi les générations. La cité vivante s'enracinait dans la cité morte, et s'accroissait de la sève toujours féconde qu'elle lui transmettait.

Cependant de nouveaux dieux, plus grandioses et moins exclusifs, surgissent, du spectacle de la nature, du ravissement ou de la terreur que ses phénomènes inspirent à l'esprit. Le soleil, la terre, la mer, les fleuves, les sources, les arbres, les grottes, les montagnes enfantent des milliers de divinités. La *cella* du foyer devient bientôt trop étroite pour contenir ces dieux agrandis ; ils la quittent pour s'installer dans les temples. L'adoration privée fait place au culte unanime. Mais, en élargissant sa religion, chaque cité se fait des dieux agricoles ou maritimes, guerriers ou rustiques, formés à son image, incorporés à sa terre, qui n'appartiennent qu'à elle et qui personnifient son génie. Leurs légendes se mêlent à son histoire et se confondent avec elle. Junon règne à Argos, Neptune à Corinthe, Athènes s'identifie dans Pallas. Des surnoms spéciaux fixent au sol ces divinités autochtones qui, dans la pensée primitive, ne sont autres que ce sol lui-même, avec ses champs, ses eaux et son ciel. Les héros nés ou morts dans la ville passent aussi, tour à tour, au rang de ses dieux. La cité ne connaît et n'adore guère que ces dieux *poliades* et rejette les autres comme des étrangers. — « Je ne crains pas les dieux » de ce pays, dit le héraut dans les *Suppliantes* » d'Eschyle, je ne leur dois ni la vie ni l'âge auquel » je suis parvenu. » — « Les dieux qui combattent » pour nous, dit Iolas dans les *Héraclides* d'Euripide, » ne le cèdent pas à ceux des Argiens. Si Héra les pro- » tége, la fille de Zeus, Pallas, est notre déesse. Une » divinité plus vaillante et plus vertueuse est un sûr « garant de prospérité. Pallas ne souffrira pas qu'on » lui ravisse la victoire. » Lorsqu'on assiégeait une ville, on invoquait ses dieux, pour qu'ils permissent qu'elle fût prise. On les tentait par des sacrifices ; on leur promettait des temples plus beaux et de plus grasses hécatombes. Alors, pour empêcher la désertion de leurs dieux, les assiégés les chargeaient de chaînes. D'autres fois encore, à l'invocation par laquelle l'ennemi essayait de les débaucher, ils opposaient des formules qui avaient la vertu de les retenir. Chaque armée emmenait ses dieux avec elle ; les soldats les défendaient et ils défendaient les soldats.

Ainsi la cité, divinisée par son dieu, s'incarnait en lui. C'était sous la forme de sa statue sublime ou gracieuse, que son image s'imprimait dans l'esprit de ses citoyens. Ce que Tite-Live disait de Rome, tout homme pouvait le dire de sa propre ville : « Il n'y a pas une » place dans cette ville qui ne soit imprégnée de reli- » gion et qui ne soit occupée par quelque divinité... » Les dieux l'habitent. »

Cette cité où l'homme antique avait son foyer, ses dieux et ses mânes, était encore son unique asile au milieu du monde barbare ou hostile qui l'environnait. En dehors d'elle tout était piéges et périls, insultes et menaces, mort ou captivité. Ses murailles étaient pour lui ce que les parois solides du vaisseau sont pour le nautonnier battu par la houle. Sorti de son enceinte, il tombait à l'état de proie et d'épave. La sûreté de la forteresse s'unissait en elle à la sainteté de l'église. Aussi quel zèle ardent, quel dévouement passionné il apportait à ses affaires et à sa défense ! L'homme alors n'était pas, comme l'individu de nos grands États administratifs, étriqué par une spécialité restrictive, parqué dans le compartiment d'un métier ou d'une profession. La cité était faite à sa mesure ; il s'y adaptait comme un membre et se mouvait avec elle en parfait accord. Son activité l'embrassait et l'agitait tout entière. Prêtre dans sa famille, quelquefois pontife de sa *phratrie* ou de sa tribu, juge au civil et au criminel, avocat dans ses propres causes, orateur dans celles de sa ville, soldat dans toutes ses guerres, apte à toutes les fonctions, éligible à tous les emplois, il se multipliait pour la défendre et pour la servir. La cité exigeait de lui les cent bras du Titan de la fable, et, à son appel, il les déployait. En descendant de la tribune aux harangues, il marchait contre les Thraces ou montait sur la trirème qui l'envoyait combattre en Sicile. Eschyle, dans ses *Perses*, chante les victoires qu'il a remportées ; il tient la lyre qui les célèbre, comme il y tenait son épée. La même main, qui sculptait une métope du Parthénon, maniait, d'un jour à l'autre, la rame de Salamine ou le glaive de Marathon. L'histoire que racontait l'historien, lui-même l'avait faite. Xénophon et Thucydide étaient des soldats.

La cité étant un sanctuaire, redoutait et repoussait l'étranger : il était comme une dissonance dans son harmonie ; sa présence offensait les dieux indigènes et troublait leur culte. Aussi lui faisait-elle la vie dure. Toute possession lui était sévèrement interdite. La loi lui défendait d'hériter d'un citoyen, à un citoyen d'hériter de lui. Son mariage n'était qu'un concubinage, et ses enfants étaient réputés bâtards. Le pontife se voilait la tête, lorsqu'il sacrifiait en plein air, pour que la vue d'un étranger ne l'offusquât point pendant les auspices. Si un objet religieux tombait entre ses mains, il devenait aussitôt profane. A Rome, pour le juger, le préteur devait se faire étranger lui-même : *prætor peregrinus*. A Athènes, son juge était le polémarque, c'est-à-dire le magistrat chargé des soins de la guerre et des relations avec l'ennemi. La religion romaine disait que le tombeau de l'esclave était sacré, mais que celui de l'étranger ne l'était pas.

Inaccessible à l'étranger, la cité était pour son fils

4

une mère impérieuse ; elle lui prenait sa vie tout entière. Le citoyen vieillissait sous les armes : à Rome, le service militaire était dû jusqu'à cinquante ans ; à Athènes, jusqu'à soixante ; à Sparte, toujours. Sa fortune appartenait à l'État : la cité, pressée d'argent, pouvait forcer les femmes à lui livrer leurs bijoux, les créanciers à lui abandonner leurs créances. La loi disposait de la vie privée : Athènes défendait le célibat ; Sparte châtiait non-seulement celui qui ne se mariait pas, mais encore celui qui se mariait tard. L'éducation n'était pas libre ; l'État avait un moule héroïque dans lequel tous ses fils devaient être jetés : « Car, » dit Platon, les enfants sont moins à leurs parents » qu'à la Cité. » La religion de la cité n'était pas moins tyrannique ; de force ou de gré, il fallait y croire et se soumettre à ses rites. On pouvait haïr les dieux de la ville voisine ou nier les dieux unanimes et universels, mais l'idole locale était inviolable. Son adoration était prescrite comme l'impôt. Libre à l'Athénien de railler Junon ou de blasphémer Jupiter ; en revanche, s'il s'avisait de douter d'Athénée ou de Cécrops, il pouvait, comme Socrate, s'apprêter à boire la ciguë. Imaginez Naples ou Venise tolérant des athées chez elles, mais frappant de mort l'incrédule qui nierait saint Marc ou se moquerait du miracle de saint Janvier. — Au besoin, la cité renversait et contraignait la nature. Après la défaite de Leuctres, Sparte ordonna aux parents des morts de se montrer au public avec un visage gai, en habits de fête. Les mères durent rire sur leur fils tués, et aller aux temples remercier les dieux.

Comme ils l'aimaient pourtant cette mère exigeante! Quels prodiges d'héroïsme et de dévouement elle obtenait d'eux! C'est qu'ils ne faisaient qu'un avec elle, que, par tous leurs actes, ils participaient à sa vie sociale, et qu'ils avaient mis toute leur âme dans sa prospérité et dans sa grandeur. Les livres antiques sont pleins des cris d'enthousiasme, des élans de patriotisme, des actes de foi et d'amour que la cité inspire à ses fils. Ils se résument dans cette réponse de Socrate à Criton, qui le conjurait de sauver sa vie par la fuite : « La patrie est plus que ton père et plus que » ta mère ; et, quelque violence ou quelque injustice » qu'elle nous fasse, nous devons les subir sans cher- » cher à y échapper. » Parlant ainsi, refusant de fuir, Socrate n'exagérait pas l'héroïsme ; car l'exil, pour l'homme antique, était une excommunication divine et humaine, cent fois plus dure que la mort. Banni de son foyer, exclu du culte de la cité, l'exilé passait à l'état de damné vivant. Il cessait d'être époux et père: ses fils n'étaient plus ses fils, sa femme n'était plus sa femme, elle pouvait prendre immédiatement un autre mari. — Régulus étant prisonnier des Carthaginois, est assimilé par la loi romaine à un exilé. Le sénat lui demande un conseil, il refuse de le donner, parce que l'exilé n'est plus sénateur. Sa femme et ses enfants accourent le rejoindre, il repousse leurs embrassements, car, pour l'exilé, il n'y a plus d'enfants, plus d'épouse. — Horace a chanté cette abdication sombre et farouche :

> Fertur pudicæ conjugis osculum
> Parvosque natos, *ut capitis minor*,
> A se removisse.

Le feu sacré s'est éteint dans la cité moderne, le foyer n'est plus un autel ; en gardant sa sainteté, le tombeau a perdu sa divinité. Les dieux locaux et patriotiques ont fait place à une religion toute céleste, qui ne connaît plus d'étrangers. Les États, en s'agrandissant, ont subordonné la cité ; ils l'ont dépouillée des rites jaloux, des initiations défensives dont elle s'était recouverte comme d'une armure. Le rêve d'une vaste fusion des peuples a pénétré jusque dans les lois. Il y a progrès, sans doute, dans cette conception plus généreuse et plus libérale de la vie humaine; mais en élargissant l'idée de la patrie, ne perdons plus de vue ses frontières. En appelant les peuples des frères, défions-nous de la fraternité de Caïn. Que l'amour du pays natal, le culte de son génie, le respect de son passé, la tradition de son histoire, l'attachement à ses mœurs et à son esprit remplacent pour nous les dieux tutélaires des nations antiques. Au sein d'une patrie plus grande, gardons, comme la Grèce, la religion de notre cité. Entr'ouvrons sa porte, mais ne la laissons plus envahir. Si elle n'est point un sanctuaire, qu'elle ne soit pas du moins une hôtellerie. Paris sait maintenant ce qu'il lui en coûte d'avoir été le caravansérail des deux mondes. Depuis quinze ans, un déluge humain l'avait défiguré en le submergeant. L'Europe et l'Amérique faisaient de ses boulevards leur casino et leur foire ; des Russes et des Brésiliens étaient les arbitres de ses élégances. L'invasion qu'il subit aujourd'hui en armes, il l'acceptait sous les costumes et les masques du parasitisme. L'Allemagne exploitait sa richesse, infestait sa Bourse, accaparait ses industries, dénombrait ses armées, fouillait ses arsenaux, scrutait ses remparts, l'espionnait de la base au faîte, et il se livrait, corps et âme, aux chaînes hypocrites dont elle l'enlaçait. Le cheval de Troie vidait dans ses murs sa garnison d'espions et de traîtres, et, comme Troie, il ceignait de fleurs la machine fatale dressée pour sa ruine.

L'enseignement est trop terrible pour être perdu. Paris a appris à se défier de ses hôtes ; il recouvrera sa vie propre ; il apprendra à se suffire à lui-même ; il ne sera plus la ville de joie qu'on pille dans son ivresse, en attendant qu'on l'égorge. Paris a resserré sa ceinture et repris ses armes, l'orgie a fini, les chants ont cessé. Comme Henri Heine le lui conseillait, pendant les festins même, il ne quittera plus la lance ni l'égide.

Il n'y avait pas, dans le monde antique, de cérémonial plus auguste que la fondation d'une cité. Au centre du site désigné, les prêtres posaient un autel

4.

et y allumaient la flamme sainte. Autour de ce foyer devait s'élever la ville, comme la maison s'élève autour du foyer domestique. Le pontife, la tête voilée, revêtu des insignes de son sacerdoce, traçait, en chantant des hymnes, avec une charrue attelée d'un taureau blanc, le cercle de son enceinte, qu'arrosait ensuite le sang des victimes. A chaque place où une porte devait s'ouvrir, il soulevait le soc, et reprenait ensuite le sillon sacré. Mais l'enceinte creusée était inviolable, et la mort du sacrilége frappait l'étranger qui aurait osé la franchir. — Le fer de l'ennemi refait ce cercle autour de Paris ; le sang de nos soldats le consacre, Paris redevient une ville sainte. Armée ou masquée, violente ou perfide, qu'elle attaque ou qu'elle s'insinue, l'invasion, désormais, ne franchira plus son enceinte.

17 octobre 1870.

VI

LE GROS GUILLAUME

I

Le « Gros Guillaume », c'était le surnom que l'on donnait, en son temps, à Frédéric-Guillaume Ier, fils du premier roi de Prusse, petit-fils du grand-électeur, et père du grand Frédéric. L'histoire de l'Allemagne, si féconde pourtant en originaux, n'a pas de plus excentrique personnage que ce tyran grotesque qui fut un fou furieux boutonné et sanglé dans un uniforme. — Il y a un type de roi de Prusse fortement gravé dans l'imagination de l'Europe : celui d'un caporal à couronne, en habit râpé, dur et chaste, martial et brutal, rigide et cupide, prenant de toutes mains, aimant les territoires comme un paysan aime la terre, qui couche botté sur un lit de camp, se lève à quatre heures du matin, récite un psaume, va à la parade, fait manœuvrer ses soldats comme des automates, et les roue de coups de canne pour le moindre accroc à la discipline. Ce type, le Gros Guillaume l'a marqué le premier à sa grossière effigie. Frédéric II le recouvrit de génie et d'héroïsme ; mais ses traits caractéristiques percent encore sous cette épreuve agrandie. Atténué et amolli par ses successeurs, il reparaît, chargé à outrance, dans la figure tragi-comique du vieux roi qui nous fait la guerre. Le Gros Guillaume revit en partie dans Guillaume I*er*, avec son caporalisme farouche, sa bigoterie cruelle, sa barbarie de Vandale. Il y a plus que parenté, il y a ressemblance entre ces deux têtes de soudards, déprimées et rétrécies par le casque. Étudier l'une, c'est comprendre l'autre : l'ancêtre explique l'arrière-petit-fils.

Frédéric-Guillaume eut pour père Frédéric I*er*, qui, d'abord simple duc de Prusse, finit, à force d'intrigues, par arracher à l'empereur d'Allemagne sa promotion au titre de roi. Le margrave décrassé faisait une triste figure parmi les souverains du dix-septième siècle. On hésitait fort à l'appeler sire. L'électeur de Saxe et l'Ordre Teutonique, qui revendiquait une moitié de la Prusse, refusèrent de le reconnaître. Le pape Clément XI, appuyant les réclamations des chevaliers de la Croix, protesta, dans un bref, contre l'insolence de « ce marquis de Brandebourg qui osait s'intituler roi. » *Et quidem marchio Brandeburgiensis se regem dicere non dubitat ejus partis Prussiæ quæ ad militarem Teutonicorum ordinem, antiquo jure, pertinet.* Louis XIV toisa le roi battant neuf du même air que Dorante, dans le *Bourgeois gentilhomme*, regarde M. Jourdain, au sortir de la mascarade qui a fait de lui un mama-

mouchi. Raillé et méprisé par l'Europe, le roi parvenu prenait chez lui sa revanche, tranchant du potentat, dorant sa roture, se pavanant au milieu des pompes de l'étiquette espagnole. Son règne fut le carnaval de la Prusse; carnaval que devait suivre un si long carême. Ce n'étaient que bals et festins, cérémonies et largesses; ses courtisans ne l'abordaient qu'en baisant le pan de son justaucorps; on tirait le canon pendant ses repas, chaque fois qu'il buvait. La cour de Berlin, sous ce roi de gala, était la contrefaçon baroque de Versailles. — Frédéric II, dans ses Mémoires, a sévèrement jugé son aïeul : « La magnificence de
» Frédéric Ier, dit-il, n'était que la dissipation d'un
» prince vain et prodigue. Sa cour était une des plus
» superbes de l'Europe; ses ambassades étaient aussi
» magnifiques que celles des Portugais; il foulait les
» pauvres afin d'engraisser les riches; ses favoris
» recevaient de fortes pensions, tandis que ses peu-
» ples étaient dans la misère; ses bâtiments étaient
» somptueux, ses fêtes superbes, ses écuries et ses
» offices tenaient plutôt du faste asiatique que de la
» dignité européenne. Sa cour était comme une grande
» rivière qui absorbe l'eau de tous les petits ruis-
» seaux. »

II

Frédéric-Guillaume, dès son avénement, prit à contre-pied le règne de son père. Mais au lieu d'en être le vertueux contraste, il n'en fut que la brutale et grimaçante antithèse. Il ne fit que retourner ses vices à l'envers : le sérail fit place à la caserne et le sultan au butor.

« A père prodigue fils avare. » L'avarice de Guillaume était celle d'un Harpagon couronné. Il menait son palais comme une maison d'usurier, coupant les vivres, tondant sur un œuf, rognant jusqu'aux perruques à la Louis XIV qu'il trouvait trop chères, et qu'il réduisit à la pelote du catogan, serrée, comme un objet précieux, dans une bourse ; il fit une queue de singe de cette crinière de lion. Ses fils et ses filles sortaient affamés de sa table parcimonieuse et nauséabonde. On y mangeait des choux aigres et du pain rassis. Toute l'année il portait le même habit de gros drap bleu, à boutons de cuivre. Lorsqu'il tombait en loques, il lui accordait sa retraite ; mais, avant d'entrer aux invalides, l'uniforme vétéran était dégradé de ses vieux boutons, qu'il faisait recoudre à l'habit nouveau. Ces boutons de la couronne, économisés comme des diamants, défrayèrent toute la durée de son règne. Ses ambassadeurs, plus déguenillés que les valets d'Harpagon, étaient la risée de toutes les cours étrangères. Il avait un ministre à la Haye, nommé Luicius. Le pauvre hère, rationné plutôt qu'appointé, fit couper, pour se chauffer, quelques arbres dans le jardin d'Hons-Lardik, appartenant alors à la maison de Prusse. Il tondit de ce bois la largeur de son âtre. Bientôt après, arriva une dépêche du roi toute fulminante de reproches, qui, pour le punir de cette peccadille, lui retranchait une année de ses appointements. Luicius, aux abois, se coupa la gorge avec le seul rasoir qu'il possédât. Un vieux laquais vint à son secours et, mal à propos, lui sauva la vie. Voltaire retrouva cette Excellence gueusant à la Haye, et lui fit l'aumône à la porte du palais délabré où, pendant douze ans, il avait représenté son maître en crevant de faim.

III

Guillaume avait défendu à son cuisinier, sous peine de la hart, d'ajouter le moindre supplément au menu de chaque jour, et cet ordre écrit se terminait par ces mots : « On se conformera à cette ordonnance encore après ma mort. » Avare posthume, il voulait infliger à sa famille des jeûnes d'outre-tombe. — Un jour que, selon son habitude, il sommeillait pesamment au coin du feu, après son dîner, il se réveilla en sursaut pour demander à la reine : « Sophie, quel est le prix des œufs? » La pauvre reine, prise à l'improviste, avoua humblement qu'elle n'en savait rien. Sur quoi, Guillaume, entrant en fureur, lui dit qu'après sa mort « elle périrait sur un fumier. » Puis il fit monter les filles de cuisine, les questionna, sou par sou, sur les dépenses de ménage, et leur ordonna de balayer l'appartement devant lui « afin, dit-il, que la reine pût apprendre comment cela se faisait. »

Jusqu'en 1738, la somme de 8 thalers — 26 fr. 25 c. — avait été allouée par jour pour la table royale ; mais, au commencement de cette année, le Gros Guillaume se mit en tête qu'il était volé par ses cuisiniers. En conséquence, il rogna la somme d'un demi-thaler, et promulgua deux règlements nouveaux : le premier bannissait à perpétuité de la cuisine du palais tous les marmitons et les tourne-broches, comme une engeance malfaisante, uniquement propre à gâter les sauces, voler les comestibles et rendre les cuisiniers paresseux ; par le second, il défendait, sous peine de mort, aux cuisiniers de goûter aux viandes qu'ils accommodaient, parce que, sous prétexte d'expertise et de renseignements culinaires, ils prélevaient un tribut onéreux sur les plats royaux.

« Ne touchez pas à la reine ! » était la première devise de la cour d'Espagne ; Guillaume appliquait rigoureusement à sa cuisine cet axiome de l'étiquette castillane. — Un baril d'huîtres de dix thalers ayant été annoncé, ce prix fit d'abord pousser les hauts cris au roi ; après quoi, il demanda à Kleist, un de ses favoris, si ces huîtres chères promettaient au moins d'être bonnes. Kleist les garantit d'une saveur exquise, et, sur la demande de Guillaume, comment il pouvait être si bien informé, il confessa qu'en passant par la cuisine, où l'on était en train de les ouvrir, il en avait dégusté une au passage. — « Très-bien, dit le roi ;
» celui qui en a goûté une peut les manger toutes et
» me rendre l'argent qu'elles ont coûté. » Et Kleist

dut avaler le baril, contre restitution immédiate des dix thalers déboursés.

Le Gros Guillaume était grand chasseur, mais de cette passion il avait trouvé moyen de faire une spéculation lucrative. Il tenait boutique de sa vénerie et battait monnaie avec ses coups d'arquebuse. Les centaines de sangliers qu'il abattait dans ses chasses étaient divisées par lots, entre les officiers, les nobles et les bourgeois, lesquels étaient forcés de les prendre au tarif qu'il avait fixé. Les juifs surtout étaient gorgés de ces hécatombes. Il trouvait plaisant d'encombrer les cuisines d'Israël des viandes impures que Moïse lui défendait de manger. En 1724, la juiverie de Berlin fut contrainte de lui acheter deux cents têtes de marcassins, en une seule fournée.

L'avarice chez Guillaume s'aiguisait d'une rapacité insatiable. Il est dans la nature des Hohenzollern d'être des rois de proie; mais c'était sur l'or qu'il mettait les griffes que ses successeurs devaient allonger sur les royaumes et sur les provinces. Pour s'enrichir, il mettait en coupe réglée ses États. Il avait d'abord acheté à vil prix la plus grande partie des terres de la noblesse, puis il avait affermé les domaines royaux à des receveurs, qui étaient en même temps exacteurs et juges. Quand un métayer, au jour fixé, ne payait pas l'échéance, le fermier, comme le maître Jacques de Molière, passait par-dessus sa veste de campagnard son habit de juge, et condamnait au double le délinquant. Un vaste système d'impôts et d'amendes pressurait minutieusement le pays, chaque délit et même chaque péché était tarifé : tant pour un arbre ébranché, tant pour un lièvre tué, tant pour un enfant mis au monde en dehors du sacrement du mariage. — La baronne de Knipausen, ayant sept à huit mille livres de rente, était la plus riche veuve de Berlin ; car dans ce pays de pauvres les petits rentiers étaient des nababs. Elle fut atteinte et convaincue d'avoir, deux ans après son veuvage, introduit en Prusse un nouveau sujet. Sur quoi, Guillaume lui écrivit de sa main, que, pour racheter son honneur, elle envoyât sur-le-champ trente mille livres au trésor. La veuve, forcée de les emprunter, fut ruinée du coup, mais la morale était sauve et le trésor arrondi. — Par ces procédés ingénieux, ce monarque d'un pays de sables, que le roi d'Angleterre appelait « l'archi sablier de l'Allemagne », parvint, en vingt-huit ans de règne, à entasser dans les caves de son palais de Berlin, vingt millions d'écus enfermés dans des tonneaux garnis de cercles de fer. Ce fut avec cette poudrière d'or que son héritier mit l'Europe en feu.

IV

Mais tout avare a son vice, toute caisse sa fêlure ; une passion coûteuse ébréchait ce trésor si rudement gardé. Le Gros Guillaume avait le goût des grenadiers gigantesques. C'était chez lui une manie semblable à celle d'un bourgmestre hollandais pour les tulipes doubles. Son régiment de colosses était sa plate-bande ; aucune largesse ne lui coûtait pour le faire fleurir. Imaginez Tarquin parcourant le monde, une canne de tambour-major à la main, et récoltant, au lieu de les abattre, toutes les plantes humaines qui dépassent le niveau commun. Il payait sept cents écus, sans marchander, un sujet de cinq pieds dix pouces, et donnait mille écus d'un homme de six pieds. Au-dessus de cette mesure, sa prodigalité tournait en démence : c'était la folie du bibliophile ou du numismate qui se restreint sur les raretés simples, mais ne connaît plus de limites dès qu'il s'agit d'une médaille unique ou d'un exemplaire introuvable. A un moine, surnommé le Grand Joseph, il fit compter cinq mille florins pour prix de son engagement, et l'abbaye, raccourcie de ce clocher vivant, reçut, à titre d'indemnité, quinze cents rixdallers. Un grand diable d'Italien, nommé Andréa Capra, lui coûta trois mille rixdallers. Il poussa jusqu'à trente-deux mille livres un Irlandais de sept pieds, que le ministre de Prusse avait découvert dans les rues de Londres : somme pour le moins deux fois égale à celle que ledit ministre recevait de son gracieux maître. — La margrave de Baréith, fille de Guillaume, étant tombée malade, avait besoin d'un médecin habile; son frère Frédéric lui en indiqua un à Berlin, M. de Superville. Quand elle l'eut obtenu, il lui donna le moyen sûr pour le garder près d'elle tant qu'elle le voudrait :

c'était que le margrave envoyât au roi quelques grands hommes pour son régiment favori. — « Moyennant » cette galanterie de six pieds faite au roi, tout ira » bien. Deux ou trois grands hommes envoyés à » propos seront des arguments vainqueurs. »

Tout lui était bon pour satisfaire cette monomanie gigantesque. Des pourvoyeurs de chair humaine venaient dans son palais, comme dans une baraque de saltimbanque, vendre ou offrir des colosses. Il les payait, au besoin, en monnaie de vie et de mort. — Le maréchal von Flemming lui vendit deux « grands gaillards, *hange Kerls* », pour la grâce d'un gentilhomme condamné à mort, M. de Sparfeld. Le roi de Danemark, après avoir vainement réclamé, sur la foi des traités internationaux, l'extradition de Prætorius, l'assassin du comte Christian de Rantzau, l'acheta par une douzaine de Danois du plus haut format. — Le plus curieux de ses marchés est celui qu'il fit avec l'électeur de Saxe, lequel possédait dans ses régiments cinq ou six hommes titaniques. Il proposa à Guillaume de les échanger contre des objets d'art choisis dans les musées de Berlin. Une série de médailles antiques, trois statues de Priape, de Diane et de Momus, un Saint Georges à cheval, en bronze florentin, figuraient dans cet échange dérisoire que Guillaume conclut avec enthousiasme. Le Vandale crut sans doute avoir fait le meilleur marché. Il aurait volontiers troqué contre un géant de la foire l'Apollon du Belvédère ou la Vénus de Milo.

Ce n'était pas seulement de gré, mais de force que Guillaume recrutait les hommes de grande taille. Une bande de racoleurs parlant toutes les langues, connaissant tous les passages des frontières, rompus à tous les déguisements et à toutes les ruses, exploraient le monde entier pour lui apporter des soldats hors ligne. Ils fouillaient jusqu'aux bazars d'Alep et du Caire : Gog et Magog, s'ils avaient vécu de leur temps, auraient été enrôlés dans les grenadiers du roi de Prusse. Cette gigantomachie était organisée comme une chasse. L'Europe, au dix-huitième siècle, était encore une inextricable forêt de principautés et d'enclaves ; et, dans cette forêt politique, les sbires de Guillaume, parodiant les paladins de l'Arioste, traquaient et relançaient les géants. Avoir six pieds, au temps du roi Guillaume, était déjà un péril ; trois pouces de plus, l'homme était perdu. Quel qu'il fût, paysan ou noble, ouvrier ou prêtre, magnat ou mougick, hulan du maréchal de Saxe ou pandour de Marie-Thérèse, il passait à l'état de gibier prussien chassé par une meute invisible. Cerné de près, suivi pas à pas, il trébuchait de piége en embûche, jusqu'au jour où des recors armés jusqu'aux dents l'arrêtaient au coin d'un bois ou l'arrachaient de son lit. On garrottait le phénomène, on l'empaquetait de chaînes et de cordes, on le pliait en quatre dans la caisse d'une voiture, grillée et verrouillée comme une oubliette. Le sombre véhicule prenait le galop, emportant sa proie, il la déballait à la porte d'une caserne, et, quelques jours après, un grenadier démesuré, encore exhaussé par un haut plumet, figurait à la parade de Postdam ou de Brandebourg. L'abbé Bastiani fut enlevé ainsi, l'hostie sur les lèvres, au moment où il disait la messe dans une chapelle du Tyrol. — Un jour, M. de Benterieder, envoyé extraordinaire de l'empereur auprès du roi d'Angleterre, homme de haute taille et de robuste encolure, se présente seul et à pied, à la porte d'Halberstadt. L'officier du poste le toise, l'admire, le juge de bonne prise et le consigne au corps de garde, où on lui jette sur le dos une capote de soldat. Il fallut l'arrivée de son carrosse rompu à l'entrée de la ville, et la reconnaissance de son titre décliné par les révérences de sa suite, pour le délivrer de ce recrutement impromptu. S'il n'avait été ambassadeur, il allait passer grenadier.

Un tenancier de l'abbaye de Paradies, en Pologne, haut de six pieds deux pouces, était guetté depuis longtemps par les racoleurs prussiens, comme un sujet rare. L'homme, averti du danger, dépistait ses chasseurs avec des ruses de vieux cerf. Il ne passait jamais la frontière, et ne dormait jamais deux nuits de suite sous le même toit. Mais sa femme étant prête d'accoucher, les recruteurs devinèrent qu'il ne quitterait plus sa maison. Ils y entrèrent, un soir, avec effraction, le trouvèrent au lit conjugal, et se mirent à le garrotter. Dans l'obscurité, ils attachèrent à ses jambes une jambe de sa femme, et tirèrent avec lui, hors de la chambre, la pauvre mère qui mourut de peur. Les râles de la mourante, les cris de désespoir du mari, rien n'émut les ravisseurs, qui s'enfuirent emportant leur proie. L'abbé de Paradies redemanda son vassal; Guillaume, le jugeant de bonne prise, fit la sourde oreille à ses plaintes. Mais l'abbé était de la race de ces évêques guerriers de la vieille Pologne, qui disaient la messe éperonnés et bottés, avec des pistolets sous leur chape. Il fit arrêter des marchands prussiens de Züllichan, venus, pour leurs affaires, à un marché voisin de l'abbaye, et répondit hardiment, lorsqu'on les réclama, qu'il les retiendrait comme otages, jusqu'à ce qu'on eût rendu la liberté à son tenancier. Le roi, voulant garder son géant, déclara la guerre au couvent.

On a le rapport officiel de cette guerilla : la bouffonnerie d'un chant du *Lutrin* s'y mêle à l'atrocité d'une expédition de bandits. — Le 21 mars 1740; à six heures du matin, une compagnie de mousquetaires et de hussards, forte de quatre cents hommes, parut, en l'absence de l'abbé, devant la porte de l'abbaye, avec des fourgons chargés de grenades, et des échelles à escalader. Avant de donner l'assaut, ils se divisèrent en trois corps. Le premier devait attaquer le couvent, le second la porte de l'hôpital, et le troisième former un poste de réserve et d'observation. Des brèches s'ouvrirent bientôt dans les murs entamés par les leviers et les haches. Le père Deodatus, le premier moine que rencontrèrent les ennemis, reçut

un coup de sabre sur la tête. Le père Amadeus fut contraint, un pistolet sous le nez, de servir de guide aux pillards. En un clin d'œil, la maison fut dévalisée. Les moines étaient réunis dans l'église, pour y célébrer la fête de saint Benoît, patron de leur ordre. Les assaillants se ruèrent sur eux, à coups de pied et de poing, en jurant qu'ils mettraient le feu à l'abbaye, s'ils ne leur livraient les otages. Avant de battre en retraite, le capitaine des hussards demanda un florin pour chacun de ses hommes, comme pourboire du pillage. — « Vous savez maintenant, dit-il
» en parlant aux moines, ce que les Brandebourgeois
» sont capables de faire. Si vous bronchez encore,
» nous vous ferons une seconde visite. » — On croirait lire le bulletin d'une razzia réquisitionnaire, opérée dans un village de la Beauce ou de la Lorraine, par les hulans de M. de Moltke.

Pour acquérir ses phénomènes de caserne, le Gros Guillaume employait le brocantage comme le brigandage. Un riche marchand d'Amsterdam avait des parents en Prusse, que, par suite d'une querelle de famille, il menaça de déshériter. Ceux-ci recoururent au roi, et lui promirent un certain nombre de soldats hors ligne s'il emprisonnait leur riche cousin pour le restant de ses jours. L'offre fut agréée, le marché conclu. Le nabab hollandais, attiré à Berlin, sous un prétexte quelconque, fut expédié à Spandau, où il resta, jusqu'à la mort de Guillaume, entre quatre murs.

La fable antique raconte que les dieux de l'Olympe, épouvantés par l'escalade des géants, s'enfuirent précipitamment en Égypte. Ici, au contraire, les pauvres géants, d'un bout de l'Europe à l'autre, tremblants, effarés, rentrant leurs têtes entre leurs épaules, recroquevillés sur eux-mêmes, fuyaient devant l'aigle noir qui, bec ouvert et ongles tendus, les poursuivait pour les enlever dans la caserne olympique du Jupiter de la Prusse.

V

Cette monomanie militaire était, du reste, essentiellement pacifique. Il y a des sultans sans mouchoir ; Guillaume était un guerrier sans épée. Son armée offrait une collection à peu près complète de grenadiers rares, de dragons monstres et d'artilleurs mécaniques; il se serait bien gardé de la dépareiller ou de la briser en l'exposant aux intempéries des batailles. Il n'envoyait pas plus ses brigades au feu qu'un amateur n'y met ses vases de vieux chine. La guerre aurait fait des coupes sombres dans cette haute futaie humaine transplantée chez lui de tous les climats du monde; en bon ménager, Guillaume s'interdit la guerre, et tint ses troupes en serre chaude dans les places d'armes. Non content de les accroître, il voulut les multiplier. « Les géants, dit la Bible, » virent que les filles du peuple étaient belles; ils les » prirent pour femmes, et ils en eurent des enfants :

» ce sont des héros de toute antiquité, hommes de
» renom. » Guillaume qui ne lisait que la Bible,
essaya, lui aussi, de reproduire ses colosses. Après
la recrue des géants, il fit la traite des géantes. Toutes
les viragos du royaume furent enlevées, comme des
Sabines, à bras tendus, par ses recruteurs, et mariées
de force à ses plus grands grenadiers. Il en espérait
une race gigantesque ; mais la nature eut peur sans
doute d'un nouveau déluge, et ces montagnes accou-
plées engendrèrent de simples Prussiens.

VI

Ce régiment colossal n'était, du reste, que la façade
de l'armée que Guillaume construisait derrière. Si
c'est une justice, il faut la lui rendre : il est le fondateur de l'armée prussienne. Ce fut lui qui forgea,
à coups de plat de sabre, cette machine automatique,
inhumaine, formée de bras précis comme des angles,
et dont les mouvements ont la précision des figures
de géométrie. Ses recrutements tyranniques dépeu-
plaient et désolaient le royaume. Tout homme enrôlé
était soldat pour la vie ; le septième de la population
active était sous les armes. Chiffre cruel, lorsqu'on
le mesure au nombre des habitants du pays, il légua
à Frédéric II une armée de soixante-douze mille soldats.

Beaucoup d'étrangers, il est vrai, entraient de force

ou de gré dans cette armée d'esclaves. Ce n'était pas seulement les géants, c'était les hommes valides de toutes les nations que chassaient les racoleurs de Guillaume. Les frontières de l'Empire, de la France, de la Suisse, de la Hollande étaient infestées de leurs brigandages. Jusqu'aux portes des forteresses, jusque sur le pont de Kehl, où les sentinelles françaises faisaient leur faction, ils venaient embaucher ou enlever des soldats. Transporté en Prusse, si l'homme résistait, on le nourrissait de harengs salés jusqu'à ce que, brûlé de soif et de fièvre, il signât son engagement pour obtenir un verre d'eau. Ce recrutement de négrier devint une des traditions de l'État. Comme son père, Frédéric II fut un grand voleur d'hommes devant le Seigneur. Bon an, mal an, le roi Louis XV était obligé de faire pendre quatre ou cinq capitaines prussiens, arrêtés en flagrant délit d'embauchage ou de rapt armé. — Pendant la guerre de Sept-Ans, un officier français descend, près du Rhin, dans une auberge isolée. Des recruteurs embusqués l'arrêtent, le désarment et l'expédient, le lendemain, à l'armée. Il fit le reste de la guerre comme simple soldat, écrivant chaque jour au roi qui ne répondait pas, à ses parents et à ses amis, qui ne reçurent point une seule de ses lettres. La campagne finie, son régiment retourna en garnison dans une ville de la Silésie. A la première revue, Frédéric, passant devant ce corps, l'appelle par son nom ; l'officier sort des rangs et présente les armes : — « C'est moi, Sire. »

— « Voulez-vous rester à mon service, comme officier ? » — « Sire, je ne le puis, ayant l'honneur d'être
» engagé au service de ma patrie. » — « Eh bien !
» qu'on donne à monsieur son congé, et qu'il soit
» libre. » Il n'en reçut pas d'autre indemnité. — En
pleine Europe, en pleine civilisation, la Prusse ressuscitait la piraterie barbaresque. Ce qu'elle tentait en
petit alors, elle l'opère en grand aujourd'hui. Après
Sadowa, c'est par la force encore ou par des traités
perfides comme des embuscades, qu'elle a recruté les
armées allemandes. De vassales devenues complices,
elles n'en sont pas moins des armées volées.

Cette armée de soldats forcés était conduite comme
une chiourme. La discipline prussienne est aussi de
l'invention de Guillaume : Frédéric, après lui, ne fit
que resserrer ses écrous de fer. Ce fut lui qui fabriqua
ce code militaire, pesant comme une chaîne, minutieux comme une étiquette, atroce et compliqué comme
un instrument de torture, qui semble sorti de la collaboration d'un bourreau et d'un bureaucrate. Le règlement de ses casernes aurait effrayé un couvent de
trappistes : corvées sur corvées, clôture perpétuelle
interrompue par des exercices accablants, solde dérisoire, pâture de chenil. La schlague châtiait la moindre infraction : un bouton de guêtre mal ajusté faisait
passer son homme par les verges ou l'envoyait au cachot. Le roi lui-même maniait le bâton comme un
argousin. Lorsqu'il voyait un soldat broncher à la manœuvre, il lui jetait aussitôt sa canne. Le délinquant

la rattrapait en l'air, avançait à l'ordre, et la rapportait à Sa Majesté; puis, mettant un genou en terre, il recevait dévotement sa correction sur la tête ou sur les épaules. L'opération terminée, il rentrait dans les rangs en s'époussetant le genou. — Ces bastonnades tournaient parfois au tragique. Un jour, en pleine revue, le Gros Guillaume, mécontent de la manœuvre d'un bataillon, court au major avec fureur, et lui cingle un coup de canne au visage. Ce major était un vétéran à barbe grise, très-honoré dans l'armée. Il essuie le sang qui jaillissait de son front, rejoint le roi au milieu de la place, arrête son cheval devant lui, et, prenant en main ses pistolets d'arçon : « Sire, dit-il, vous m'avez déshonoré ; je dois en avoir satisfaction. » En même temps il tire en l'air un de ses pistolets par-dessus la tête de Guillaume : « Voilà pour vous, sire. » Puis, appliquant l'autre contre son front : « Voici pour moi ! » et il se brûla la cervelle. On dit que depuis ce jour le Gros Guillaume ne bâtonna plus d'officiers.

La schlague n'en continua pas moins de siffler sur l'armée prussienne; Frédéric II ne la brisa pas; elle était en Prusse « l'instrument du règne », *instrumentum regni*, dont parle Tacite. Comme son père, il soumit ses troupes au régime de la ménagerie. C'était à coups de fouet qu'il les dressait à la tactique et les poussait à la gloire. — Thiébault raconte qu'assistant au parc de Berlin, à un exercice, il vit un hobereau — *junker* — de quinze ans, faire sortir des rangs un vieux soldat de cinquante, et le frapper à tour de bras d'un rotin qu'il tenait en main. Le vétéran, rongeant son frein, ravalant ses cris, subit, sans une plainte, la râclée de ce petit drôle ; mais on voyait de grosses larmes rouler lentement sur sa moustache grise. — Cette discipline du bâton s'est imprimée sur l'armée prussienne ; elle en reste marquée comme d'un stigmate ; la roideur de sa marche en garde le pli. Il y a de la servitude dans son courage, de l'épouvante dans son obéissance terrifiée. Aujourd'hui encore, qui a vu défiler ses régiments mornes, menés par des officiers inflexibles, en rapporte moins l'image d'une armée que celle d'un troupeau fauve, conduit par des belluaires menaçants.

Cette terreur militaire produisait l'abrutissement ou le désespoir. Le suicide sévissait à l'état d'épidémie chronique sur l'armée prussienne : elle se décimait elle-même pour fuir l'horreur de la caserne et les tourments de la place d'armes ; à Postdam, des factionnaires se brûlaient la cervelle sous les fenêtres du roi. Une sorte d'hérésie monstrueuse se propagea dans les régiments : ses sectaires disaient que la mort était l'unique remède à leurs maux, mais que, pour ne pas aller en enfer, il fallait assassiner un enfant. L'assassin se dénonçait lui-même et faisait son acte de contrition avant de marcher au supplice : de cette façon, il croyait suivre au ciel l'enfant qu'il y avait expédié. — Parmi ces recrues étrangères, la désertion était l'idée fixe. Aussi les plaçait-on toujours dans ce qu'on appelait les *rangs surveillés*. C'était une légion garnie; sur la première file, des soldats enrôlés par force : le rang qui suivait, composé d'hommes plus soumis, avait ordre, en paix comme en guerre, de tirer sur eux s'ils tentaient de fuir; si cette rangée faiblissait, le troisième rang, formé de vétérans farouches et de soudards endurcis, devait faire feu sur les deux premiers. Ainsi chaque rang, dans la bataille, avait l'ennemi en face, l'ennemi sur le dos; chaque soldat était espion espionné. Les victimes par devant, des geôliers derrière, des bourreaux au fond; partout la violence et partout la mort. Cette stratégie infernale, digne des démons-guerriers de Milton, fait comprendre le mot de Frédéric au vieux prince d'Anhalt, qui admirait, dans une grande revue en Poméranie, la tenue superbe et les évolutions parfaites de ses troupes : — « L'ordonnance et » l'ensemble de tant d'hommes en armes vous surprend, » dit-il; il y a quelque chose qui m'étonne bien davan- » tage. » — « Quoi donc ? » dit le vieux prince. — « C'est que nous soyons en sûreté au milieu d'eux. »

VII

Le Gros Guillaume traitait son peuple comme son armée ; il s'en était fait le fouetteur et le pédagogue. Ce tyran grotesque semblait avoir pour sceptre le bâton frénétique de Polichinelle. Ses promenades dans Berlin faisaient l'effet des courses d'un tigre échappé.

Les passants fuyaient à son approche; les rues se vidaient, on fermait les portes. S'il rencontrait une femme, il l'apostrophait d'une injure et d'un coup de pied dans le ventre : « Va-t'en chez toi, gueuse ! Une » honnête femme doit rester dans son ménage. » Si c'était un jeune homme, il le faisait enlever sur pied et l'envoyait, comme soldat, dans un régiment. Un pasteur s'avisait-il de regarder la parade, il courait sur lui en vociférant, et le renvoyait à son prêche, la trique dans les reins. — Un jour, pourtant, il sortit battu d'une pareille rencontre, ayant voulu changer d'armes, et remplacer le coup de canne par le trait d'esprit. Il se promenait avec le général Grumkow, au bord de la Sprée, lorsqu'il aperçut M. Beausobre, ministre évangélique, qui, pour le laisser passer, se rangeait respectueusement contre un arbre. — « Tu » vas voir, dit-il à Grumkow, comme je vais décon- » certer ce cafard. » Puis, se tournant vers le prêtre : — « As-tu lu le *Tartufe* de Molière? » lui demanda-t-il d'un ton brusque. — « Oui, sire, répondit Beausobre, et l'*Avare* aussi. » — « Ah! la canaille! » fut la seule riposte que le Gros Guillaume put trouver à ce coup fourré.

En sa qualité de descendant des Vandales, Guillaume détestait la science et les lettres. La littérature n'était pour lui qu'un badinage de pédants, la philosophie une peste publique. Il bannit l'illustre Wolf parce que ses doctrines, lui avait-on dit, offraient une excuse à la désertion. Le latin était formellement in-

terdit aux professeurs de ses fils. « Mes fils, écrivait-
» il, n'apprendront pas le latin, et, qui plus est, je
» ne souffrirai jamais que personne me parle d'une
» pareille sottise. » Il brandit, un jour, sa terrible
canne sur le précepteur du prince royal, parce qu'il
le surprit lui traduisant la *Bulle d'or*. Son père avait
fondé une Académie des sciences, qu'avait présidée
le grand Leibnitz ; il mit à sa tête son bouffon Gundling, et lui donna à rédiger les almanachs du
royaume. Une seule fois il la consulta : il s'agissait
de savoir pourquoi le vin de Champagne mousse au
saut du bouchon. L'Académie se réunit et réclama un
panier de quarante bouteilles pour éclaircir le pro-
blème. Le roi retira sa question et garda son vin.

VIII

Ses vertus mêmes étaient haïssables : il avait un
certain instinct de justice, mais cette justice grossière
et fantasque était celle du monarque tartare qui fit
ouvrir le ventre d'un esclave, pour savoir s'il contenait le lait qu'on l'accusait d'avoir dérobé ; elle rappelait aussi les rondes judiciaires du cadi turc, qui
tranche du sabre, opine du turban et rend cent arrêts
en parcourant un bazar. Ajoutez le méchant plaisir
d'un être cruel, jouissant de vexer et de voir souffrir.
Salomon se compliquait de Shahabaham. Inaccessible
d'ailleurs à la pitié, à la clémence, à toute notion de

miséricorde et de circonstance atténuante, il taxait du même châtiment la peccadille et le crime. — Un receveur de Kœnigsberg avait en caisse une forte somme sans emploi ; il en tira deux mille écus pour des affaires personnelles, et mit à leur place un billet où il reconnaissait devoir la somme empruntée, et s'engageait à la rembourser dans un court délai. Cet homme était riche, notoirement solvable, d'une probité reconnue. Le roi arrive à l'improviste dans la ville, visite la caisse, voit le billet, constate le vide et fait pendre le receveur comme dépositaire infidèle. Le vieux Dracon n'aurait pas mieux fait.

Le 22 août 1736, Guillaume fumant sa pipe dans les jardins de Postdam, vit venir à lui, avec de grands cris, la femme d'un joueur de hautbois, appelé Fischbach, laquelle accusait son mari d'adultère avec une jeune fille. Le cas était pendable. Sa Majesté fit confronter, séance tenante, la plaignante avec l'accusé, qui nia le fait, innocenta la jeune fille, et déclara ignorer ce que sa prétendue maîtresse était devenue. L'épouse furieuse revint à la charge, et attesta que son fils, garçon de quatorze ans, complice de la fornication de son père, connaissait la retraite de la créature. Le roi le fit venir et le questionna. Un orage étant survenu, l'enragé jugeur, au lieu de poursuivre dans le palais l'interrogatoire, fit planter une tente au milieu du jardin et s'installa, la pipe à la bouche, sous ce prétoire en plein vent. Le fils niant tout, aussi résolûment que son père, deux bouffons

de la suite du roi le bâtonnèrent, pour le faire parler, jusqu'à ce qu'il tombât, la face contre terre, évanoui et à demi mort. Guillaume ne jugeant pas le procès vidé, fit alors revenir Fischbach. Sur son nouveau refus de déposer contre la jeune fille, quatre sous-officiers reçurent l'ordre de lui appliquer une bastonnade exemplaire : — « Ce qu'ils firent avec une telle
» rigueur, » dit Manteuffel, témoin oculaire de cette scène, — « que c'est un miracle qu'il ait survécu. Il
» ne prononça pas une syllabe, préférant mourir sous
» le bâton plutôt que de trahir sa bien-aimée. —
» J'avoue — ajoute-t-il — que cette exécution m'a
» inspiré une terreur dont je ne suis pas encore re-
» venu. L'opiniâtreté du hautbois et de son fils m'a
» frappé, mais moins que la tranquillité avec laquelle
» on voyait torturer ces malheureux. » Telle était la justice paternelle du Gros Guillaume. Il aurait taillé des rotins dans le chêne patriarcal à l'ombre duquel s'asseyait saint Louis.

IX

Non content de juger lui-même, le Gros Guillaume intervenait, avec un despotisme brouillon, dans les débats des tribunaux, substituant ses grossières notions d'équité aux décisions de la loi et ses firmans de sultan aux arrêts des jurisconsultes. — Un mari accusait sa femme d'adultère avec un conseiller d'État

et demandait le divorce. Comme il ne put fournir aucune preuve, le tribunal acquitta l'accusée et rejeta sa requête. Il s'adressa directement au roi qui, *motu proprio*, condamna la femme et prononça le divorce. Il ajouta au bas de la sentence : « Ce juge-
» ment est beaucoup plus équitable que celui de ces
» fous. » Puis faisant comparaître devant lui le plaignant et le conseiller : « Est-ce là votre homme ? » demanda-t-il au premier. Sur sa réponse affirmative : « Eh bien ! s'écria-t-il, donnez-lui deux bons souf-
» flets ; le maraud épousera la drôlesse ! » Les soufflets furent administrés congrûment ; mais le mariage manqua, faute du futur, qui parvint à s'évader dans la nuit. — Le consistoire ayant refusé le divorce à un autre mari portant la même plainte, le Gros Guillaume écrivit en marge du rapport : « Il est clair qu'il y a
» quelques galants parmi les membres du consistoire.
» J'espère que vos femmes vous feront cocus, tous
» tant que vous êtes ; et vous aurez beau vous plain-
» dre, vous les garderez, bon gré mal gré, certaine-
» ment. »

On sait de quelle façon tyrannique il administrait ses États. Son gouvernement était celui de la bastonnade absolue. Par pur caprice de maniaque, il s'était engoué d'un aventurier nommé Echhard. Après l'avoir nommé conseiller, il lui octroya des lettres de noblesse chamarrées d'une décoration. La chambre électorale ayant hasardé sur cet excès de faveur de respectueuses représentations, reçut la réponse sui-

vante à ses doléances : « La haute et digne cham-
» bre est priée de laisser là ses arguments et de ne
» pas se mêler de l'honorable Echhard ; ou bien nous
» irons, en personne, présider la chambre avec un
» bon bâton. » Une vignette significative à la plume,
de la main du roi, illustrait ce gracieux message : elle
représentait un gibet auquel branlait un pendu. Au-
dessous était écrite cette légende : « Récompense bien
méritée par la chambre électorale. »

Les coquins font les meilleurs esclaves : aussi Guillaume les employait-il volontiers. Il avait le goût des
fripons et des gens infimes. Cette basse prédilection
se rencontre chez beaucoup de rois de son caractère.
Que trouve-t-on, le plus souvent, dans l'ancienne histoire, sur la première marche du trône des mauvais
césars, des czars, des sultans? Un eunuque, un affranchi, un mougick, un batelier du Bosphore. Le despote ne se fie qu'aux hommes qu'il a ramassés dans la
fange et façonnés de sa propre main.

Lorsque, après la mort de Grumkow, on proposa à
Guillaume, pour remplir sa fonction vacante, quelques
hommes haut placés et d'un mérite reconnu : « Vous
» n'y entendez rien — répondit-il à ses conseillers,
» — je sais, par expérience, que les hommes de mé-
» rite et haut placés ne sont point propres aux affai-
» res. Ils se retranchent derrière leur point d'honneur,
» quand il leur convient de me résister. Si mes ordres
» ne leur paraissent pas justes et raisonnables, ils font
» des difficultés et se formalisent lorsque j'insiste pour

» être obéi. Cela ne me va pas du tout, et, à l'avenir,
» je préfère prendre des *klaffer* (chiens clabauds),
» auxquels on peut donner des ordres, sans être en-
» nuyé de leurs grognements, et qui obéissent sans
» raisonner. »

Cette tyrannie brutale s'appliquait à toutes les affaires. Il aimait fort la bâtisse, et voulait agrandir Berlin en y perçant des rues neuves. Mais la truelle, dans ses mains bourrues, faisait le moulinet de sa canne : c'était à coups d'édits violents et d'ordonnances arbitraires qu'il forçait ses sujets à se bâtir des maisons. Bon gré mal gré, nonobstant chartes de locataires et clameurs de propriétaires, il leur fallait démolir leurs anciens logis et reconstruire, à la place, sur le plan fixé, des bâtiments battant neuf. — Un jour, Guillaume se promenant dans la Wilhelm-Strass, jugea qu'un grand et vaste hôtel ferait à souhait dans la perspective. Il se souvint alors qu'un M. de Vernesobre, qui avait été, à Paris, le caissier de Law, s'était réfugié à Berlin, avec une fortune de quatre millions, au moment où le système allait s'écrouler. Il fit venir ce Français taillable et corvéable à merci, et lui commanda l'édifice dont il voulait décorer sa rue. L'étranger, qui s'était déjà fait construire un splendide hôtel, hasarda quelques remontrances ; mais Guillaume, fronçant le sourcil : « Aimes-tu mieux, lui dit-il, que je te rende
» au roi de France, qui te fera pendre ? » Vernesobre s'exécuta, bâtit un palais, qui lui coûta deux millions, et s'y ruina de fond en comble. Ce même palais fut,

depuis, acheté pour cinquante mille livres par la princesse Amélie, sœur de Frédéric.

Il est tel de ses ukases d'édile autocrate qu'on pourrait croire décrété par un de ces monarques orientaux qui s'intitulent « Cousins de la Lune » ou « Fils du Soleil. » Il avait fondé, à Berlin, un nouveau quartier (Dorotheenstadt) qui se peuplait trop lentement à son gré. Ce que voyant, Guillaume dressa une liste des plus riches familles de la ville, les fit émigrer de leurs domiciles et leur ordonna d'aller coloniser sur-le-champ le steppe de pierre qu'il avait créé. En 1737, il publia un décret portant que les chambres de devant des maisons de la vieille ville seraient réservées aux officiers de l'armée, et que les propriétaires qui ne voudraient pas habiter leurs appartements donnant sur les cours, iraient s'établir dans le quartier nouveau. Enfin, pour achever de mettre le faubourg neuf à la mode, le roi décréta, en 1738, qu'à dater du 8 mars toute personne, sans distinction de rang, qui possédait une voiture et un cheval, serait tenue de paraître chaque dimanche, de trois à cinq heures, à la promenade de la nouvelle ville, sous peine d'une amende de cent cinquante thalers. Il en résulta une indescriptible cohue, où la carriole du boucher heurtait le carrosse armorié du grand seigneur, où la berline du courtisan accrochait le berlingot du fermier. Ce carnaval de véhicules fonctionna jusqu'à la mort de Guillaume.

Mais ce spectacle fut surpassé par celui qu'il donna

un jour à Postdam. Le baron de Pœlnitz, qui avait séjourné à la cour de France, lui vantait la magnificence triomphale des boulevards de Paris et des avenues de Versailles, parcourues, aux jours de gala, par un éternel et majestueux défilé d'équipages à quatre chevaux et de carrosses aux panneaux dorés. Ce récit révolta tous ses instincts de roi ladre : il voulut bafouer ce luxe et parodier cette splendeur. Quelque temps après, il expédia un régiment de hussards, avec ordre de battre à la ronde la banlieue de Berlin, et d'y mettre en réquisition tous les objets roulants, montés sur essieu, qu'ils pourraient trouver. Puis il fit annoncer une cérémonie officielle sur les deux rives du canal de sa bonne ville de Postdam.

Au jour fixé, le Gros Guillaume, suivi de sa cour, vint présider la parade. Alors commença une procession bouffonne et baroque, digne de la plume de Scarron et du crayon de Callot. Chariots à paille, tombereaux de fumier, charrettes de rouliers, haquets de marchands de vin, brouettes de maraichers, fourgons de déménagement, corbillards d'enterrement roulaient grinçants et cahin-caha à la file. Ce charronnage incongru était attelé de baudets étiques, de haridelles macabres, de rosses décharnées et poudreuses qu'on eût dit revenues de la déroute de Sennachérib. — Le roi jouissait de ce spectacle ; il riait de son mauvais rire, et, se retournant vers le comte de Rottenbourg, ambassadeur de France, présent à la scène : « Voilà
» mon Versailles, s'écria-t-il avec une gaieté sauvage

» voilà mes boulevards ! Qu'est-ce que Paris en com-
» paraison ? »

Il y avait de la haine dans cette farce ironique, la haine du roitelet d'un pays pauvre et grossier contre le monarque éclatant d'un vaste royaume. Il y entrait aussi le mépris farouche du barbare pour les pompes et les œuvres des civilisations raffinées. — C'est ainsi qu'Attila, devant les ambassadeurs de Rome, affectait de boire du lait de jument dans une coupe de bois. — Ces dérisions grossières de la cour de Louis XIV étaient les plaisanteries favorites du Gros Guillaume. Il s'était fait, au bord de la Sprée, un grand potager, divisé en compartiments d'échiquier, qu'il avait appelé le « Nouveau Marly », et, l'été, en pleine poussière, sous le soleil cru qui gonflait les citrouilles et rôtissait les concombres, il y trainait après lui, pendant de longues heures, la famille royale et la cour, pour contrefaire les promenades solennelles du grand roi autour de ses jets d'eau et de ses quinconces. — Cette antipathie contre le faste et l'élégance brillante de la France éclatait à toute occasion. Le baron de Kniphausen, au retour d'un voyage à Paris, s'étant avisé de paraître à la cour en habit pailleté d'or, à la dernière mode du régent, Guillaume l'en dépouilla séance tenante, le fit endosser au valet du bourreau et lui ordonna de faire le tour de Berlin, accoutré de cette pailleterie couleur de soleil. Un timbalier qui le suivait, frappait de sa baguette l'habit métallique, flagellant ainsi le luxe français sur le dos de l'estafier du gibet.

Le Gros Guillaume se mêlait de peindre, ou plutôt de peinturlurer. Après la pipe et la bouteille, le barbouillage était son divertissement favori. Il peignait surtout des cabarets et des tabagies. La nature avait mis dans ce rustre couronné l'instinct, sinon le talent de Téniers. Un artiste au rabais, nommé Huber, broyait ses couleurs et lui donnait des leçons à un florin par séance. Ce pauvre diable était son souffre-douleurs. C'était après dîner que le roi se mettait à son chevalet. Or il arrivait souvent que le lourd sommeil de la digestion le prenait sur le tableau commencé. Sa tête tombait sur sa poitrine, le bâton glissait de ses doigts, et le pinceau que tenait encore sa main vacillante, griffonnait, du haut en bas de la toile, de fantastiques arabesques. A son réveil, lorsqu'il retrouvait son esquisse enluminée de ces bigarrures, il entrait dans une fureur noire, accusait son maître d'avoir, par jalousie de métier, défiguré ses chefs-d'œuvre, saisissait sa terrible canne, et le rouait de coups. — Comme le roi ne s'amusait guère à peindre que lorsqu'il souffrait d'un accès de goutte, il signait ses tableaux de cette inscription : *Fredericus in tormentis pinxit*. A quoi le pauvre Huber ajoutait en lettres imperceptibles ce mélancolique post-scriptum : *Quæ infligebat*.

Les courtisans tombaient naturellement en extase devant les croûtes de leur maître, et juraient qu'Ostade et Rembrandt n'étaient, auprès de lui, que peintres d'enseignes. — Un jour que le baron de Pœlnitz, admis à contempler une nouvelle horreur fraîchement brossée par la main royale, criait d'admiration et trépidait d'enthousiasme, Guillaume lui demanda combien il croyait qu'on pourrait vendre ce tableau, s'il était mis aux enchères ou dans le commerce. Pœlnitz déclara qu'il était sans prix; mais que, s'il fallait lui fixer une valeur vénale, on le donnerait pour rien en l'estimant à cent ducats d'or. Sur quoi, Guillaume, d'un geste magnanime que raillait son narquois sourire : « Tiens, Pœlnitz, prends-le, je te le donne pour » cinquante, car tu es bon juge, et je veux t'obliger. » Le vieux courtisan, pris au piége, dut débourser les cinquante pistoles, et emporter sous son bras une toile dont un brasseur de Postdam n'aurait pas voulu pour sa devanture.

X

Le Gros Guillaume était dévot. Chaque après-midi, il débitait à sa famille un sermon piétiste. « Il fal- » lait, dit la margrave de Bareith, écouter ce sermon » avec autant d'attention que si c'était celui d'un » apôtre. » Un valet de chambre entonnait ensuite, d'une voix chevrotante, un vieux cantique luthérien que ses enfants répétaient en chœur, verset par verset. C'est de lui que date le Dieu militaire créé et mis au monde pour les besoins de la Prusse, qu'invoque si béatement son pieux successeur. Les vieilles idoles germaniques, nourries de chair humaine par les Borrussiens, semblent revivre dans ce fétiche indigène, coloré d'un vernis biblique. Ce Dieu prussien bénit les rapines, sanctifie les fraudes de son peuple, et reporte sur les Français la haine dont le Jéhovah hébreu poursuivait les Amalécites. Le plus exécrable crime, aux yeux de Guillaume, étant de déserter ses armées, son Dieu, du haut de sa caserne céleste, maudissait et damnait tous les déserteurs. « La désertion » vient de l'enfer, — dit-il dans une de ses lettres, — » c'est l'œuvre des enfants du Diable : jamais un en» fant de Dieu ne pourra s'en rendre coupable. » Frédéric II, tout athée qu'il fût, se garda bien de mettre au rebut ce Dieu officiel. En temps de paix, il lui donnait son congé, mais pendant la guerre il le tirait de sa niche et le menait combattre avec lui. Après ses victoires, il faisait rendre grâces par ses troupes au « Dieu des armées ». Les méthodistes anglais prenaient au sérieux cette dévotion de parade. Un de leurs ministres, célébrant à Londres la bataille de Rosbach gagnée par Frédéric sur les papistes de France, s'écriait en jargon biblique : « Le Seigneur » poussa le roi de Prusse et ses soldats à prier. Ils » jeûnèrent trois jours et passèrent une heure à » chanter des psaumes avant d'attaquer l'ennemi. » Oh ! qu'il est bon de prier et de combattre ! » Si ce morceau d'éloquence parvint à Frédéric, il dut bien s'en amuser à Postdam en soupant avec Maupertuis et d'Argens, et regretter, ce soir-là, le ricanement de Voltaire absent.

Malgré sa dévotion, le Gros Guillaume avait ses faiblesses. L'amour, il est vrai, n'entama jamais sa cuirasse : il était farouchement chaste, comme un barbare ou comme un athlète. — Dans un voyage qu'il fit à Dresde, Auguste de Saxe, l'homme aux trois cent cinquante bâtards, voulut tenter sa vertu. Un soir, il l'introduisit dans un boudoir illuminé et lambrissé d'ambre ; une tapisserie fut tirée comme un rideau de théâtre, et découvrit, au fond de l'alcove, une belle fille nue, couchée sur un reposoir de satin. C'était la comtesse Orzelska, la maîtresse de l'électeur-roi. Mais devant cette Vénus impudique, Guillaume s'enfuit en se signant, comme s'il avait vu apparaître la grande prostituée de l'Apocalypse, montée sur son dragon à sept têtes. Il rudoya fort l'électeur, et déclara qu'il partirait sur-le-champ, s'il lui montrait encore des tableaux vivants.

En revanche, Guillaume aimait le tabac et le vin ; il tenait à l'humanité par la pipe et par la bouteille. Chaque soir, il se retirait dans sa *Tabagie*, retraite inabordable où ses favoris seuls pouvaient pénétrer. Ce sanctuaire avait l'air d'un antre. C'était un pavillon borgne, construit au bord de la Sprée, entouré d'un fossé rempli d'une eau croupissante, et barricadé par une grille de fer. Un pont-levis de forteresse s'abattait et se relevait sur les visiteurs. Deux aigles et deux ours, enchaînés à la grille, montaient la garde du taudis royal. On eût dit le vide-bouteilles du Caliban de Shakspeare. Le pavillon contenait une seule pièce au rez-de-chaussée : une lanterne pendait au plafond, un poële ronflait dans un coin, une table garnie de bancs de sapin la meublait dans toute sa longueur. A l'un des bouts de cette table trônait un vieux fauteuil destiné au roi ; à l'autre bout un autre fauteuil allongeait des oreilles de lièvre clouées au dossier : son fou Gundling venait y siéger. C'était là que le Gros Guillaume tenait sa vraie cour, débraillé et déboutonné, la pipe à la bouche, la pinte à la main, entouré de soudards intimes et de bouffons favoris. On buvait, on faisait ripaille ; aux grands jours, une bombarde d'or, remplie de vin de Hongrie, passait à la ronde ; de gros rires soldatesques ébranlaient la chambre enfumée. Rentré dans son cabaret, le despote se transformait en bonhomme. La nature avait fait de lui un butor, le hasard lui avait jeté un manteau de roi sur le dos, et il était aussi heureux lorsqu'il le dépouillait pour redevenir une brute en gaieté, que dut l'être l'âne de la fable quand il jeta sa peau de lion pour braire à son aise. — La destinée est ironique ; elle s'amuse parfois à couronner des goujats, à jeter sur le trône des rustres faits pour s'asseoir sur l'escabeau d'une taverne. L'histoire, lorsqu'elle parcourt les galeries royales et qu'elle y rencontre ces personnages travestis, pourrait dire, comme Louis XIV : « Otez-moi de là ces magots ! »

XI

Sorti de sa tabagie, le Gros Guillaume rentrait dans son palais et reprenait sa férocité ; Falstaff redevenait Richard III. « Il faut avouer, — écrivait Voltaire » — que la Turquie est une république, en com- » paraison du despotisme exercé par Frédéric-Guil- » laume. » On peut dire aussi que le bagne était un lieu de plaisance auprès de son intérieur de famille. Sa tyrannie domestique dépassait son despotisme royal. Dénaturé de nature, il était né parâtre, pour ainsi dire. On peut se permettre des barbarismes avec ce barbare. Entre tous ses enfants, il haïssait spécialement son fils aîné Frédéric et sa fille Wilhelmine, qui fut plus tard margrave de Bareith. Cette jeune princesse, courageuse et tendre, d'un cœur aimant et d'un esprit délicat, fut la Cendrillon de cet ogre. Les martyrologes d'enfants qui se déroulent devant les tribunaux et les cours d'assises n'ont jamais montré de plus lamentable victime.

On n'a jamais su pourquoi son père l'avait prise en haine. Ce sauvage était inintelligible : l'absurde est indéchiffrable. Il aurait fallu, pour débrouiller ce qui se passait dans cette tête sombre et obtuse, l'œil de l'aruspice habitué à lire dans les entrailles des taureaux. En y regardant de très-près, on voit que la reine avait voulu faire épouser Wilhelmine par le prince de Galles. Le Gros Guillaume n'y répugnait pas, mais le roi d'Angleterre ne se souciait guère de s'allier à celui qu'il appelait le *caporal Schlague*. Ce sobriquet revint à Guillaume, le mariage fut rompu ; de là sa fureur qui retomba sur sa fille. N'ayant pu la marier dignement, il lui prit la rage de la mésallier. Le prétendant de son choix était un petit margrave de Schwed, prince sans terre, altesse dérisoire que l'Almanach de Gotha aurait mis à la porte de son catalogue. De plus, il était ivrogne, ce qui explique peut-être la prédilection de Guillaume : le margrave de Schwed était une recrue pour sa tabagie. La princesse, soutenue par sa mère, refusa ce piteux mari. Or, Guillaume n'entendait pas qu'on lui résistât : pour lui sa famille était un régiment donné par la nature, qui devait manœuvrer à son commandement. Il se mit donc à haïr sa fille et à la traiter comme un soldat révolté.

XII

C'est dans les Mémoires de la margrave, écrits quinze ans plus tard, qu'il faut lire le récit de sa Passion domestique. On ne voudrait pas y croire sans son témoignage ; l'énormité des choses qu'elle raconte les rend presque incompréhensibles. — Elle et son frère ne voyaient guère le roi qu'aux heures des repas, et ces repas étaient des supplices. La table immonde de

Guillaume rappelait celle de ces rois fabuleux des contes, qui nourrissent leurs prisonniers de vipères et de crapauds venimeux. Il avait inventé le tourment de la nourriture comme les tortureurs ont trouvé la question de l'eau. L'injure assaisonnait ces repas sordides : elle en était le sel et le condiment. — « Le
» roi, dit la margrave, ne m'appelait plus que la *ca-*
» *naille anglaise ;* mon frère était nommé le *coquin*
» *de Fritz.* Il nous forçait de boire et de manger des
» choses pour lesquelles nous avions de l'aversion ou
» qui étaient contraires à notre tempérament, ce qui
» nous obligeait quelquefois de rendre en sa présence
» tout ce que nous avions dans le corps. » Les plats, dans ces festins tragi-comiques, servaient moins d'ustensiles que de projectiles ; il les jetait à la tête de ses enfants au moindre propos. Il était rare qu'ils sortissent de table sans plaie ou sans bosse. D'autres fois, il s'amusait à les affamer ou à leur jouer des tours de harpie. « Le roi nous laissait mourir de faim. Ce
» prince faisait l'office d'écuyer tranchant ; il servait
» tout le monde hors mon frère et moi ; et quand,
» par hasard, il restait quelque chose dans un plat, il
» crachait dedans pour nous empêcher d'en manger.
» Nous ne vivions l'un et l'autre que de café au lait et
» de cerises sèches, ce qui me gâta totalement l'esto-
» mac. » Cette pauvre margrave, racontée par elle-même, nous apparaît plus martyrisée et plus misérable qu'une fille du peuple battue par un père ivrogne, dans une mansarde glacée. — Un jour qu'elle se le-

vait de table et qu'elle passait près de son fauteuil, le roi, pris d'une boutade, lui allonge un coup de sa béquille de goutteux. Elle fuit, éperdue, par les galeries du palais : le froid était atroce, la fièvre la prend, la petite vérole se déclare. Au lieu de la soigner, son père la séquestre ; il traite cette malade en pestiférée, et fait mettre les scellés sur toutes les avenues qui mènent à sa chambre. « Je restai seule
» avec ma gouvernante ; j'étais couchée dans une
» chambre où il faisait un froid épouvantable ; le
» bouillon qu'on me donnait n'était que de l'eau et
» du sel, et, lorsqu'on en faisait demander d'autre,
» on répondait que le roi avait dit qu'il était assez
» bon pour moi. Quand je m'assoupissais un peu vers
» le matin, le bruit du tambour me réveillait en sur-
» saut; mais le roi aurait mieux aimé me laisser mou-
» rir que de le faire cesser. » Une autre fois, irrité de ce qu'elle avait de nouveau refusé pour mari le margrave de Schwed, il la surprend chez la reine, blottie, à son approche, dans l'angle d'un paravent, et se jette sur elle pour la battre. La princesse se cache derrière le vertugadin de sa gouvernante, qu'il pousse à coups de poings contre la cheminée. « J'é-
» tais toujours derrière madame de Sonsfeld, et me
» trouvais entre le feu et les coups. Il appuya sa
» tête sur l'épaule de cette dernière, m'accablant
» d'injures et s'efforçant de m'attraper par la coif-
» fure. J'étais à terre, à demi-grillée. Cette scène au-
» rait pris une fin tragique si elle avait continué,

» mes habits commençant à brûler. Le roi, fatigué de
» crier et de se démener, y mit fin et s'en alla. » Ces
horribles scènes se répétaient tous les jours. On se
croirait transporté dans l'intérieur des Atrides.

De guerre lasse, le Gros Guillaume finit par marier
sa fille au prince héréditaire de Bareith, principicule
d'un domaine infime, qui était au moins un prétendu
tolérable. Mais le « Sans dot ! » d'Harpagon fut l'ultimatum de ses noces. Tout compte fait, il lui resta huit
cents écus pour son entretien. La princesse alla végéter dans cette petite cour ostrogothique, sous la
tutelle hargneuse et hostile du vieux margrave, son
beau-père. Ce changement de résidence ne fut qu'une
permutation de geôle; elle tombait d'un tyran dans
un tyranneau. De temps en temps, le Gros Guillaume
la rappelait à Berlin, pour la remettre au régime de
ses avanies et de ses injures. Il la recevait comme une
mendiante, et, avec une méchante ironie d'avare, il
insultait sa misère. « Le roi arriva le soir suivant,
» il m'accueillit fort froidement : — Ha ! ha ! me dit-
» il, vous voilà, je suis bien aise de vous voir.
» M'éclairant avec une lumière : — Vous êtes bien
» changée, continua-t-il. Que fait la petite Frédé-
» rique ? Que je vous plains ! poursuivit-il après
» que je lui eus répondu. Vous n'avez pas de pain, et
» sans moi vous seriez obligée de gueuser. Je suis
» aussi un pauvre homme, je ne suis pas en état de
» vous donner beaucoup, je ferai ce que je pourrai,
» je vous donnerai par dix ou douze florins, selon que

» mes affaires le permettront ; ce sera toujours de
» quoi soulager votre misère. Et vous, madame, —
» adressant la parole à la reine — vous lui ferez
» quelquefois présent d'un habit, car la pauvre en-
» fant n'a pas de chemise sur le corps. » *Le
pauvre homme*, comme on l'a vu, avait dans sa
cave vingt millions d'écus enfermés dans des tonneaux de fer.

XIII

Plus que sa fille encore, il détestait Frédéric, et cette aversion était raisonnée. Dès l'enfance, il lui avait fait la vie dure ; mais, lorsqu'en grandissant, le jeune prince révéla son amour des lettres et ses instincts de libre examen, quand il trahit son goût pour l'étude et son dégoût de l'éducation brutale où son père l'avait caserné, l'antipathie de Guillaume devint de la rage. Ce Vandale était furieux d'avoir engendré un Athénien. « Ce n'est, disait-il, qu'un petit
» maître et un bel esprit français qui me gâtera toute
» ma besogne. » Car le Gros Guillaume exécrait la France : la gallophobie est l'épizootie des bêtes féroces de son genre. — Ici commence la persécution de Guillaume contre Frédéric, comme on pourrait dire de celle de Dèce ou de Dioclétien contre les chrétiens ; persécution violente, acharnée, dont l'incroyable système consistait à transformer les étourde-

ries en crimes, les peccadilles en forfaits, les amourettes en fornications orgiaques et babyloniennes. C'est à je ne sais quel microscope monstrueux, d'un grossissement excentrique, qu'il regardait et jugeait les fautes de son fils. Tout d'abord il lui interdit l'étude : s'il le voyait lire, il lui arrachait le livre des mains et le jetait au feu, après l'en avoir souffleté. Frédéric aimait la musique et jouait de la flûte; son père cassa plus de flûtes entre ses doigts que de bâtons sur le dos d'un de ses grenadiers. — Un maître d'école de Brandebourg, établi à Postdam, avait une fille nommée Doris qui jouait du clavecin, comme la Charlotte de Werther. Excédé le jour par les corvées militaires, le jeune prince s'en délassait le soir en faisant de la musique avec elle. Un vague soupir d'amour se mêlait peut-être aux sons de sa flûte, mais ce n'était qu'un chant sans paroles : le père était là qu les surveillait. Le roi surprit ces rendez-vous ingénus, fit de cette idylle un scandale, de ce duo une conversation criminelle. La pauvre fille arrêtée, un soir, fut le lendemain fouettée par le bourreau dans les rues de Postdam, et condamnée à battre du chanvre, pendant trois ans, dans une prison de la ville.

L'idée que Frédéric monterait un jour sur son trône exaspérait odieusement Guillaume. Il voulait le contraindre de céder ses droits à son second fils. Ni les coups, ni les menaces ne purent lui arracher cette renonciation. Un jour, poussé à bout : « Eh bien ! dit-
» il à son père, déclarez-moi publiquement bâtard, et

» je cède le trône à mon frère. » Alors sa fureur alla jusqu'au meurtre. Un matin, Frédéric étant entré dans sa chambre, il le prit par les cheveux, le traîna contre la fenêtre, et se mit en train de l'étrangler à la turque, avec le cordon du rideau. Il était mort, si un valet de chambre, accouru aux cris qu'il poussait, ne l'avait tiré des mains de son père. — Les sultans du vieux Stamboul tranchaient de cette sorte leurs démêlés de famille; mais au moins chargeaient-ils les muets du sérail de l'exécution.

XIV

Ce palais paternel, qui tenait de l'ergastule et du coupe-gorge, n'était plus décidément habitable : Frédéric résolut de fuir. Le roi même lui en avait donné ironiquement le conseil. « Si mon père, lui disait-
» il souvent en le bâtonnant, m'avait traité comme je
» vous traite, je me serais enfui mille fois. Mais vous
» n'avez point de cœur et n'êtes qu'un poltron. »
Frédéric confia son projet à son aide de camp Keitt et à son ami le lieutenant Katt. Un voyage à la suite du roi, dans le midi de l'Allemagne, lui ouvrait la porte de l'évasion. Il emprunta d'un juif hollandais quelques centaines de ducats; des chevaux amenés par Keitt l'attendaient dans un village auprès de Francfort; Katt devait le rejoindre en route, et les trois amis, à fond de train, à force de voiles, comptaient

gagner l'Angleterre. Avant de partir, Frédéric avait fait remettre à sa sœur Wilhelmine une cassette qui contenait sa correspondance ; une lettre égarée trahit le complot. Au moment où le fugitif mettait le pied à l'étrier, trois généraux embusqués surgirent, et l'arrêtèrent au nom du roi. Le lendemain il comparut devant Guillaume ; sa colère éclata comme un accès de folie furieuse. « Pourquoi avez-vous voulu dé-
» serter ? — Parce que vous ne m'avez pas traité
» comme votre fils, mais comme un esclave. — Où
» vouliez-vous aller ? » Frédéric fit cette réponse sanglante : « A Alger ! — Vous n'êtes donc qu'un
» lâche déserteur qui n'a point d'honneur ? — J'en ai
» autant que vous, et je n'ai fait que suivre votre
» conseil. » A cette réplique, le roi tira son épée et se rua sur son fils. Si le général Mosel ne s'était pas jeté entre eux deux, il le tuait du coup. L'assassin contenu reprit le bâton de l'argousin, son arme habituelle. Il frappa le prince, en pleine figure, d'un si violent coup de canne, que le sang jaillit. Pâle comme la mort, mais droit sous l'outrage, Frédéric murmurait sourdement en essuyant le sang mêlé à ses larmes : « Jamais visage de Brandebourg subit-il
» un pareil affront ! » Le roi l'envoya le jour même, sous une forte escorte, dans la citadelle de Kustrin.

En même temps il repartait à franc étrier pour Berlin, et tombait dans le palais, en hurlant le cri d'Harpagon : « La cassette ! la cassette ! » La reine et Wilhelmine, accourues pour lui baiser la main,

fuient renversées sous cet ouragan. « La rage, dit
» la margrave, défigurait si fort le visage du roi
» qu'il faisait peur à voir. Il devint tout noir, ses yeux
» étincelaient de fureur, l'écume lui sortait de la
» bouche : — Infâme canaille, me dit-il, oses-tu
» te montrer devant moi ? Va tenir compagnie à ton
» coquin de frère ! — En proférant ces paroles, il me
» saisit d'une main, m'appliquant plusieurs coups de
» poing au visage, dont l'un me frappa si violemment
» la tempe que je tombai à la renverse, et me serais
» fendu la tête contre la corne du lambris, si madame
» de Sonsfeld ne m'eût garantie de la force du coup
» en me retenant par la coiffure. » Voltaire a raconté
aussi cette scène de famille, avec son mordant persi-
flage. « Il en resta, dit-il, à la princesse une contusion
» au-dessus du teton gauche qu'elle a conservée toute
» sa vie, comme une marque des sentiments pater-
» nels, et qu'elle m'a fait l'honneur de me montrer. »
Cependant la reine, plus morte que vive, était allée
chercher la cassette. Le roi la mit en pièces, s'empara
des lettres, et sortit en criant : « A présent, j'aurai
» de quoi convaincre le coquin de Fritz et la canaille
» de Wilhelmine. J'ai là de quoi leur faire couper la
» tête à tous deux. »

Pour Frédéric, du moins, ce n'était pas là une menace vaine. Comme Pierre Ier, le Gros Guillaume avait
résolu la mort de son fils. Mais une sombre idée de
progrès et de bien public justifiait, du moins, dans la
pensée du terrible czar, cette exécution domestique.

Alexis haïssait la civilisation qu'il avait infligée de
force à l'empire : tandis que Pierre avançait à grands
pas vers l'Europe, il s'entêtait à reculer vers l'Asie,
vers cette vieille Moscovie monacale et barbare, dont
son père avait si rudement coupé la longue barbe, au
tranchant du sabre. Le czar eut peur d'avoir travaillé
pour rien ; il vit dans l'avenir son peuple, redevenu
horde, se renfoncer dans la sauvagerie, sous la conduite de son fils. Atroce Abraham de la raison d'État,
il le saigna comme un mouton d'holocauste, pour le
salut de l'empire. Il le livra non pas au bourreau, mais
à un chirurgien qui, sur son ordre, lui ouvrit les quatre veines avec sa lancette. Symbole effrayant qui
donnait le sens de l'exécution. Ce meurtre était une
saignée politique : la Russie était malade de son czar
futur ; il la guérissait. — Tout au contraire, ce que
Guillaume exécrait dans son successeur, c'étaient les
idées nouvelles de culture et de tolérance, de lumière
et d'innovation qu'il voyait poindre et germer en lui.
Ce « petit maître », comme il l'appelait, allait déranger
sa Prusse rectiligne, construite par lui sur le modèle
d'une caserne. Il percerait des fenêtres dans cette forteresse ; il y introduirait la peste des sciences, la débauche des lettres, l'orgie de l'esprit. Il préférerait un
philosophe malingre et souffreteux, comme Voltaire,
à un grenadier de sept pieds comme le « Grand Joseph. » En sacrifiant son fils, Pierre Ier avait tué le
passé : en tuant le sien, Guillaume voulait décapiter
l'avenir.

XV

Arrivé à Kustrin, Frédéric fut enfermé dans une cellule étroite, trouée d'une lucarne. Le roi assembla un conseil de guerre pour juger le *colonel Fritz*. Il le dégradait ainsi d'un trait de plume. Ses ministres lui ayant représenté que l'héritier du trône était inviolable, Guillaume avait trouvé un biais ingénieux pour le faire mourir légalement. C'était de le diviser en deux personnes distinctes l'une de l'autre. Si Frédéric était l'héritier présomptif du royaume, il était, en même temps, colonel d'un régiment de dragons : le prince héréditaire, irresponsable par droit de naissance, serait respecté ; mais le colonel, justiciable du code militaire, devait subir la peine de la désertion. C'était l'hypostase byzantine appliquée à la loi pénale. Pour faire couper la tête à son fils, Guillaume le supposait bicéphale : la tête abstraite serait épargnée ; la tête vivante tomberait sous la hache. Les tyrans bruts ont de ces finesses. Entre deux meurtres, deux infanticides, les rois Mérovingiens et les Césars du Bas-Empire ergotaient sur des points de théologie avec leurs évêques.

Le conseil de guerre s'assembla ; mais, au moment de recueillir les voix, son président, le vieux prince d'Anhalt, surnommé *Anhalt les Moustaches*, jeta son sabre sur le bureau, et jura qu'il abattrait les oreilles de quiconque oserait condamner le prince. Les oreilles des juges furent sensibles à cette éloquence : Frédéric fut unanimement acquitté. — Guillaume, furieux, cassa le jugement et renvoya son fils devant un autre conseil, formé de généraux plus ferrés sur le dogme des deux natures, et dans l'art subtil de tirer d'un prince impalpable un colonel en chair et en os. Ces théologiens bottés votèrent comme des soldats de Cromwell, en psalmodiant des versets de l'Écriture sainte. On a retenu le vote du général Denhoff, qui opina pour la mort, en poussant le gémissement de David : « Ah! mon fils Absalon! mon fils Absalon! » Le résultat de ce scrutin biblique fut la condamnation d'Absalon.

Il fallut l'intervention des puissances pour sauver sa tête. Quoique lointaine et obscure encore, la Prusse était trop en vue pour que l'Europe y tolérât la reprise de cette vieille tragédie romaine jouée par un Barbare. Le roi de Suède s'émut, le roi de Pologne protesta, les États de Hollande réclamèrent, l'empereur d'Allemagne appuya d'une menace son intercession. M. de Seckendorf, son ambassadeur, déclara à Guillaume que le prince royal était sous la sauvegarde de la Constitution germanique, et, qu'appartenant à l'Empire, il ne pouvait être jugé que par la Diète impériale. Guillaume se hérissa d'abord contre cette intrusion de clémence. En dehors du cercle de l'Empire, il possédait la Vieille Prusse, fief suzerain et indépendant. Il y avait droit de haute et basse justice seigneuriale, et prétendait pouvoir y faire exécuter son fils à huis clos. Inviolable à Berlin, Frédéric, selon lui, était, à Kœnigsberg, pendable à merci. Crime en deçà, justice au delà. Le dilemme était décidément le fort de cet Ostrogoth ; son sabre était à double tranchant. Mais, à cette époque, les bras de l'empereur d'Allemagne, quoique singulièrement raccourcis, étaient encore assez longs pour atteindre un roitelet révolté. Guillaume finit par se soumettre en grondant ; on lui arracha la grâce de son fils.

Ne pouvant tuer Frédéric, il voulut du moins qu'il se vît exécuter dans une effigie chère et vivante. Des deux complices de son évasion, Keitt s'était sauvé en Hollande ; mais le jeune Katt, quoique averti, n'avait pu s'échapper à temps. On l'amena devant Guillaume, qui lui arracha sa croix de Saint-Jean, le souffleta jusqu'au sang, le roua de coups de canne, et, l'ayant renversé à terre, le foula aux pieds. Ces jeux de main étaient ses jeux de prince : ce roi avait été taillé dans la carrure d'un bourreau. — Traduit devant le même conseil de guerre qui avait jugé Frédéric, Katt fut condamné aux galères (*Festungsbau*). On apporta la sentence au roi ; il la biffa furieusement et écrivit à la marge : « Sur le procès du lieu-
» tenant de Katt, un conseil de guerre, nommé par
» le roi, l'a condamné au *Festungs-bau*, quoiqu'il
» soit *confessus et convictus* de lèse-majesté. Sa Ma-
» jesté ne peut comprendre comment on a pu porter
» une sentence si extrêmement douce pour un crime

» si terrible et si exécrable. Elle voit par là qu'elle a
» peu de fonds à faire sur la fidélité de ses officiers.
» Sa Majesté, elle aussi, a fait ses classes, elle a
» appris le latin et sait le proverbe : *Fiat justitia et*
» *pereat mundus*. Mais afin qu'à l'avenir, si quel-
» qu'un se rendait coupable d'un semblable crime,
» il ne puisse dire que, puisque celui-ci en a été
» quitte pour si peu, il devrait en être de même pour
» lui, Sa Majesté se trouve obligée de prononcer elle-
» même la sentence, et de faire exemple de juste jus-
» tice. Et quoique un criminel de lèse-majesté, comme
» le lieutenant de Katt (étant surtout des officiers de l'ar-
» mée qui devraient tous être fidèles à Sa Majesté, et,
» en particulier, du corps des gendarmes, auquel la
» garde de la vie de Sa Majesté et de la famille
» royale est confiée), n'eût que ce qu'il mérite, si on
» le faisait tenailler avec des tenailles ardentes et
» ensuite pendre, Sa Majesté, par égard pour sa fa-
» mille, veut bien mitiger la peine, et prononce de
» droit qu'il sera décapité. — Fait à Berlin, le 2 no-
» vembre mil sept cent trente. »

XVI

L'exécution de Katt devait se faire à Kustrin ; sa mise en scène fut réglée comme par un régisseur des hautes œuvres. La veille, Frédéric fut transporté de sa haute cellule, à l'étage inférieur, dans une chambre meublée d'un lit et voilée par de grands rideaux. Toute la nuit, il entendit des marteaux frapper sur des clous et résonner sur des planches... C'était sans doute son échafaud qu'on dressait... Il put savourer les affres de la mort. Le jour se leva, un de ces sombres matins de novembre qui exhalent le froid du tombeau. Le général Lœpel, gouverneur de la citadelle, entra dans la chambre et fit lever Frédéric. Quatre grenadiers l'entourèrent, le prirent sous les bras et le menèrent devant la fenêtre. Les lugubres rideaux, brusquement tirés, découvrirent un échafaud tapissé de noir, rejoint à la chambre par un pont volant. Le tambour roula ; deux hommes montèrent à l'échelle qui plongeait dans la cour de la forteresse. Katt se dressa bientôt sur le dernier échelon, suivi du bourreau. Par ordre du roi, il était vêtu, comme le prince, d'un sarrau de même coupe et de même couleur. A travers la brume de novembre, Frédéric put ainsi se voir, comme dans une sinistre vision, montant les marches de l'échafaud. Sa douleur fut horrible, il éclata en sanglots ; d'un geste désespéré il essayait d'arrêter le supplice.

— « Suspendez l'exécution ! criait-il ; laissez-moi » écrire au roi un mot, un seul mot ! Je renonce » à tous mes droits sur la couronne, s'il fait grâce à » Katt. » — Et s'adressant à son ami, dont le bourreau bandait déjà les yeux : « O mon ami ! jamais » je ne me consolerai de ta mort. Cher Katt ! me » pardonnes-tu ? Dis-moi que tu me pardonnes ! Ah !

» que ne suis-je à ta place ! » Il lui tendait les bras avec désespoir ; de son côté, Katt lui envoyait de tendres adieux. « Monseigneur, si j'avais mille vies, » je les sacrifierais volontiers pour vous ! Vivez heu-
» reux, je meurs content ! » C'était la scène du Cirque antique attendrie par la douleur, ennoblie et exaltée par le dévouement. « Celui qui allait mourir » saluait, non pas un César indifférent ou cruel, mais un jeune prince enchaîné, condamné, malheureux comme lui, qui aurait donné sa vie pour la sienne.
— Cependant Katt agenouillé, tendit sa tête au bourreau qui l'abattit d'un seul coup. Frédéric voulut se détourner, mais ce sang devait rejaillir sur lui, les grenadiers avaient leur consigne. Ils le maintinrent immobile devant cette tête coupée qui vint rouler à ses pieds. Le gouverneur étouffa ses cris en le bâillonnant avec un mouchoir. Des convulsions le saisirent ; il tomba évanoui entre les bras des soldats. La tragédie était terminée ; mais le rideau resta levé sur son théâtre sanglant. En rouvrant les yeux, Frédéric vit le corps mutilé de Katt dressé contre une estrade en face de son lit. Cette mise en scène était de l'invention de Guillaume : il avait décidé que, tout le jour, son fils resterait en tête-à-tête avec ce cadavre. Le délire revint, une violente fièvre se déclara, le gouverneur prit sur lui de faire baisser le rideau.

XVII

De telles épreuves attendrissent ou endurcissent à jamais une âme. Frédéric sortit bronzé de cette crise; sa dernière larme tomba sur la tête de Katt. Le jeune homme ardent et généreux qu'il avait été jusqu'alors se glaça et se transforma dans le prince. Résolu à régner, il reconnut la raison d'État et abdiqua son cœur entre ses froides mains. Dès son avénement, il répudia sa jeunesse par des actes d'ingratitude éclatante. Le roi renia le prince royal et condamna le dévouement des amis qui l'avaient servi, en les frappant de disgrâce. Keitt, qui s'attendait à être rappelé, reçu à bras ouverts, porté au comble de la faveur, ne put même revenir d'exil. Les parents de Katt furent éloignés de la cour et écartés de tous les emplois. — Quant à la jeune fille qui avait été fouettée pour l'amour de lui dans les rues de Postdam, Frédéric lui jeta l'aumône d'une pension de soixante écus.

Après l'exécution de Katt, Frédéric resta prisonnier à Kustrin. Il lui fut défendu de parler français; sa dépense était fixée à douze sous par jour. Chaque soir, à neuf heures, le gouverneur de la forteresse venait dans sa cellule, éteindre sa chandelle. Tout le jour il travaillait à la Chambre des domaines, où son rang était marqué après le dernier conseiller. Cette capti-

vité si étroite s'élargit insensiblement. Les geôliers
comprirent qu'en fin de compte ils gardaient leur
maître futur. Des brèches se firent dans sa prison,
les yeux qui le surveillaient se fermèrent. La noblesse
du voisinage se cotisa pour subvenir à l'indigence
de sa table; les réfugiés français de Berlin lui en-
voyèrent du linge et des livres; il lui fut permis
d'aller, sous un déguisement, passer ses soirées au
château de Tamsel, dans la famille du baron de Wrech.
Il pouvait lire à sa guise, manger à sa faim, jouer
de la flûte, sans craindre qu'une main brutale vînt la
lui casser sur la tête. Cette existence était un paradis
relatif. En l'emprisonnant loin de lui, son père l'avait
libéré. — Au bout de dix-huit mois Guillaume rappela
son fils à Berlin, lui rendit son régiment, le maria
à une princesse de Brunswick, et lui fit don pour
résidence du château de Rheinsberg, où il put vivre
librement et tenir une petite cour.

XVIII

Il y avait de la décadence dans cette férocité dé-
croissante; Guillaume vieillissait et déclinait avant
l'âge. Sa santé détruite émoussait l'âpreté de son
caractère; l'ogre tournait au patriarche en perdant
ses dents. Sa terrible canne devenait oisive comme la
houlette d'un vieux pâtre. Autre symptôme funèbre :
son avarice faiblissait et s'évanouissait en largesses;

des accès de générosité l'attaquèrent. Il donna cent mille écus aux hôpitaux de Berlin ; à une dernière parade, il plut des ducats, au lieu de coups de trique, sur les soldats de sa garde. Bientôt il dut renoncer à passer ses troupes en revue. On le traînait par les corridors du palais, dans son fauteuil roulant d'hydropique.

Quoique la maladie eût assoupi la fureur normale de son caractère, il avait encore des réveils farouches. Le vieux loup mourant grondait, par instants, et montrait ses dents, essayant de mordre. — Le 22 avril 1740, il sortit dans une petite voiture de malade. Voyant un ouvrier le regarder fixement, il fit arrêter sa brouette, et dit à l'un de ses pages d'aller tirer six fois le nez de cet homme. — Un maltôtier s'étant approché, le roi lui fit demander ce qu'il lui voulait. Il répondit qu'il était enchanté de voir Sa Majesté en si bonne santé. Sa Majesté répliqua à son compliment par un grand coup de canne, et commanda à ses laquais de bâtonner vertement ce drôle. Ce que voyant, le peuple attroupé reconnut son roi d'autrefois, et s'enfuit précipitamment, comme s'il l'avait encore à ses trousses.

Un jour aussi, une lubie féroce le reprit. La reine, appelée par lui, le trouva couché dans un cercueil de marbre, prenant sa mesure. Un autre sarcophage, de plus petite dimension, était dressé tout auprès ; il lui ordonna de s'y étendre et de l'essayer à son tour. L'épouvante qu'il inspirait était telle que la pauvre reine crut toucher à sa dernière heure. Elle obéit, plus morte que vive, et dit, le soir, à ses camériste, qu'elle avait cru ne pas en sortir.

Ce vieux bourreau fit une fin, moitié édifiante et moitié grotesque. Il prétendait entrer au ciel par droit de naissance, et soutenait à ses chapelains que le Diable, en prenant son âme, commettrait un crime de lèse-majesté. — « Serait-ce juste, leur disait-il,
» que Dieu, qui m'a établi à sa place pour gouverner,
» selon mon bon plaisir, tant de milliers d'hommes,
» m'assimilât un jour à l'un d'eux et me jugeât avec
» la même sévérité ? » Il avait appelé pour le préparer à la mort, le ministre Koloff, renommé pour sa rigidité de doctrine ; sorte de chirurgien spirituel qui débridait les âmes comme des plaies et taillait à vif les consciences. Ce rude pasteur ne l'épargna point : il lui rappela son despotisme sanglant, ses violences envers sa famille, l'iniquité de ses enrôlements forcés, les impôts dont il avait pressuré son peuple. A chaque reproche, à chaque grief, Guillaume se retranchait dans sa fidélité conjugale, comme dans une tour d'ivoire mystique qu'assiégerait en vain le démon. —
« Oui, s'entêtait-il à répondre, j'avoue tout cela ; mais
» ai-je commis quelque adultère ? Non. Ai-je une
» seule fois été infidèle à ma femme ? Non. J'hériterai
» donc du royaume des cieux. » Quoi de plus comique que ce vieux soudard marchant vers le ciel, au pas réglementaire, en tenant son lys nuptial au port d'arme ! — Sa place n'était pas dans le paradis chré-

tien, mais dans le Walhalla de ses aïeux les Vandales, où des guerriers gigantesques s'assomment tout le jour, et, le soir venu, soupent à la table d'Odin et boivent dans des crânes humains la bière fermentée.

L'avarice lui revint par accès jusqu'au dernier souffle. Il était défendu, sous peine d'amende d'un ducat, de se moucher ou de tousser dans sa chambre. Il s'indigna fort en apprenant que ses gardes-malades étaient nourris au palais, et leur ordonna d'apporter leur dîner, et de le soumettre à son inspection. Il profitait de cet examen pour en prélever les meilleurs morceaux, ou pour changer un de leurs plats contre un des siens. — Un jour, il mangea avec plaisir une bécassine qu'un de ses gardes lui avait offerte. Le cuisinier, croyant bien faire, lui en servit une autre le lendemain. Mais il la repoussa, disant qu'il ne voulait pas d'un gibier si coûteux, et qu'il n'avait mangé celui de la veille que parce qu'il ne lui avait rien coûté. Le cuisinier, rudement tancé, fut mis à l'amende. Cette dernière aubaine fut son obole à Caron.

Pendant son agonie, il lui prenait parfois le singulier remords de n'avoir pas fait exécuter son fils dix ans auparavant, après sa tentative d'évasion. On l'entendait s'écrier : « Je ne suis pas fâché de » mourir, car celui qui craint la mort est un pleutre; » mais ce qui m'afflige, c'est d'avoir un pareil » monstre (*unmenschen*) pour successeur. » Ses serviteurs s'étant levés en voyant entrer le prince royal, il se dressa sur son séant et s'écria dans un violent accès de colère : « Asseyez-vous, au nom du » diable! ou allez tous, tant que vous êtes, au » diable! » Son dernier lazzi fut lugubre. Quelques heures avant d'expirer, comme Frédéric était près de lui, il fit venir trois de ses plus anciens serviteurs, et tandis que les pauvres gens s'attendaient à être remerciés de leurs bons services et recommandés à l'héritier du trône, le roi lui enjoignit solennellement de les faire pendre aussitôt qu'il aurait rendu le dernier soupir.

Le règlement de ses obsèques, qu'il dicta par lui-même, quelques heures avant d'expirer, est un chef-d'œuvre de caporalisme. L'uniforme dont on doit revêtir son corps, l'épée de munition, le casque, la dragonne, les éperons dorés qui devront être mis sur son cercueil, le harnachement du carrosse mortuaire, la marche des tambours, l'air des fifres, le nombre et la charge des salves y sont réglés, notés, détaillés avec une précision pointilleuse. Un ceinturon de travers, un bouton de guêtre mal attaché auraient évidemment irrité son Ombre. On dirait une revue posthume passée par le spectre d'un inspecteur. En grand buveur qu'il était, il prescrit, à l'article 8, de larges libations sur sa tombe. « On donnera, ce » soir-là, à souper aux généraux, à tous les officiers » de mon régiment, et aux autres qui auront assisté » à la cérémonie, et l'on servira le repas dans la » grande salle. Je veux qu'ils soient bien traités,

» qu'on mette en perce le meilleur tonneau de vin
» du Rhin que j'aie dans mes caves, et qu'en général
» il ne se boive, ce soir-là, que de bon vin. » Mais
l'avare reparait au dernier article, rognant sur l'habit
de deuil de ses valets, comme Harpagon sur la livrée
de la Flèche et de maître Jacques. « Mes domes-
» tiques n'auront point d'habits de deuil, mais seule-
» ment leurs habits de livrée et un crêpe noir au
» chapeau. En un mot, je prétends qu'on ne fasse
» point tant de façons pour moi. »

XIX

Frédéric pleura peu ce père détestable ; mais la
raison d'État, qui était sa loi, fit qu'il n'en parla jamais
qu'avec un respect compassé. Dans ses *Mémoires de
Brandebourg*, il en trace, à grands traits, un portrait
classique où toutes les laideurs et toutes les rugosités
de son caractère s'alignent sous un profil officiel. Le
Gros Guillaume disparait dans cette apothéose froide
et grisâtre, pour faire place à un buste de roi exemplaire. « La politique du roi, dit-il, fut toujours
» inséparable de sa justice. Moins occupé à étendre
» qu'à conserver ce qu'il possédait, toujours armé
» pour sa défense et jamais pour le malheur de l'Eu-
» rope, il préférait en tout l'utile à l'agréable ; bâtis-
» sant avec profusion pour ses sujets, ne dépensant
» pas la somme la plus modique pour se loger lui-

» même, circonspect dans ses engagements, vrai dans
» ses promesses, austère dans ses mœurs, rigoureux
» sur celles des autres, sévère observateur de la disci-
» pline militaire, gouvernant son État par la même
» loi que son armée. Il présumait si bien de l'huma-
» nité, qu'il prétendait que tous ses sujets fussent
» aussi stricts que lui. Frédéric-Guillaume laissa, en
» mourant, soixante-dix mille hommes, entretenus
» par sa bonne économie, les finances augmentées,
» le trésor public rempli et un ordre merveilleux dans
» toutes ses affaires. S'il est vrai de dire qu'on doit
» l'ombre du chêne qui nous couvre à la vertu du
» gland qui l'a produit, toute la terre conviendra
» qu'on trouve dans la vie laborieuse de ce prince
» et dans les mesures qu'il prit avec sagesse, les
» principes de la prospérité dont la maison royale a
» joui après sa mort. » Jamais Frédéric ne parla
de l'oppression qu'avait subie sa jeunesse : toute parole dite à ce sujet l'aurait offensé ; il se renfermait
là-dessus dans un silence impérieux. Une seule fois,
dans une lettre à Maupertuis, écrite bien des années
après, il lui échappa une allusion touchante à la dureté de son père. Maupertuis venait de perdre le sien,
âgé de quatre-vingt-quatre ans. Frédéric essaye de le
consoler par toutes les raisons naturelles : « Vous
» l'avez vu rassasié de jours ; il vous a vu couvert
» de gloire... » Et il ajoute : « Vous avez eu un bon
» père ; c'est un bonheur que n'ont pas eu tous vos
» amis. »

XX

Tel fut le Gros Guillaume, fondateur du caporalisme prussien, un phénomène moral aussi extraordinaire en son genre, que l'étaient, au physique, les grenadiers géants qu'il recrutait pour ses régiments. Sa brutale figure méritait d'être remise en lumière, car c'est bien à lui que la Prusse doit son originalité funeste et sa croissance malfaisante. Elle reste marquée à sa barbare effigie. Il lui inculqua son inhumanité, sa rudesse, sa parcimonie de thésauriseur, son fanatisme militaire, sa cruauté administrative. Il fit de son peuple une armée et de son royaume une caserne. Frédéric et ses successeurs dégrossirent sans doute cette Prusse brute, faite à l'image de Guillaume; mais, à travers tous ses accroissements, elle a gardé son type primitif. Le règne de Guillaume est l'hégire de la barbarie exacte et savante qui écrasera l'Europe, si l'Europe ne la brise à temps.

24 octobre. — 14 novembre 1870.

VII

NÉMÉSIS

Nemesis Germanica — c'était l'insolente épigraphe de la réponse dérisoire qu'un Prussien envoyait de Versailles, il y a quelques jours, à l'éloquent article de M. d'Haussonville. — Ils osaient l'invoquer, cette divinité redoutable, ennemie des superbes, vengeresse de l'arrogance et de l'injustice, que les abus du succès irritent, que les violences du triomphe indignent, et que les Anciens représentaient un frein et une mesure à la main, pour avertir les hommes de réprimer leurs convoitises iniques, et de ne jamais excéder les justes bornes de la fortune ! Ils invoquaient Némésis ; et, au même instant, la déesse au double visage tourne vers nous sa figure de Victoire secourable et réconciliée, et retourne contre eux sa face courroucée d'Euménide. Elle marche au-devant de notre armée, guidant ses épées, dirigeant ses foudres ; bientôt elle les poussera dans l'abîme qu'ils croyaient avoir creusé sous nos murs.

Qui donc est plus fait pour soulever sa colère que

ce vieux roi barbare dont l'ambition féroce prend le masque d'un mysticisme grotesque, qui déguise ses pirateries en croisades, lève vers Dieu des mains d'où le sang ruisselle, et, plus cruel que son aïeul Attila, ordonnant qu'on égorgeât ses esclaves à ses funérailles, fait s'entretuer deux peuples sur sa tombe ouverte ? Quel homme a mieux mérité d'exaspérer Némésis que ce ministre pervers, cet homme d'État satanique qui a glorifié la trahison, assermenté le parjure, fait de l'espionnage une fonction publique, proclamé que la force primait le droit et que le fer tranchait la justice, qui a préparé la guerre comme un guet-apens et l'a exécutée comme un meurtre en masse ? Bouffon sinistre, Méphistophélès diplomate, il envenime d'une noire ironie les ultimatums implacables de ses protocoles ; il glisse un ricanement cynique entre deux clauses d'armistice ; il plaisante et fait des bons mots en demandant, le couteau sur la gorge, à la France qu'il croit avoir terrassée, l'honneur ou la vie. Hier encore, d'un ton dégagé, il montrait à l'Europe, avec une grimace de condoléance, les Parisiens mourant « par centaines de mille » dans cette prison de la Faim où il prétend nous murer. S'il est une victime vouée à Némésis, n'est-ce pas ce monstre à sang froid ?

Qu'elle frappe sa race avec lui, cette race servile et farouche, infatuée d'elle-même jusqu'à la fureur, que la victoire enivre et enrage comme un vin grossier ? Ils raillent lourdement notre vanité, si sociable pourtant et si expansive, si prompte à se décrier et à se corriger elle-même, ouverte d'ailleurs, jusqu'à l'engouement, aux admirations étrangères. Mais la vanité française est une modestie, comparée à l'orgueil allemand enté sur la morgue prussienne, à cette outrecuidance pédantesque qui manie le sabre comme une férule, et prétend régenter le monde à coups de schlague. Qu'est-ce que notre frivole chauvinisme auprès de la *teutomanie* qui règne chez eux à l'état d'idolâtrie délirante, et dont la haine de la France est le premier dogme ? « Mangeur de Français » *Franzosenfresser* est chez eux une sorte d'épithète homérique, une appellation d'honneur et de gloire. Leurs patriotes l'arborent à leur casque de reitre ou à leur casquette d'étudiant, comme le sauvage s'attache à l'épaule la chevelure scalpée de son ennemi. Cette haine tenace, opiniâtre, qui déshonore la guerre qu'ils nous font par des horreurs méthodiques, elle fermentait depuis longtemps dans leurs livres et dans leur écoles. La gallophobie était une des branches de l'instruction publique de l'Allemagne. Et ce n'était pas seulement à la politique de la France qu'elle s'acharnait avec rage, mais à sa gloire littéraire, à son génie et à ses chefs-d'œuvre. Leurs pédants universitaires méprisent de haut en bas nos poëtes et nos écrivains ; ils les mesurent à la toise faussée de leur esthétique et les déclarent impropres au service du génie germain. — Il y a trente ans, le gouvernement prussien faisait décorer une salle de l'université de Bonn d'une fresque représentant les Écoles de philosophie. Les maîtres de la science y figuraient tous, depuis Pythagore jusqu'au dernier songe-creux hégélien. La philosophie française était seule mise à la porte du docte cénacle : Descartes et Pascal n'y avaient pas été reçus bacheliers. — Il n'est pas jusqu'à ce béat d'Overbeeck qui, rassemblant tous les peintres et tous les sculpteurs anciens et modernes dans son tableau : *Les Arts sous l'invocation de la Vierge*, n'en ait dévotement excommunié les artistes profanes et corrompus de la France. Kaulback et Cornélius s'y rengorgent en conseillers intimes de la Madone germanique ; mais Poussin, Lesueur, Jean Goujon, sont exclus de cet atelier céleste : on n'y reçoit pas les rapins.

C'est à croire qu'on rêve quand on les entend nous traiter de « race inférieure. » Et qu'est-ce donc que cette Allemagne si superbe aujourd'hui et si magistrale ? Une race à peine décrassée de la barbarie, la dernière venue de l'Europe au monde de la civilisation et de la lumière. Elle végétait encore dans les fouillis et dans les ténèbres, quand la France avait produit Montaigne et Rabelais, les grands poëtes et les admirables conteurs du seizième siècle, et partagé la gloire de la Renaissance avec l'Italie. Tandis que toutes les autres Écoles abondent en grands maîtres, la sienne n'en compte qu'un, Albert Durer, digne d'être mis à leur rang. Au dix-septième siècle, son intelligence, un moment secouée par Luther, semble anéantie ; sa littérature se fait la vassale servile et humiliée de la France. Ce siècle de Louis XIV que ses cuistres affectent de dédaigner avec insolence, elle en porta gauchement la perruque sous son bonnet carré de docteur, déformant sa langue pour la calquer sur la nôtre. Au dix-huitième siècle, cette Prusse qui prétend nous envoyer à l'école, se met à celle de nos philosophes. Ils viennent la civiliser et l'instruire. C'est à la flamme de Voltaire que s'est réchauffé ce serpent. Alors, il est vrai, sous une conjonction d'étoiles imprévues, surgit en Allemagne, un groupe de poëtes et de penseurs admirables : Goethe, Schiller, Herder, Kant, Lessing. Mais ces grands hommes, concitoyens du monde, étaient pleins d'humanité et de sympathie ; ils respectaient et aimaient la France ; ils ont exprimé magnifiquement, dans leurs œuvres, la reconnaissance intellectuelle que lui devaient leurs génies. Quelle colère aurait allumé dans l'âme généreuse de Schiller le brigandage féodal de la Prusse actuelle ! Quelles ironies olympiennes Goëthe aurait fulminées sur les hobereaux de Berlin ! — Cette ère de splendeur littéraire fut radieuse, sans doute, mais plus courte encore. Depuis quarante ans, le génie allemand semble profondément épuisé. Pas un roman et pas un poëme qui puisse glorieusement traverser le Rhin, et se naturaliser chez les nations étrangères. Le dernier grand poëte de l'Allemagne, Henri Heine, à moitié Français par l'esprit, l'était tout à fait par le cœur. Lorsqu'il vint se fixer à Paris, comme dans la patrie de son choix, il se déclara fièrement « Prussien libéré ».

La philosophie même est morte en Allemagne, mais

peut-on dire que la sophistique germanique ait jamais vécu? Fantôme nébuleux et mobile, elle transformait incessamment ses vaines apparences. C'était le nuage d'*Hamlet*, dans lequel Polonius, d'un instant à l'autre, voit une baleine, un chameau et une belette. De même, l'œil de l'observateur discernait successivement dans cette masse flottante, le pour et le contre, l'esprit et la matière, le moi et le non-moi, la fatalité et le libre arbitre. Chaque coup de vent nouveau bouleversait et métamorphosait le système. Kant et Fichte, Schelling et Hégel embrassaient tour à tour la nuée décevante et s'évanouissaient dans sa brume. Comme le Saturne antique, la philosophie de l'Allemagne, bâillant à vide dans sa sphère grisâtre, a dévoré ses enfants. Aujourd'hui, après tant de rêves transcendants, tant d'ascensions chimériques, elle est tombée dans le chaos d'un panthéisme grossier. Cet idéal tant vanté aboutit au matérialisme de Buchner, à la force primant le droit de Bismark, et aux canons de la fonderie Krupp.

Une seule province reste à l'Allemagne de l'empire spirituel qu'elle croyait avoir à jamais conquis, la contrée souterraine et froide de l'érudition. Tout un peuple de savants est là, patients et minutieux comme des gnomes, enfoncés dans les fouilles des langues, rampant dans les dédales des mythologies et y trouvant parfois des trésors. Mais que d'alliages et que de scories ils y mêlent! Cette science pleine de colosses comme l'antique Égypte, est, comme elle, frappée de la Plaie des ténèbres. Si l'esprit français ne venait y mettre l'ordre et la lumière, elle resterait à l'état de fatras et de *barathrum*. « On trouve de l'or dans le sable, a dit Goëthe; on n'y trouve jamais de vases ciselés. » C'est l'emblème frappant de la science allemande. L'or brut s'y trouve en abondance; mais pour qu'il entre dans la circulation générale, pour qu'il s'applique aux usages du progrès et de la culture, il faut qu'une main française le modèle et le dégrossisse. — En somme, anéantissement littéraire, dépérissement philosophique, science incohérente et confuse, tel est le bilan de l'Allemagne actuelle. Pas un poëte chez elle, depuis Goëthe et Henri Heine, qui aille à la cheville d'un Victor Hugo ou d'un Lamartine; pas un romancier dont on puisse écrire le nom à cent pieds au-dessous de ceux de Balzac et de George Sand; un théâtre niais et stérile qui vit de nos dessertes et de nos redites; une peinture emphatique et creuse qui n'est que de l'idéologie coloriée; la musique ailée et sublime de Weber et de Beethoven devenue la sorcière criarde qui fait son sabbat dans les opéras de Richard Wagner. Voilà où en est la race qui proclame notre décadence, décrète notre ruine et souhaitait l'autre jour, par la voix d'un professeur de Berlin, « que l'Allemagne pût exterminer la France, » comme l'Amérique pourrait à la rigueur exterminer » les Peaux-Rouges. »

C'est peut-être la conscience secrète de son épuisement spirituel qui a rejeté l'Allemagne entre les bras de la force et l'a ralliée sous la dictature de la Prusse. Mais ces instincts de violence et de destruction, de rapine et de vandalisme qu'elle fait éclater aujourd'hui, existaient sourdement en elle. La Prusse n'a fait que les enrôler, les discipliner et les mettre en marche. Une immense illusion régnait sur l'Allemagne dans notre pays. La légende avait formé entre elle et nous le plus trompeur des mirages. Nous l'avions peuplée des figures idéales ou débonnaires de ses poëtes. Ce n'étaient que savants ingénus, étudiants rêveurs, fiancés platoniques, patriarches contemplatifs assis sous les tilleuls de leur petite ville. On eût dit que, passé le Rhin, la nature humaine retombait dans l'innocente enfance de l'Eden. Hermann et Dorothée, Werther et Charlotte, Max et Thécla, rangés sur la première file, en groupes idylliques, nous cachaient le peuple de proie qui, derrière, formait contre nous ses hordes.

L'idéalité est la rare élite et l'exception en Allemagne. Au fond, la race est âpre et sauvage. C'est elle qui, de tout temps, a produit les soldats les plus durs, les plus perfides diplomates, les banquiers les plus retors, les princes les plus corrompus et les plus pervers. Aucun peuple n'a fait aussi cruellement la guerre et l'usure. Sa blonde bonhomie n'est que le masque d'un machiavélisme sournois. La candeur germanique est un sépulcre blanchi. Étrange vision que celle d'avoir pris pour une vertueuse Arcadie le pays de Tilly et de Wallenstein, de Frédéric et de

Blücher, de Kaunitz et de Bismark! L'invasion nous a réveillés; ne nous rendormons plus dans ces rêves. En courtisant Marguerite, défions-nous de Faust et des poisons mortels qu'il distille dans son alambic. Nous n'irons plus au bois de l'idylle allemande, ses vergiss-mein-nicht sont tachés de sang. Nous savons maintenant comment Hermann, enrégimenté par la Prusse, se comporte en pays conquis, et quel uhlan, expert aux réquisitions, fait Werther coiffé de son casque à pointe. — Un de leurs poëtes reléguait l'Allemagne dans l'empire de l'air; nous l'avons cru sur parole et les yeux levés vers le ciel nous cherchions cette Muse angélique parmi les étoiles... Voilà que de cet azur où nous plongions nos regards, descend, griffes ouvertes, avec des cris voraces, une bande de vautours.

Après nous avoir conquis, l'Allemagne prétend nous instruire. Il est une vertu du moins que nous aurons apprise à sa rude école, la haine : — la haine sainte, la haine nationale, le ressentiment durable et acerbe des outrages subis et des affronts supportés. L'Allemagne n'oublie rien, elle est vindicative à outrance, elle a des rancunes séculaires. Le même mot, dans sa langue — *vergeben* — veut dire pardonner et empoisonner. — Ses griefs contre nous ne remontent pas seulement aux guerres du premier Empire; ils se rattachent au traité de Westphalie, à l'incendie du Palatinat, et plus loin encore, à toute sorte de querelles gothiques et immémoriales dont, avec notre

8.

légèreté française, nous avons perdu la mémoire. On se souvient de cet étudiant rencontré par Henri Heine, dans une brasserie de Gœttingue, qui lui dit qu'il fallait venger dans le sang des Français le supplice de Conradin de Hohenstaufen, décapité à Naples en 1268. Sans avoir la mémoire si longue, ne l'ayons plus si légère. Tant qu'ils nous haïront, et jusqu'à réconciliation parfaite, sachons les haïr. « L'ennemi héréditaire », c'est ainsi qu'ils nous nomment; entrons pour moitié dans cet héritage. Que les horribles plaies qu'ils ont faites à la patrie dans cette guerre atroce, crient longtemps vengeance. Qu'entre eux et nous se dresse une Némésis inflexible. Même après la paix, défions-nous de leurs émigrants qui reviendront, avec de faux sourires, redemander leur place de parasites à nos industries et à nos foyers. Repoussons l'invasion masquée comme nous repousserons l'invasion armée. Souvenons-nous que ces hôtes ont été des traîtres, et qu'ils nous ont espionnés, dix ans, à travers les fissures du cheval de Troie.

Nemesis Germanica : le Prussien de Versailles ne croyait pas si bien dire. *Germanique* était le titre que Rome décernait aux guerriers qui avaient refoulé les hordes barbares dans leurs bauges de la forêt hercynienne. Le canon tonne, Paris combat, la France le rejoint ; la victoire revient à nos drapeaux relevés : un de nos chefs gagnera bientôt peut-être ce glorieux surnom.

5 décembre 1870.

VIII

PROSPER MÉRIMÉE

« Elle aurait dû mourir plus tard, et attendre que
» j'eusse le temps de m'occuper de sa mort », dit
Macbeth, lorsqu'on lui annonce la mort de sa femme,
au moment où il se débat dans sa forteresse, sous
l'effort de l'armée furieuse qui l'assiége. Paris cerné
par l'ennemi, debout sur ses remparts, résolu à briser
le cercle de fer dont il est étreint, lancé, d'un
héroïque élan, à la ruine ou à la victoire, peut aujourd'hui en dire autant, lorsqu'on lui apprend la
disparition d'un des siens. Il n'a plus le temps de
pleurer ses morts. La vie perd son prix lorsqu'elle
est si largement moissonnée. Qu'est-ce qu'un homme
qui tombe, quand la guerre décime les peuples et
fauche les générations par milliers ? A peine peut-on
saluer, au passage, son convoi perdu dans la multitude des funérailles qui défilent. On lui jette à la
hâte un suprême adieu, une larme rapide ; puis on
reprend, avec le Macbeth du poëte : « Qu'on déploie
» nos bannières sur les murs extérieurs ! Le cri de
» garde est toujours : Ils viennent ! Notre château est

» assez fort pour braver un siége en riant. Qu'ils res-
» tent étendus, jusqu'à ce que la famine et la fièvre
» les dévorent ! S'ils n'étaient pas renforcés par ceux
» qui devraient être des nôtres, nous aurions pu
» aller à eux, et les faire battre en retraite jusqu'au
» delà de leurs frontières. Vent, souffle ! Viens, des-
» truction ! Nous mourrons du moins le harnais sur
» le dos.

Il ne faut point pourtant laisser partir sans un mot d'hommage, l'éminent écrivain qui vient de disparaître au milieu de nos catastrophes. C'est par un numéro du *Times*, glissé à travers une fissure de la prison vivante qui nous cerne et qui nous étreint, que nous avons appris, il y a trois semaines, la mort de M. Prosper Mérimée. En tout autre temps, les oraisons funèbres auraient retenti autour de son nom, car il était entré, depuis quarante ans, en pleine possession de la renommée. Il serait digne d'un portrait en pied ; on ne peut lui donner aujourd'hui qu'une rapide esquisse ; — la couronne et l'inscription provisoire, en attendant le monument mérité.

Vanité de la gloire humaine ! les plus illustres doivent choisir leur temps pour mourir, et savoir avant d'expirer, si le monde a le temps de s'occuper d'eux.

Ce fut sous le masque d'une comédienne espagnole que Mérimée fit son entrée dans la littérature. Son *Théâtre de Clara Gazul* parut en 1825, et fit quelque bruit. Ces petites saynètes, hardies et frappantes dans leur raccourci pittoresque, venaient à leur heure, en pleine saison romantique. On y mordit à belles dents, comme dans des grenades andalouses. Quelques-unes — telles que les *Espagnols en Danemark*, *Inez Mendo*, *Un amour africain*, — ont sensiblement passé de ton depuis cette époque. C'étaient des eaux-fortes alors, ce ne sont plus que des lithographies aujourd'hui. Mais il en est, dans le nombre, qui ont gardé leur premier montant. La manière de l'auteur s'y accuse déjà, sceptique et mordante, concise et exquise, toute imprégnée d'une fine amertume. *L'Occasion*, *Le Ciel et l'Enfer*, sont de petits drames de couvent et d'Inquisition gravés à la plume comme par la pointe de Goyà. — Un vrai chef-d'œuvre, dans *Le Carrosse du Saint-Sacrement*, est la figure de la Périchole, la comédienne de Lima. D'un trait sec, rehaussé par quelques touches crues et vives, l'auteur en a fait un portrait qui se grave dans l'imagination pour n'en plus sortir. Toutes les séductions bizarres et poignantes des courtisanes espagnoles du dix-septième siècle, telles que nous les décrivent les Mémoires du temps, revivent dans cette diablesse aphrodisiaque. On voit ambler et piaffer sous son parasol, manches bombées et jupons bouffants, une petite femme au visage maigre et ardent, piqué de mouches de diamants et de papillons de pierreries, les joues et le menton allumés de rouge, les cheveux d'un noir sinistre, entassés sur des sourcils peints, avec une ceinture incrustée de portraits galants et de reliquaires, des manches couturées de perles et d'*Agnus Dei*, et des pendants d'oreilles garnis de sonnettes et de petites montres. Ajoutez des yeux de feu sur un teint de citron; une senteur pénétrante de pastilles brûlées et d'essence de roses s'exhalant de toute sa personne. L'imagination la complète par un petit singe qui porte, en trottant, la queue de sa robe... Une vraie vision de succube tentant saint Antoine, dans un tableau espagnol.

Mérimée prit encore un déguisement étranger pour publier sa *Guzla,* recueil apocryphe de Chants populaires illyriens, qu'il présenta au public comme recueillis de la bouche d'un rapsode morlaque, dans les montagnes de la Dalmatie. Le pastiche était si adroit que des philologues allemands s'y trompèrent. M. Bowing, auteur d'une anthologie slave, écrivit à l'auteur pour lui demander les vers originaux « qu'il avait si bien traduits », disait-il. Un autre docteur, M. Gerhart, lui envoya deux gros volumes de poésies slaves, traduites en allemand, avec la *Guzla*, traduite aussi, et en vers : — « ce qui lui avait été facile, di-
« sait-il ; car, sous la prose de Mérimée, il avait dé-
« couvert le mètre des vers illyriques. » Depuis l'Ossian de Macpherson, jamais supercherie littéraire n'avait si drôlement réussi.

Son début dans le roman fut la *Chronique du temps de Charles IX*, surfaite en son temps, aujourd'hui absolument démodée. Elle appartient à ce genre bâtard qui cloche entre la fiction et l'histoire; on ne la relit guère plus que le *Cinq-Mars* d'Alfred de Vigny. Mérimée, d'ailleurs, n'avait ni le souffle ni la chaleur qui animent les vastes récits. Sa veine exquise, mais avare, était faite pour distiller des gouttes d'élixir, non pour s'épancher et courir en pleine abondance. Ce fut dans la Nouvelle que, du premier coup, son talent atteignit toute sa perfection. Il s'y cristallisa, pour ainsi dire, en angles nets, en facettes claires et coupantes ; il y acquit la dureté et la pureté du diamant. Une observation rigoureuse, une brièveté rectiligne, une exactitude presque scientifique dans l'analyse des sensations et des caractères, la fermeté mordante des détails, un ton sobre et grave, placé, de temps en temps, à propos, et qui suffit à colorer tout une page, une clarté qui rappelle la lumière sèche de midi dans les jours d'été, sont ses qualités distinctives. Ajoutez une imperceptible ironie que le lecteur sent circuler à travers les moindres lignes du récit, sans qu'il puisse distinctement la saisir.

C'est dans l'étrangeté surtout, qu'il est maître. Mérimée aimait d'instinct les cas rares, les mœurs crues et tranchées, les races situées en dehors de la civilisation et de la culture, les pays des coups de couteau et des coups de soleil : il avait l'esprit voyageur. Tout un côté de son œuvre appartient, en quelque sorte, à la zone torride. Par un contraste bizarre, cet esprit, d'une correction impassible, se plaisait aux contes noirs, aux excentricités barbares, aux histoires de bandits et de négriers. Il y a mort d'homme ou de femme dans presque tous ses romans. L'amour y commet des meurtres, la beauté y semble une victime vouée au couteau.

De bonne heure il hanta la Corse, et explora ses *maquis* sanglants. Il en rapporta d'abord *Matteo Falcone*, cette exécution d'un enfant traître par la justice d'un père implacable, qui a l'âpreté d'une histoire romaine. Puis vint *Colomba,* ce récit unique où l'énergie et la grâce, la finesse et la fermeté, la violence et le raffinement, la vérité des personnages et la beauté des paysages se mêlent dans la mesure qui fait les chefs-d'œuvre. On a justement comparé à l'Electre antique cette Colomba farouche et charmante. Elle en a l'implacable haine et le tragique entêtement. Il s'agit pour elle de reconquérir au culte de la vengeance un frère longtemps absent de son île, dégagé, par un long séjour sur le continent, du fanatisme natal ; de faire rentrer dans son âme le démon exorcisé de la *Vendetta.* Quelle souplesse féline elle déploie dans cette tentation meurtrière ! Comme elle l'enlace et le ressaisit ! Repoussée d'abord, elle revient toujours à la charge, l'obsédant de son idée fixe, ravivant le sang effacé, pareille à une magicienne opiniâtre qui recommencerait cent fois l'incantation restée vaine. A chaque instant, au milieu de ses fureurs sombres, elle a des retours de douceur naïve qui font reparaître la vierge sous l'Euménide. C'est « l'Ange de l'assassinat », comme Lamartine a dit de Charlotte Corday.

Carmen est d'une valeur et d'une beauté presque égales. Qu'on se figure Manon Lescaut bohémienne, Manon à l'état sauvage, ensorcelant un rude Desgrieux au point d'en faire un bandit. Leurs féroces amours, sans cesse brisées et renouées, se tranchent par le coup de stylet que l'amant plante au cœur de sa maîtresse infidèle. Elle ne l'aime plus et elle le lui dit avec une franchise et une joie méchantes qui mettent la rage au cœur de José. Elle sait qu'il va la tuer, et elle le suit dans le bois où il l'emmène, parce que « c'est écrit », et qu'elle a vu dans ses grimoires de sorcière qu'il était dans sa destinée de mourir par lui et de le faire pendre. Le couteau sur la gorge, elle le brave encore, renie son amour et l'insulte en face, demandant seulement d'en finir et qu'il se dépêche. — « Je » la frappai deux fois. Elle tomba au second coup sans » crier. Je crois encore voir son grand œil noir me » regarder fixement ; puis il devint trouble et se » ferma. » Rien de poignant et d'étrange comme cette figure diabolique, toute instinctive, presque animale, moitié bacchante et moitié panthère, enchanteresse malgré tout, et rayonnante de feux infernaux.

Cette précision vigoureuse, ce tact dans la brutalité, qu'il montrait dans les scènes barbares, Mérimée savait l'adapter aux sujets de la vie moderne. En ce genre, il a fait aussi de véritables chefs-d'œuvre. *L'Enlèvement de la Redoute* restera un morceau classique. Chaque détail s'enfonce, chaque mot porte, comme une balle bien visée, dans l'imagination du lecteur. Le revers lugubre de la gloire militaire est là déployé, et comme étalé en trois pages. L'art de serrer et de concentrer ne saurait aller au delà. Dans la *Double Méprise*, la *Vénus d'Ille*, le *Vase étrusque* et *Arsène Guillot*, qui décrivent plus spécialement les passions du cœur, même justesse savante, même force nerveuse, même doigté délicat et sûr, appliqué au jeu des sentiments et des caractères. L'émotion seule manque à ces beaux et parfaits récits : un froid vernis les recouvre, l'imperturbable élégance du style ne se dément pas. Jamais cette glace ne se brise, jamais une larme n'en fond la rigueur. L'auteur ne s'attendrit point sur ses personnages, il s'y intéresse comme un chirurgien à des *sujets* rares; mais on ne voit pas, un instant, son scalpel ciselé trembler dans sa main. Quelquefois même, un aparté sarcastique, un petit ricanement sec et rapide semble avertir le lecteur de n'être pas dupe de son émotion.

Ce talent si concentré tarit vite. Dans ces vingt dernières années, Mérimée n'écrivit plus qu'une ou deux Nouvelles, fort inférieures aux premières. Son imagination s'était épuisée ou pour mieux dire ossifiée, à force de diètes. La sobriété est une belle vertu littéraire; il n'en faut point abuser pourtant : elle tourne à la sécheresse, quand on l'exagère. Mérimée détestait « la phrase », en quoi, certes, il avait raison. Mais sous cette rubrique, il avait fini par comprendre l'éloquence, l'attendrissement, l'enthousiasme, la passion, l'image, la couleur, c'est-à-dire la substance et la vie même du vrai style. A la fin, il était devenu un « buveur d'eau » en littérature. Il n'admettait plus que le fait « sans phrases »; ce qui, comme le vote de Sieyès, est aussi une sorte de mort. Il y parut lorsqu'il aborda l'histoire. Sa *Guerre sociale*, son *Catilina*, son *Don Pèdre* sont des phénomènes de maigreur. Les faits y sont exposés à nu, à travers un langage froid et lucide, comme des pièces d'ostéologie sous une vitrine de muséum. De l'ancien talent il ne reste plus que l'ordre et que la justesse, — quelque chose comme un squelette élégant.

Depuis quelque temps, il avait émigré littérairement en Russie, et s'y était confiné, traduisant Pouchkine et Gogol, écrivant l'*Histoire du Faux Démétrius* et des *Cosaques de l'Ukraine*. Sa froideur naturelle devient glaciale dans ces steppes. On parcourt les pages monotones de ses derniers livres, comme des plaines d'une neige durcie qui craquerait sous les pas. En vieillissant, Mérimée avait même perdu le sens de ce *pittoresque* barbare qu'il possédait, autrefois, à son degré le plus vif. Ses scènes russes sont ternes et blêmes, sans originalité et sans caractère. L'art de se borner et de réduire son talent à des qualités négatives, est devenu son souci unique. Il ne creuse plus, il effleure d'une plume émoussée, et que l'onglée semble avoir transie.

Nous n'avons point à apprécier l'homme, n'ayant fait que l'entrevoir à rares intervalles. La discrétion de son talent se reflétait dans toute sa personne. Il était réservé jusqu'à la raideur, d'un esprit sec et amer ; sur la fin, légèrement glacé de morgue officielle et sénatoriale, très-haut juché sur sa cravate, d'où il ne descendait guère que dans ses cercles d'intimes. Sous cet abord escarpé, et qui tenait à distance, ceux qui l'approchaient de plus près trouvaient de la bonté et de la droiture, une sûreté rare de relations, une bienveillance réelle quoique peu expansive. Ce sceptique poussait l'amitié jusqu'à la bravoure. On se souvient de sa conduite dans l'affaire de M. Libri. A tort ou à raison, il le crut innocent des méfaits qu'on lui imputait, prit sa cause en main, la plaida avec insistance, maltraita ses juges, se fit condamner, compromit pour lui une position faite, en voie de grandir. Qu'il l'eût ou non bien placé, ce dévouement lui fait grand honneur.

Sa mémoire ne périra pas ; elle reste attachée à quelques Nouvelles qui dureront peut-être autant que la langue, à quelques figures qui vivent d'une vie propre, et que l'art a marquées de son sceau profond. — Le monde de la fiction est presque aussi fécond que le monde réel ; la comédie, le drame, le poëme, le roman engendrent, par milliers, chaque année, des personnages de toute classe et de toute espèce. Mais, comme les êtres réels passent inconnus, pour la plupart, et disparaissent sans laisser une trace de leur obscure existence, de même, le plus grand nombre des créatures spirituelles expirent, à peines nées, ou se perdent, après s'en être détachées quelques jours, dans la foule confuse qui remplit les livres. Leurs traits s'effacent, leurs physionomies se confondent; elles flottent pêle-mêle dans ces limbes de l'oubli où sont rejetés les enfants mort-nés de l'esprit. Pour qu'une figure imaginaire soit admise à vivre, il faut qu'avec l'empreinte du talent, elle porte le cachet d'une personnalité distinctive. La mémoire, comme un musée sévère, rejette les copies et n'admet que des originaux authentiques.

Colomba, Carmen, madame de Chaverny de la *Double Méprise* sont marquées à ce signe de vie; elles ont l'originalité dans la grâce, la singularité dans le charme. On peut leur prédire, au second rang des chefs-d'œuvre, une légère immortalité.

12 décembre 1870.

IX

UN PRISONNIER DE LA PRUSSE

Cette bastille vivante qui nous mure et qui nous étreint, m'a rappelé les cachots indigènes où la Prusse enferme ses prisonniers. Les prisons prussiennes sont célèbres; ce sont, avec les casernes, les monuments du pays. La perspective d'y obtenir un logement aux frais de l'État décida Henri Heine à quitter Berlin, en 1830, et à venir se fixer en France. —
« L'air natal, dit-il, devint de jour en jour plus mal-
» sain pour moi, et je dus songer sérieusement à un
» changement de climat. J'avais des visions, je regar-
» dais les nuages qui m'effrayaient, en me faisant
» dans leur cours aérien toutes sortes de grimaces. Il
» me semblait parfois que le soleil était une cocarde
» prussienne ; la nuit, je rêvais d'un affreux vautour
» noir qui déchirait ma poitrine et dévorait mon foie ;
» j'étais très-triste. Ma mélancolie s'accrut encore par
» mes entretiens avec une nouvelle connaissance que
» je fis alors. C'était un vieux conseiller de justice de
» Berlin qui avait vécu longtemps, en qualité de pri-

UN PRISONNIER DE LA PRUSSE

» sonnier d'État, dans la forteresse de Spandau, et
» qui me racontait combien il était désagréable de
» porter des fers en hiver. Je trouvai, en effet, très-
» peu charitable qu'on ne chauffât pas les fers de ces
» pauvres gens. Quand on chauffe nos chaînes, elles
» ne causent pas un frisson si désagréable. Aussi ai-je
» vu, dans d'autres pays, que même les hommes les
» plus frileux supportaient au mieux les fers, quand
» on avait eu soin préalablement de les chauffer un
» peu. Il ne serait même pas mal de les parfumer
» encore avec de l'essence de rose ou de laurier. Je
» demandai à mon conseiller de justice s'il avait sou-
» vent eu à manger des huîtres, à Spandau. Il me dit
» que non, attendu que Spandau est trop éloigné de
» la mer. Le ci-devant pensionnaire de Spandau se
» plaignait même de ce qu'il n'y avait pas toujours de
» la viande : « Seulement, disait-il, une mouche tom-
» bait quelquefois dans notre soupe, et on nous disait
» que c'était de la volaille... » « Comme j'avais réel-
» lement besoin de m'égayer un peu, et que Spandau
» est trop éloigné de la mer pour y manger des huîtres,
» qu'en outre les chaînes prussiennes sont très-froides
» en hiver, et que je ne voulais pas goûter de la
» volaille de Sa Majesté le roi de Prusse, je me déci-
» dai à faire un voyage à Paris, dans la patrie du vin
» de Champagne et de la *Marseillaise*, afin d'y boire
» ce premier et d'entendre chanter cette dernière. »

En pensant aux prisons prussiennes, je me suis
rappelé aussi leur plus illustre captif, le baron de

Trenck, qui s'en échappa deux fois, par des miracles de courage et de volonté. Son histoire a quelque rapport avec la nôtre ; il ne peut être sans intérêt de la rappeler aujourd'hui.

Ce fut sa liaison avec la princesse Amélie, sœur de Frédéric II, qui fut la cause de sa catastrophe. Les amours sur les hauteurs ont, de tout temps, attiré la foudre. Frédéric couva quelque temps son ressentiment, persécutant, avant de le frapper, celui qui avait été jusqu'alors son page favori. Il le mettait aux arrêts sept jours sur huit, resserrait autour de lui, avant de le mettre aux chaînes, les liens de fer de sa discipline, et le poussait à la révolte par l'injustice et par la rigueur. Une lettre imprudente, écrite par Trenck à son cousin, le colonel des pandours de Marie-Thérèse, avec qui la Prusse était en guerre, lui fournit l'occasion de sévir. Trenck, accusé de trahison et de complot avec les ennemis du royaume, fut enfermé dans la forteresse de Glatz. Il avait vingt ans à peine, lorsqu'il tomba dans ce sombre gouffre où devait ramper sa jeunesse.

C'est alors que commença cette lutte héroïque d'un homme seul et nu contre les portes, les grilles, les verroux, les pavés et les précipices, contre des geôliers plus inexorables et plus vigilants que les dragons de la Fable ; lutte qui dépasse les travaux d'Hercule : car Hercule, du moins, avait sa massue, il marchait dans sa force et dans sa liberté, tandis que le prisonnier, emboîté entre quatre murs, doit avec un vieux clou ou un ressort de montre caché sous son ongle, broyer le granit et ronger l'airain.

Une première fois, Trenck, muni d'un canif auquel il a fait des dents, scie trois énormes barreaux de sa prison; il coupe en lanières son porte-manteau de cuir, s'en fait une corde en y joignant les draps de son lit, et descend d'une fenêtre élevée à quinze brasses au-dessus de terre. Mais il se perd dans les marais qui bordent la citadelle; la boue l'engloutit, elle l'étouffe, elle monte à ses lèvres, il est forcé d'appeler la sentinelle au secours. On le reconduit dans sa prison qu'on rétrécit et qu'on garde à vue.

Huit jours après cette échauffourée, il arrache son épée au major qui vient l'inspecter, s'élance hors de la porte, renverse le factionnaire, s'ouvre un passage à travers les soldats du poste accourus pour le retenir, blesse quatre hommes, monte sur le rempart, se précipite dans le fossé et se relève sans une contusion. — Il y a un Dieu pour les fugitifs. — Mais, dans sa fuite, il reste accroché par un pied aux palissades d'un chemin couvert. On le ramène dans sa prison, percé de coups de baïonnettes et à demi mort.

A peine guéri, Trenck médite une évasion nouvelle. L'idée fixe, qui a la vertu de la foi, peut seule expliquer de tels prodiges d'obstination et de volonté. La foi transporte les montagnes, l'idée fixe soulève les bastilles. — Cette fois, il a un compagnon; tous deux se précipitent du haut d'un rempart. Son ami se démet le pied en tombant. Trenck, qui cachait une force

9.

d'athlète sous sa figure de page amoureux, le prend sur son dos, court ainsi pendant un quart d'heure, traverse le Mein en ayant de l'eau jusqu'à la ceinture, par une brume épaisse, reprend sa course sur l'autre rive, tourne dans la neige, autour d'une montagne, et, le matin lorsqu'il se croit loin, entend sonner quatre heures à l'horloge de Glatz. Son courage ne l'abandonne pas ; il enlève deux chevaux à un paysan, fuit au galop, et arrive enfin sur les frontières de la Bohème. Le voilà libre et sauvé.

Huit ans après, Trenck commet l'imprudence d'aller, à Dantzick, recueillir la succession de sa mère. C'était tenter la fatalité. Frédéric ne l'avait point perdu de vue, pendant cette longue trève. Sa haine s'était accrue de la victoire remportée sur lui par son prisonnier. Maintenant il mettait un amour-propre de chasseur à le ressaisir. Ses limiers de police couraient le long des frontières, flairant la proie, suivant sa piste, attendant, pour se ruer sur elle, qu'elle fît seulement un faux pas. En venant à Dantzick, Trenck retombait sous la main du roi. La ville libre était vendue à la Prusse. Les magistrats livrent leur hôte ; trente hussards l'enlèvent et le conduisent à Berlin. De là on le transfère à Magdebourg, où l'attend le cachot dans toute son horreur.

C'était une niche pratiquée dans une casemate, sur laquelle fermaient trois portes, où le jour ne filtrait que par une lucarne percée dans une voûte épaisse de sept pieds, et garnie d'un triple rang de barreaux de fer. Cette atroce prison devient pour Trenck une Tour de la Faim ; on le met à un régime qui torture perpétuellement ses entrailles. Une livre et demie de pain de munition à moitié gâté, et une cruche d'eau, voilà sa ration. Jusqu'alors il n'avait eu que l'audace de l'évasion, le génie s'en développe en lui au milieu des horreurs de l'isolement et de la famine : ce génie, composé de la patience des fourmis, de la force sourde des taupes, du travail silencieux des vers de terre, et qui, à toutes les puissances concentrées de l'esprit humain, semble joindre l'instinct de la bête et l'imperceptible trouée de l'insecte. Trenck descelle les fers de la porte et s'en fait des instruments avec lesquels il creuse un trou dans le mur ; par un tour de force de ruse, il escamote à la vue des geôliers les décombres de ses démolitions clandestines. D'abord, il les réduit en poussière en les foulant sous ses pieds, puis il les jette à travers la lucarne presque grain par grain ou réduits en boules, dans un tuyau de papier, dont il se sert comme d'une sarbacane. Après un travail de six mois, le mur est percé, la voie est ouverte... une trahison la referme. Le roi, averti, est venu lui-même, à Magdebourg, commander pour son captif, non plus une prison, mais une sépulture. L'auteur de l'*Anti-Machiavel* s'est appliqué, comme un petit tyran italien du moyen-âge, à raffiner le supplice. Il a lui-même dressé le plan du cachot et dessiné la forme des chaînes. La nuit où Trenck croyait s'évader, on le transporte dans sa nouvelle oubliette.

Ce cachot royal est un monstrueux entassement de fer et de pierre. Quatre portes plus lourdes que les dalles des caveaux mortuaires, des murs que le canon n'aurait pas entamés, une meurtrière hérissée de grilles qui rogne, en quelque sorte, la lumière, et n'en laisse parvenir au prisonnier qu'un faible reflet! Trenck est là, dans les ténèbres, muré, enseveli, enfoui, les deux pieds attachés à un anneau scellé au mur, les mains serrées par des menottes, le corps cerclé d'une large bande de fer à laquelle pend une chaîne fixée dans une barre. Plus un bruit humain à son oreille, plus une lueur de jour sur ses yeux. Pour lui montrer qu'il est irrévocablement retranché du monde des vivants, le roi a fait creuser sous ses pieds la tombe où il doit être enterré. Son nom y est inscrit en grosses lettres, surmonté d'une tête de mort avec deux ossements en sautoir. Ezzelin aurait envié ce décor funèbre au roi philosophe.

Cette fois, l'idée même de l'évasion paraît une démence. Il serait plus facile à un homme inhumé vivant de briser sa bière et de gratter avec ses ongles la terre de sa fosse. Trenck, à peine enseveli, médite pourtant sa résurrection. Surexcitée à un certain degré, tendue puissamment et constamment vers un but, la volonté centuple la force de l'homme. Elle prête à ses mains la finesse des doigts des fées et la vigueur du poing des géants; elle lui donne l'œil des nyctalopes et l'oreille subtile du sauvage. Trenck commence par se dégager des chaînes qui l'étreignent; le fer se brise,

sous ses torsions athlétiques, comme de la paille sèche.
Armé d'un couteau qu'il a dérobé à l'inspection des
geôliers, il détache les serrures des trois premières
portes. A la troisième, son couteau se casse. Cette fois,
son courage est à bout. On ne brise pas deux fois les
portes de l'enfer. Avec le tronçon de lame qui lui
reste il s'ouvre, comme un proscrit romain, les veines
des bras et des pieds et se couche, pour mourir, dans
une mare de sang. L'instinct de la conservation le
tire de cette léthargie ; une rage subite le ranime ; il
se décide à faire de sa prison un bastion où il mourra
en soldat, si ses geôliers ne parlementent point. Il dé-
molit, avec ses chaînes, le banc de briques qui meuble
sa geôle, et il en construit une barricade, derrière
laquelle il se dresse, une pierre dans une main, et
dans l'autre son couteau brisé. Le matin venu, les
gardiens reculent devant ce spectre sanglant et
hagard qui menace de les lapider. Un grenadier tente
l'assaut ; il tombe sous un pavé qui l'atteint au front.
Le commandant arrive et consent à capituler : il promet au prisonnier l'amnistie de sa tentative, et Trenck
lui rend sa prison comme une citadelle.

Repoussé du côté des portes, Trenck cherche une
issue sous la terre. En quelques jours, il soulève le
pavé de son cachot et se creuse une route dans le
sable sur lequel le fort est bâti. Surpris encore, il est
cette fois atrocement châtié. La place était gouvernée
par un nouveau commandant, la schlague incarnée,
le *carcere duro* fait homme, un de ces sinistres per-

sonnages à la taille roide, aux yeux glauques, que l'on rencontre dans les forteresses allemandes, et qui semblent faits tout exprès pour lire son arrêt de mort au malheureux que l'on fusille, à minuit, dans le fossé des glacis, une lanterne sur la poitrine. Les égouts, les cryptes, les cloîtres, tous les lieux obscurs et humides ont une spécialité de bêtes et de végétations malfaisantes : rats féroces, crapauds hideux, vipères venimeuses, ciguës et champignons gonflés de poison. De même l'ombre des prisons produit des êtres d'une méchanceté toute locale : tyrans brutaux ou vexateurs tracassiers, jouissant de voir pleurer et souffrir. Le nouveau commandant était de cette espèce de chiens de garde, mâtinés de tigre. Il fit attacher au cou de Trenck, un carcan garni d'une grosse chaîne, dont le poids écrasait sa nuque. C'était la pendaison ingénieusement arrêtée juste au cran qui précède celui de la mort. Ce ne fut pas tout : on essaya sur lui le supplice inventé par les bourreaux chinois, la privation de sommeil. Seulement, au lieu d'un tambour, c'était un geôlier qui, tous les quarts d'heure, venait brusquement l'éveiller. Mais, comme les sculpteurs qui proportionnent les membres de leurs cariatides à l'entablement qu'elles doivent soutenir, la Destinée, qui avait voué Trenck aux tortures, lui avait forgé un corps capable de les supporter. La faim, le dénûment, le froid, la douleur l'accablaient sans le terrasser; l'eau, filtrée par la voûte de son cachot, glissait sur sa chair comme sur le bronze d'une statue. — L'arrivée d'un commandant moins cruel le délivre de son carcan. Aussitôt il se remet à l'ouvrage, et pratique dans les fondations une galerie de trente-sept pieds qui communique aux souterrains de la place. L'ouvrage fini, l'idée lui vient de mettre la générosité de Frédéric à l'épreuve. Il propose au gouverneur de faire visiter son cachot et de doubler le nombre des sentinelles, puis de lui assigner un jour et une heure ; et, ce jour-là, à l'heure fixée, il s'engage à apparaître en pleine liberté, hors des ouvrages de la forteresse, sur les glacis extérieurs. On rit de sa folie et on refuse de le croire : alors, devant ses geôliers assemblés, Trenck se dépouille de ses chaînes comme d'un vêtement, leur livre ses armes et ses instruments, soulève le dallage défoncé, et leur découvre sa galerie frayée et profonde comme une tranchée d'ingénieur.

L'admiration fit, cette fois, ce que la pitié n'avait pu faire. Le Sisyphe mythologique était dépassé par cet homme qui usait les cachots en s'y débattant. Frédéric lui jeta sa grâce ; Trenck sortit de prison, après dix ans de captivité.

S'il est permis de comparer un peuple à un homme, Paris n'est-il pas aujourd'hui, comme Trenck autrefois, l'intrépide et sublime captif de la Prusse ; comme lui, affamé, muré, séquestré, enveloppé d'un cercle de fer qui vaut ses carcans et ses chaînes ? Les prodiges que Trenck opéra pour son évasion, Paris les accomplit pour sa délivrance. Comme le prisonnier de Magdebourg, il a tout tiré de lui-même : son outillage et ses armes ; il a ramassé en lui les dextérités et les forces d'une nation entière. La ville de luxe s'est improvisée ville de guerre ; elle a converti ses usines en arsenaux redoutables, fondu des canons avec ses vieux fers, transformé en machines puissantes ses pièces de rebut, fabriqué des mitrailleuses, créé des fusils. Sous le sol de ses remparts, elle a creusé des volcans ; des arbres abattus de ses bois, elle a dressé des chevaux de frise ; avec les pavés de ses rues, elle a construit des barricades imprenables. Par un miracle plus grand encore, Paris a dépouillé sa mollesse de ville de joie, et s'est relevé cité héroïque. Il s'est assimilé toutes les mâles vertus; toutes les vaillantes énergies que les milices de la province ont apportées dans son sein. Il s'est trempé dans l'épreuve et il en est sorti invulnérable au découragement. En quelques jours, son peuple s'est fait armée; de toutes ses classes, il n'a fait qu'un corps; de toutes ses volontés, il n'a fait qu'une âme; de toutes ses discordes, qu'une fraternité. Le voilà debout sur ses murs, couvrant et affirmant la patrie ! — Encore un élan, encore un effort, et la Prusse le verra bientôt apparaître sur les glacis de ses forteresses, non pas comme Trenck, nu et désarmé, mais l'épée au poing, dans un rayonnement d'éclairs, dans une éruption de mitraille, chassant, à coups de foudre, les hordes de ses geôliers dispersés.

       19 décembre 1870.

X

L'ART PENDANT LE SIÉGE

Paris, par M. Puvis de Chavannes. — L'aérostat. — Les Pigeons voyageurs. — Vercingétorix et Jeanne d'Arc, par M. Chatrousse.

I

L'art fait relâche pendant la guerre ; les peintres et les sculpteurs ont, en grand nombre, quitté l'atelier pour le bivouac ou pour le rempart. Là, sans doute, entre deux gardes, du haut du bastion ou sur le champ du combat, ils recueillent et notent au passage des sites, des scènes, des épisodes, des figures, des groupes tragiques ou pittoresques qui, transportés dans le marbre ou sur la toile, illustreront plus tard l'histoire du siége de Paris. Cette grande histoire sera, nous l'espérons, aussi noblement peinte que dignement écrite. Deux artistes déjà s'en sont inspirés : M. Puvis de Chavannes, dans un tableau de premier jet, que M. Émile Vernier vient de traduire en lithographie ; M. Chatrousse, dans un projet de monument dédié à l'indépendance nationale. Ces œuvres de talent sont en même temps des actes de patriotisme ; elles s'accordent avec les enthousiasmes, les émotions, les angoisses qui font battre à l'unisson tous les cœurs. A ce titre, elles méritent l'attention que des chefs-d'œuvre étrangers à nos périls et à nos malheurs ne sauraient, à l'heure qu'il est, fixer un instant.

« La ville de Paris investie, confie à l'air son appel à la France. » Tel est le titre de la composition simple et grave que M. Puvis de Chavannes vient d'esquisser à grands traits, dans le ton triste du camaïeu, si en rapport avec le sujet.

L'artiste s'est bien gardé de travestir académiquement ce touchant symbole. En tout temps, Paris porte mal la couronne de créneaux et la draperie massive dont l'Allégorie revêt les cités. Son génie souple et vivant, perpétuellement transformé, ne peut se pétrifier dans la forme antique. Déjà aussi vieille que l'était Rome il y a cinq cents ans, la merveilleuse capitale semble éternellement rajeunir. Il y a des villes que l'imagination ne peut se figurer que courbées et croulantes sous le poids des siècles. Leur passé les accable, leurs ruines les voûtent et les assombrissent, l'histoire leur a imprimé des dates, vénérables mais profondes, qui les creusent et les ravagent comme des rides. Paris échappe à cette loi de la vétusté : il porte légèrement le fardeau des âges. L'esprit de progrès qui le possède lui refait une jeunesse immortelle ; il traverse les siècles comme les phases d'une métamorphose. Ses ruines gallo-romaines, ses monuments gothiques le décorent sans le vieillir, comme des bijoux anciens font ressortir par le contraste la jeunesse et la beauté qui s'en parent. Deux fois millénaire, il semble plus jeune que telle ville d'Amérique, surgie hier, du sol vierge de la forêt ou de la savane. — A plus forte raison Paris évoqué sous un type classique, dans cette crise sanglante, aurait choqué l'esprit comme une parodie.

C'est donc par une figure toute moderne que M. Puvis de Chavannes a représenté Paris assiégé. — Une jeune et grande femme, vue de dos, debout sur un monticule, s'appuie d'une main sur un chassepot ; de l'autre, elle envoie un geste d'espoir à un aérostat qui plane dans le ciel. Une longue amazone étreint, comme une armure, sa taille amaigrie. Son profil perdu, tourné vers le ciel, laisse deviner, sous son contour délicat, un visage macéré par les privations et par la souffrance. Sa chevelure raccourcie, comme celle d'une veuve, fait songer à la verdoyante couronne de feuillage que Paris a tranchée sous le fer pour sa délivrance. A ses pieds, se dressent les canons béants d'une redoute ; au delà s'étend la plaine nue et dévastée où rampent quelques fumées d'incendie, et que surmonte à l'horizon la masse carrée du Mont-Valérien. — L'impression est grande et austère : une silhouette presque ascétique dressée au milieu d'un site désolé. Mais l'espoir se dégage du geste qu'elle lance vers le globe fragile qui porte à la France l'appel de Paris ; on le sent jaillir de son regard qui le suit à travers l'espace. « Ne crains rien, tu portes Paris et sa fortune », semble-t-elle lui dire, comme César au pilote, pendant la tempête.

II

Ces ballons, par lesquels l'âme de la ville captive s'évade et s'envole, seront un jour une des merveilles de l'histoire. Que de souffles héroïques, que de soupirs brûlants et tendres lancent dans l'espace cette sphère fragile, remplie des messages et des vœux d'un peuple ! L'ascension a remplacé l'évasion. Cerné par le fer, bloqué par le feu, Paris ne pouvant encore rompre ses chaînes, s'est créé des ailes. Il a embarqué sur un navire aérien sa volonté, son énergie, son courage, ses résolutions intrépides ; et, chargée de ce lest sublime, la nef imprenable les porte, par delà les horizons et les nues, à la patrie rassurée. Cette bulle d'air rit de la mitraille ; les bombes et les balles prussiennes braquées sur elle, retombent, aussi ridiculement impuissantes que les lanières du fouet de Xerxès flagellant la mer. Autant vaudrait canonner une étoile filante. Invulnérable et inaccessible, forteresse volante qui va susciter et ramener des armées, elle fait hors de Paris une sortie ailée, la sortie victorieuse de la pensée libre, qui prend son essor, décrit sa courbe, et retombe sur la France, qu'elle enflamme, comme un feu sacré. — Victor Hugo, dans la *Légende des Siècles*, a chanté et prophétisé, en strophes magnifiques, l'avenir de l'aérostat. Il le montre, non plus jouet, mais dompteur des vents, en plein gouvernement de l'air, en pleine possession de l'espace, allant à son but, comme le javelot à la cible :

> Char merveilleux ! son nom est Délivrance. Il court.
> Près de lui le ramier est lent, le flocon lourd ;
> Le daim, l'épervier, la panthère
> Sont encor là, qu'au loin son ombre a déjà fui ;
> Et la locomotive est reptile, et, sous lui,
> L'hydre de flamme est ver de terre.

Il le fait voir, dès qu'il aura trouvé sa force impulsive, foudroyant les despotismes, tuant la guerre, abolissant les frontières, répandant les idées, par vastes semailles, sur tous les points du globe à la fois, emportant et apaisant le monde, inaugurant pour l'humanité une vie nouvelle faite de concorde et de lumière.

> Où va-t-il, ce navire ? Il va, de jour vêtu,
> A l'avenir divin et pur, à la vertu,
> A la science qui va luire,
> A la mort des fléaux, à l'oubli généreux,
> A l'abondance, au calme, au rire, à l'homme heureux ;
> Il va, ce glorieux navire,

Au droit, à la raison, à la fraternité,
A la religieuse et sainte vérité,
  Sans impostures et sans voiles,
A l'amour, sur les cœurs serrant son doux lien,
Au juste, au grand, au bon, au beau... Vous voyez bien
  Qu'en effet il monte aux étoiles !

. . . .

Les vieux champs de bataille étaient là dans la nuit ;
Il passe ; et maintenant voilà le jour qui luit
  Sur ces grands charniers de l'histoire,
Où les siècles, penchant leur œil triste et profond,
Venaient regarder l'ombre effroyable que font
  Les deux ailes de la Victoire.

Mais ce que le poëte n'avait pu deviner, dans cette vision éblouissante du génie humain libéré de la pesanteur et subjuguant l'air, c'est le ballon, devenu, avant même ce progrès suprême, un messager de salut, un phénomène céleste, une sorte d'Archange secourable, ouvrant à Paris prisonnier des portes sublimes vers la délivrance.

III

Vis-à-vis de l'aérostat qui s'envole, j'aurais voulu que M. Puvis de Chavannes nous eût montré, dans son tableau, un pigeon voyageur revenant à tire d'aile. Il n'y aura pas dans l'histoire de plus touchante et plus belle légende que celle de ces oiseaux sauveurs, rapportant à Paris les promesses de la France lointaine, les tendresses et les souvenirs de tant de familles séparées. Ils sont les colombes de cette Arche immense battue par des flots de sang et de feu. La frêle spirale de leur vol dessine, dans les airs, l'arc-en-ciel qui prédit la fin des tempêtes. L'âme de la patrie palpite sous leurs petites ailes. Que de larmes et que de baisers, que de consolations et que d'espérances tombent de leurs plumes mouillées par la neige, ou déchirées par l'oiseau de proie. En revenant à leur nid, ils rapportent à des milliers de nids humains l'espoir, l'encouragement et la vie. Plus que jamais, aujourd'hui, et dans le sens le plus pur du mot, ils sont les oiseaux de l'amour. Comme les cigognes des villes du nord, comme les pigeons de Venise, ils mériteraient de devenir des oiseaux sacrés. Paris devrait recueillir les couvées de leur colombier, les abriter et les nourrir sous les toits de l'un de ses temples. Leur race serait la tradition poétique de ce grand siége, unique dans l'histoire. Leurs vols, égrenés dans nos rues et dans nos jardins, feraient souvenir qu'il fut un jour où tous les cœurs de cette grande ville étaient suspendus aux ailes d'un ramier. Une vénération religieuse protégerait ces oiseaux propices. — Pendant son long siége, Venise, cent fois plus affamée que ne l'est Paris, ne souffrit pas qu'on touchât aux pigeons de Saint-Marc. Le blé manquait, on se disputait un morceau de pain, et pourtant la pâture ne leur manqua pas un seul jour.

Venise, mourant de faim, jetait à ses colombes les derniers grains de ses greniers vides.

> Vents, dites-leur notre misère !
> Oiseaux, portez-leur notre amour !

s'écrient les Proscrits dans la chanson de Victor Hugo. Cette image du poëte est devenue aujourd'hui une réalité vivante et charmante. Ce sont les vents qui racontent à la France les misères et les espoirs de Paris ; ce sont des oiseaux qui portent à ses chers absents son amour.

IV

Le projet de monument de M. Chatrousse groupe sur un même piédestal, la main dans la main, les pieds joints sur des chaînes brisées, Vercingétorix et Jeanne Darc. Le héros gaulois, drapé d'une peau de bête, coiffé d'une courte tunique, tient la poignée de son glaive. Jeanne Darc arbore sa bannière et lève vers le ciel son visage radieux d'un pur enthousiasme. Ce beau groupe, largement conçu, d'un aspect fier et monumental, résume, dans la double image de la vieille Gaule et de la France renaissante, l'idée de l'indépendance nationale.

On ne pouvait mieux la personnifier que par l'alliance symbolique de ces deux grandes et nobles figures qui se rejoignent à travers les âges. — Vercingétorix, le héros autochtone, la Gaule faite homme, le vainqueur de Gergovia, le glorieux vaincu d'Alésia. Alésia qui, cernée par les circonvallations des légions romaines, comme Paris l'est aujourd'hui par les retranchements des hordes allemandes, supporta comme lui la famine et les tortures d'un long siége, dans l'attente d'une armée de secours arrivée trop tard. Il fallut se rendre après une lutte acharnée. Alors Vercingétorix se dévoua pour le salut de son peuple. Couvert d'armes splendides, paré comme une victime pour le sacrifice, il monta sur son cheval de bataille, descendit des pentes escarpées de la ville, et s'élança droit au galop devant le tribunal de César, autour duquel il tourna en cercle. Puis il jeta aux pieds du vainqueur son épée, son javelot et sa lance, sans dire un seul mot. Le Romain ne se montra pas plus généreux que ne le serait l'Attila prussien. Il l'accabla d'injures, le livra à ses licteurs, et l'envoya aux prisons de Rome. Le sang de Vercingétorix, égorgé six ans après, pendant les pompes cruelles d'un Triomphe, éclabousse d'une tache infâme la face de marbre de César.

Mais Vercingétorix n'est que le héros de la Gaule ; Jeanne Darc est l'ange de la France, la Patrie incarnée sous les traits adorables d'une Vierge-Martyre. Plus que jamais, aujourd'hui, doit revivre et se raviver le culte de la Sainte qui prit les armes, quand elle sut « la pitié qu'il y avoit au royaulme de France », et

qui « jamais n'avoit veu de sang de François que ses
» cheveux ne levassent. » La France était tombée
plus profondément qu'aujourd'hui, morte en apparence, incurablement démembrée. Jeanne apparut au
bord de sa tombe, et, d'un élan sublime, la ressuscita.
L'invasion prussienne suit aujourd'hui en le profanant
son itinéraire héroïque. Elle est à Orléans, à Reims, à
Rouen, à Compiègne, sous les murs de Paris, alors
livré aux Anglais et qu'elle assiégea pour le délivrer.
La foi qui l'animait refera ses miracles ; le pays de
Jeanne Darc ne peut point périr.

Ce fut dans les fossés de Paris que s'éteignit sa
destinée lumineuse. La flèche qui la blessa à l'assaut de la ville trouva le défaut de sa sainte armure.
Le charme fut rompu, ses *Voix* se turent, son auréole s'éteignit ; elle ne se ralluma qu'aux flammes du
bûcher de Rouen. Mais sa foi invincible dans le salut
de la France ne faiblit pas un instant. Elle éclate, en
cris admirables, à chaque réponse aux questions perfides que lui adressaient ses horribles juges. « Sainte
» Catherine et sainte Marguerite haïssent-elles les
» Anglais ? » lui demandait l'évêque de Beauvais.
« — Elles aiment ce que Notre-Seigneur aime et haïs-
» sent ce qu'il hait. » — « Dieu hait-il les Anglais ? »
« — De l'amour ou haine que Dieu a pour les Anglais,
» et ce qu'il fait de leurs âmes, je n'en sais rien ; mais
» je sais bien qu'ils seront mis hors de France, sauf
» ceux qui y périront. » Sachons des Allemands ce
qu'elle savait des Anglais, et la France sera une

autre fois délivrée. Un des articles de son Acte d'accusation lui reprochait de s'être opposée à tout traité de paix : « J'ai écrit, dit-elle, pour la paix, au duc
» de Bourgogne : quant aux Anglais, la paix qu'il
» y faut, c'est qu'ils s'en aillent en Angleterre. »
Aujourd'hui, comme il y a quatre siècles, cette réponse de Jeanne est le mot de la situation. Dans les horreurs de sa prison, la veille du supplice, elle les défiait encore, avec un brave sourire de gaieté gauloise, de raillerie ingénue. « Je sais bien, disait-
» elle, que ces Anglais me feront mourir, croyant,
» après ma mort, gagner le royaume de France.
» Mais quand ils seraient cent mille *Goddems*
» (*centum mille* Godons *gallicè*) de plus qu'ils
» ne sont aujourd'hui, ils ne gagneraient pas le
» royaume. »

Ce Paris auquel elle livrait l'assaut de la délivrance, était rempli de bourgeois ralliés, amis des ennemis, claquemurés dans leur égoïsme, ne demandant qu'à vivre et qu'à engraisser sous le bât anglais. Tandis que Jeanne combattait et versait son sang sous les remparts de la ville, un de ces prud'hommes hérissait contre elle sa plume d'oie effarée, et griffonnait ceci sur les registres de son *Journal* : « Estoient
» pleins de si grant maleur et de si malle créance, que
» pour le dit d'une créature qui estoit, en forme de
» femme, avec eulx, qu'on nommoit la Pucelle (que
» c'estoit ? Dieu le scet), le jour de la Nativité de
» Notre-Dame, firent conjuration, de celui jour, as-

» saillir Paris [1]. » Coup de pied d'un âne dévôt, chargé de reliques, à l'ange blessé et tombé à terre ! Elle-même, la noble fille, sembla garder je ne sais quel délicat remords d'avoir troublé la fête virginale. Lorsque, dans son procès, ses juges lui demandèrent : « Était-il bien, Jeanne, d'avoir attaqué Paris le jour » de la Nativité de Notre-Dame? » elle se tut et baissa les yeux. Puis, comme on insistait : « Passez, dit- » elle, à autre chose. » Mais alors ses *Voix* s'étaient tues.

Si dans cette nuit ou dans ce jour de Noël, le canon tonne sur nos remparts, si notre armée reprend le combat, les pasteurs allemands qui prêchent à leurs fauves ouailles la ruine et le pillage de la « Babylone parisienne », les Pharisiens du piétisme crieront peut-être à l'abomination et au sacrilége. Mais les *Voix* qui inspiraient Jeanne d'Arc se réveilleront pour nous dire que combattre pour la patrie, c'est faire œuvre sainte, et que, Noël! ce cri de fête, était aussi autrefois en France, un cri de victoire.

26 décembre 1870.

---

[1] *Journal du Bourgeois de Paris.*

XI

NOS BONS ALLEMANDS

Ils jettent le masque, rois et ministres, landgraves et margraves, hobereaux et bourgeois, étudiants et diplomates, pasteurs et professeurs, docteurs *in utroque jure*, qui ne reconnaissent plus que le droit canon. Leur bonhomie et leur prudhomie, leur candeur et leur rêverie, leur romantisme et leur mysticisme, leurs couronnes patriarcales et leurs lunettes contemplatives tombent pêle-mêle à la fois. Ils reparaissent ce qu'ils sont, les fils des Huns et des Vandales, les Barbares de Priscus et de Jornandès, disciplinés à la prussienne, mieux armés, mais aussi farouches, n'ayant fait que changer leurs haches fossiles contre des fusils à aiguille, adorant toujours Teutatès qu'ils appellent le « Dieu des armées. »

Il n'est pas jusqu'à leurs femmes et leurs jeunes filles qui ne redeviennent, comme au temps des Cimbres, des furies enivrées de sang. Ces vierges blondes, chantées par leurs poëtes, se changent en mégères pour exciter leurs frères et leurs amants à la curée de la France; elles allongent vers le pillage des griffes de harpies. La Marguerite de Goëthe fait place à Marguerite Schneider, fiancée de Jean Dietrick, fusilier de la 7ᵉ compagnie, du 88ᵉ régiment, de la 42ᵉ brigade, de la 21ᵉ division de l'armée allemande ; laquelle invite son « bien-aimé » à « entrer dans une boutique de bijoutier où l'on pourrait piller. » O maison de Gretchen devenue une caverne de recel et de brigandage ! Du nid de la colombe sort la Pie voleuse, une paire de boucles d'oreilles au bec.

Ils sont des Barbares et ils s'en vantent. Dans le Walhalla du roi de Bavière, dans ce panthéon tragicomique érigé aux grands hommes de la Germanie, les bustes d'Alaric, de Genséric, de Totila trônent au premier rang. Ces rois de proie, horreur du monde, exécration de l'histoire, l'Allemagne les glorifie et les canonise ; elle les revendique comme ses héros et ses patriarches ; elle les encense de loin, aujourd'hui, avec la fumée de ses canons Krupp bombardant Paris. L'Allemagne reprend l'exécution des hautes œuvres de ces bourreaux du vieux monde ; elle rentre, avec son artillerie incendiaire, dans la voie scélérate qu'ils lui ont frayée avec la framée et la hache. L'Allemand est fier d'avoir reculé de quinze siècles et d'être redevenu un Germain à l'état sauvage. — Une légende rapporte qu'Attila entendant un ermite l'appeler « le Fléau de Dieu », bondit sur lui-même dans un accès de joie infernale : « L'étoile » tombe, s'écria-t-il, la terre frémit, je suis le Maillet » qui frappe le monde ! » *Stella cadit, tellus fremit, en ego Malleus orbis !* Les Prussiens de l'armée de Guillaume mettraient la fatuité d'une pirouette dans cette gambade frénétique. Souvenez-vous de ce télégramme apocryphe où ils se donnaient à eux-mêmes le sobriquet de « ces Diables »; visiblement ravis de poser en monstres, de jouer aux démons, de recourber en corne satanique la pointe de leur casque. Ainsi faisaient leurs ancêtres qui, masqués de la tête des loups, dont la peau recouvrait leurs corps, marchaient, en hurlant, contre l'ennemi.

Mais, d'une ère à l'autre, les Vandales ont étudié aux universités, pris leurs grades et passé leurs thèses. Ce sont maintenant des Barbares en *us*, ferrés à glace sur le subjectif et sur l'objectif, sur le Non-Moi créé et mis au monde pour être exterminé par le Moi. Il était réservé à l'Allemagne de montrer au monde les métaphysiciens du meurtre et les pédants du ravage. Cette monstruosité a trouvé sa définition ; la *Gazette de Silésie* en a eu l'honneur. « Le moment psychologique du bombardement » est un de ces mots qui résument et caractérisent toute une race. Ineffaçable comme une marque, inexpiable comme le *Racca* hébraïque, il restera imprimé sur sa mémoire et dans son histoire. L'obscur plumitif qui l'a écrit couramment ne se doutait pas qu'il faisait du style lapidaire. Son *lapsus calami* est une formule immortelle. Il croyait noircir du papier et il gravait sur le bronze. Son trognon de plume a pris, à ce *moment*, l'indélébilité du burin. Némésis lui poussait le coude, lorsqu'il a tracé cette ligne vengeresse. Tous les flots d'encre qui coulent de Kœnigsberg à Heidelberg ne parviendraient pas à la raturer. « Goddam », selon Figaro, est le fond de la langue anglaise. Le « moment psychologique du bombardement » restera le fond de la langue et du caractère de l'Allemagne prussienne.

Sommes-nous assez loin de cette Allemagne édénique que nous rêvions naïvement, d'après les poëtes et les romanciers ! pays nébuleux, paradis de neige, étoilé de vergiss-mein-nicht, qui apparut à madame de Staël en extase, où des philosophes, à peine incarnés, conversaient de morale et de métaphysique, comme les ombres des Champs-Élysées, où des couples mystiques, glissaient enlacés, sous un rayon de lune, sur le rhythme des valses du *Freyschutz*. L'Allemagne réalisa en effet cette Arcadie légendaire, aux premières années de ce siècle, alors que, réduite à l'impuissance politique, elle s'était réfugiée dans la poésie, comme dans une forêt enchantée. Mais cette vision se dissipa vite : dès 1815, l'Allemagne était redevenue ce qu'elle est au fond : une nation rapace et haineuse, vindicative et grossière, couvant des convoitises sourdes et des rancunes implacables qui n'attendaient que l'occasion d'éclater. Une réaction violente contre son existence poétique la ramenait au culte de la force brutale et de la rapine. De son Age d'or intellectuel, elle aspirait à l'Age de fer.

Depuis deux siècles, la Prusse faisait chez elle bande

à part. Né par la force et dressé par lui, ce peuple enrégimenté ne connaissait que ses œuvres. Sans imagination et sans enthousiasme, il était inaccessible aux scrupules. Apre au travail, dur à la peine, façonné à l'obéissance, les passions généreuses n'avaient aucune prise sur son égoïsme revêche. Sa discipline inflexible tendait des cadres tout prêts aux ambitions confuses de sa race. Aussi, après quelques tâtonnements et quelques révoltes, avec quelle soumission résolue l'Allemagne s'est-elle rangée sous sa dictature! Elle a abdiqué entre ses rudes mains sa souveraineté spirituelle; elle a jeté aux orties, comme une robe puérile, sa draperie de Muse, pour endosser son roide uniforme. Du roi de Prusse, elle a fait son homme d'affaires et son chef de bandes. Son idéalisme a pris le mot d'ordre du caporalisme qui règne à Berlin. Le même phénomène historique qui entraîna toutes les hordes tudesques autour d'Attila rallie toutes les populations de l'Allemagne autour de la Prusse. Elle se les est assimilées en les absorbant. La vache maigre de Brandebourg a dévoré les vaches grasses qui ruminaient auprès d'elle. Le monstre formé par ces annexions n'a plus aujourd'hui qu'un même appétit et qu'une même fureur.

Cette transformation date de loin et se révélait par mille signes; mais la France s'obstinait toujours à ne voir l'Allemagne qu'à travers le mirage de ses mélodies et de ses légendes. Les cris de haine de ses gallophobes nous arrivaient modulés par ses musiciens en soupirs d'amour, les bocages de ses idylles nous masquaient les casernes où elle s'exerçait à nous asservir. Ce qu'il y avait de comique dans le quiproquo, c'était le dépit de ce peuple indigné d'être pris au mot de ses poëtes, sentimental sans le savoir et idéal malgré lui. Sa renommée d'ingénuité l'exaspérait jusqu'à la fureur. Cet antre rugissait de colère d'être pris pour une bergerie. Dans la guerre atroce que les Allemands nous font aujourd'hui, il y a la rage des renégats du rêve et des apostats de l'idée.

Comme les Barbares voulaient détruire Rome, l'extermination de la France est le but avoué des Prussiens. Ils la décrètent et ils la proclament. Entre les explosions de leurs canons-monstres, on entend la voix furibonde de leurs professeurs prophétiser sa ruine et dogmatiser son pillage. Leurs invectives pédantesques commentent le fracas de leur artillerie. L'un souhaite que « la famille gallo-romaine soit anéantie »; l'autre proclame « qu'une race supé-
» rieure, comme la race allemande, a le droit de dé-
» truire et de remplacer une race inférieure »; un troisième s'écrie : « De nos jours, la civilisation ro-
» mane succombe, et l'Allemagne, le vrai cœur de
» l'Europe, le pays aux mœurs pures et au profond
» génie politique, renverse le Moloch de duperie et
» de mensonge. C'est tout l'ensemble de la civilisation
» romane qu'il faut briser pour toujours. On a dit
» que nous devions aux Français la culture moderne :
» eh bien ! voilà précisément ce qu'il faut écraser. »

On croit rêver en écoutant ces derviches hurleurs de la science. L'esprit s'épouvante à l'idée d'un empire prussien installant sa suprématie sur les ruines de la France. La civilisation ne se relèverait pas d'un tel cataclysme. Ce serait le Moyen âge revenant, à reculons, ressaisir l'Europe ; non plus inconscient et naïf, plein de vertus profondes et d'énergies créatrices, mais mécanique et machiavélique, garrottant les peuples sous des oripeaux plus étouffants qu'un linceul. En haut, un Césarisme bâtard, qui draperait des loques gothiques du saint Empire son autocratie militaire. Au-dessous de lui, une vassalité de rois asservis et de principicules domestiques. Plus bas, la féodalité grossière des seigneurs et des hobereaux — *Junkerthum*. Au fond, une plèbe de soldats et de fonctionnaires automates.

L'idéal de la Prusse, c'est l'État ; elle n'en a point d'autre. Et, par ce mot, n'entendez point la Patrie, dans le sens héroïque et tendre que les autres nations attachent à ce mot sacré. L'État prussien n'a ni cœur ni âme ; il ne croit pas devoir à ses sujets le bonheur. La corvée constante, le service passif, l'effort assidu qu'il exige d'eux sans relâche, n'a d'autre compensation que son accroissement. C'est une idole de fer, montée comme une machine, pour broyer et pour dévorer. Chaque individu s'y adapte comme un rouage, et n'a d'autre fonction que d'obéir au moteur. De la civilisation il n'a pris que les ressorts et les armes, la bureaucratie et la police, l'administration et les sciences exactes. Derrière cette façade hérissée comme un arsenal, le Moyen âge est resté campé. Cette Prusse, qui se pose en modèle des nations modernes, est le conservatoire de toutes les idées arriérées de l'Europe, le musée des antiquailles de la politique. La féodalité s'y roidit dans sa vieille armure, l'esprit de caste y sévit dans toute sa rigueur, la jurisprudence y radote encore le jargon carlovingien des vieux *Miroirs de Saxe et de Souabe*. Sous sa couronne luisant neuf, le spectre du passé ricane et menace. La civilisation prussienne est un sépulcre blanchi.

Et ce ne serait pas seulement la liberté, ce serait encore le génie de l'Europe qu'étoufferait la suzeraineté de la Prusse. Il ferait nuit sur le monde si la science allemande éteignait la lumière de l'esprit français. Sa langue indigeste et sombre qui, en poésie, prend parfois des ailes, ne sait que ramper pesamment en prose. Les idées ne circulent pas, elles pataugent dans ce rauque idiome. Comparé au nôtre, c'est une fondrière auprès d'un courant. L'érudition germanique ne prend sa valeur que lorsqu'elle est éclairée et débrouillée par des mains françaises. Quel fatras qu'un livre d'exégèse ou de critique allemande, avec ses notes qui noient le texte, ses sous-notes qui submergent les notes, son enchevêtrement de prolégomènes et de corollaires ! Cela fait l'effet de ces grimoires que les sorciers lisent à rebours, à la lueur d'une lanterne sourde, pour évoquer des fantômes.

Et que dire de sa philosophie dissolvante, où des systèmes chimériques s'entretuent dans la nuit d'une phraséologie ténébreuse, où des idées, passées chez nous à l'état de lieux communs, prennent, pour paraître profondes, les masques du mythe et du symbolisme ! A tel gros livre de Strauss, à tel traité de Hégel, tout hérissé de termes abstraits et de formules dialectiques, on pourrait répondre, comme l'Agnès de Molière à la harangue ampoulée d'Arnolphe :

Voltaire, avec deux mots, en dirait plus que vous.

Hegel disait à son lit de mort : — « Je n'ai été compris par personne ; il n'y a que Goeschel qui m'a compris. » Quelques instants après il se retourna sur l'oreiller, et murmura : « — Et encore, il ne m'a pas compris du tout. »

Mais pour que l'empire germanique usurpe l'Europe, il faut qu'il tue la France ; et la France est immortelle, et l'ineptie de cette Prusse brutale est de croire qu'elle peut l'écraser. Trois puissances énormes — elle en fait partie — pèsent depuis cent ans sur la Pologne, vulnérable et faible par tant de côtés ; elles la déchirent et la martyrisent, sans avoir pu l'étouffer encore. Et la Prusse croit anéantir en six mois ce grand pays d'une vitalité invincible, dont les racines plongent au cœur de l'histoire, dont la tête a dominé l'humanité toute entière ! L'infatuation portée à ce comble, touche à la folie. La France est une lumière, on ne tue pas la lumière. Il n'y a que les Barbares pour croire que l'éclipse dévore le soleil.

Un autre signe de la démence de la Prusse est l'effroyable abus qu'elle fait de ses victoires. Ne lui pardonnons point ; mais, en vérité, elle ne sait pas ce qu'elle fait. Son orgie sanglante accumule sur elle un siècle de revanches et de représailles. Elle sème la tempête pour récolter l'ouragan. La France ressuscitera, quoi qu'elle fasse, et les résurrections de la France sont des éruptions. Entre elle et nous s'est creusé un gouffre de haine, un Rhin de sang et de larmes qu'aucune paix ne pourra combler. A sa porte veillera désormais, le glaive à la main, attendant son heure, un ennemi irréconciliable. Quel que soit le dénoûment de cette guerre, l'Allemagne doit renoncer au repos, à la sécurité, au loisir. L'Allemagne, ayant voulu tuer la France, peut dire, comme Macbeth, après le meurtre de Banquo : « J'ai tué le sommeil ! »

9 janvier 1871.

XII

CHANTS POPULAIRES DU PAYS MESSIN

Le hasard m'a mis sous la main un livre que les événements m'ont fait lire avec un vif intérêt. C'est le recueil des *Chants Populaires du Pays Messin*, de ce pays de Metz que l'invasion allemande nous a momentanément arraché, que ses soudards revendiquent par droit de conquête, et ses pédants diplomatiques par je ne sais quels droits féodaux, tirés des antiquailles austrasiennes et carlovingiennes. Ce petit livre suffirait à réfuter leurs chicanes. « Dis-moi ce que tu chantes, je te dirai qui tu es », pourrait-on dire en variant d'un mot le proverbe. Le chant populaire sort en effet des entrailles du pays natal ; il en est la voix intime, l'inspiration spontanée. C'est du fond du peuple que sortent ces chansons sauvages et naïves, sans autres rimes que des assonances, qui voltigent, depuis des siècles, sur les lèvres des pâtres, des paysans, des nourrices, de tout ce qui tient de près à l'origine du sol et des hommes. Elles accompagnent la rame du pêcheur, le battoir de la laveuse, la quenouille de la lavandière ; elles rhythment le pas du laboureur piquant ses bœufs dans le lourd sillon. Le pays semble avoir collaboré avec l'homme pour les composer. L'oiseau y a mis sa note, l'arbre son murmure, la source sa plainte, la cloche du village son tintement lointain. Toute l'âme d'une race se concentre et se résume dans leurs refrains gais ou plaintifs. Elle y chante et elle y respire, comme la grande mer dans le bruissement du coquillage éclos de ses profondeurs.

Or, ces chants de la Lorraine sont aussi français que ceux de la Champagne et de l'Ile de France. Leur langue coule de source, claire et nette, prime-sautière et rapide : aucune infiltration germanique ne trouble son léger courant. Le patois même du pays Messin reste transparent et limpide. A travers sa teinte d'expressions locales, on distingue clairement les étymologies indigènes, comme on voit sous la transparence d'un ruisseau, les racines des plantes dont les feuilles couvrent sa surface. — Ils ne sont pas moins français de sentiment et de caractère. Comparez-les aux chants populaires voisins de l'Allemagne : c'est comme si l'on passait d'un rayon de lune à un rayon de soleil. Aucune langueur mystique, nulle trace de rêverie blafarde ou de sentimentalité maladive ; mais un bon sens rieur, une verve éveillée, une moquerie alerte, une vive belle humeur. A défaut d'autres titres, ces chants seraient les parchemins de la Lorraine, ses certificats de vieille race française et de légitimité nationale.

Parcourons-les rapidement. — Comme dans toutes les chansons de France, la femme y règne presque sans partage, et, ici encore, la race reparait dans toute sa verdeur. Ce sont de pures Gauloises que les jeunes filles et les commères que les chants lorrains mettent en scène : hardies et riantes, promptes à l'action et à la réplique, pétries d'esprit et d'espièglerie. Elles ne filent point languissamment le parfait amour ; elles le nouent ou le tranchent d'un coup de main résolu. Nulle parenté entre elles et ces vierges pâles des ballades allemandes, qui font les mêmes yeux doux aux étoiles qu'aux yeux bleus de leurs amoureux. Leur vertu déniaisée, et sachant les choses, vaut bien d'ailleurs la froide et fade innocence des blondes Gretchens de l'Allemagne. Les villageoises du pays Messin ont bec et ongles pour se défendre contre l'enjôleur. Écoutez plutôt la *Bergère moqueuse* se raillant du beau seigneur qui vient la relancer dans son pâturage :

— Dis-moi, Annette, le nom de ton village.
— Apprenez-le, monsieur, vous le saurez.
— Que cherches-tu dedans ce vert bocage ?
— Je cherche un sot, monsieur, je l'ai trouvé.
— Que ton berger est heureux, ô bergère !
— Vraiment, monsieur, il n'est pas malheureux.
— Ah ! si j'avais le bonheur de te plaire !
— Il faut pour ça vous y prendre un peu mieux.

Le petit maître, si lestement nargué, n'en persiste pas moins à pousser sa pointe et à conter ses fleurettes. Mais les louis d'or qu'il fait sonner, les bijoux qu'il fait reluire ne séduisent pas la bergère. Le tentateur en est pour les frais de sa tentation. A bout de fadeurs et de cajoleries, il se pose en amant tragique et désespéré :

    — Je sens venir mon heure dernière.
    — Et moi, monsieur, l'heure de mon berger.
    — N'est-ce pas lui là-bas dans la clairière?
    — Précisément, il faut vous en aller.

Ailleurs, c'est une autre bergère criant au loup qui emporte un de ses moutons, et promettant son cœur à celui qui le rapportera sain et sauf :

    Là bas y' passe un cavalier,
    Tirant son épée claire.
    Il fit trois tours autour du bois,
    Et le mouton ramène.

Mais la malicieuse fille se tire de sa promesse par une gausserie champêtre :

    Monsieu, c'est en vous remerciant,
    De vous et de vos peines.
    Quand nous tondrons nos moutons,
    Vous en aurez la laine.

Aussi fine, mais plus touchante est la Batelière qu'un galant veut séduire, en lui offrant sa bourse, tandis qu'elle lui fait passer la rivière. Elle prend l'argent et feint de se rendre :

> Mais quand elle vint au bord de l'eau,
> La belle repoussa son bateau;
> Tout doucement fit deux pas en arrière :
> — Adieu, monsieur, je t'ai passé la rivière.

> — Si jamais je reviens sur l'eau,
> Je te noierai dans ton bateau.
> — Je n'irai plus sur mer, ni sur rivière,
> Et je vivrai sans être batelière.

> Avec ton or et ton argent,
> Je m'en irai dans un couvent;
> Dans un couvent de religieuses;
> En vérité, j'y serai bien heureuse.

L'argent du Diable sert à la vierge sage à gagner sa dot de fiancée de Dieu.

Parfois un éclair d'héroïsme illumine ces chansons de joie et d'amour. La jeune fille, pour défendre son honneur attaqué, se transforme en héroïne ou en martyre intrépide. La paysanne lorraine se retrouve compatriote de Jeanne Darc. — Telle cette villageoise qu'un suborneur brutal a entraînée dans un guet-à-pens. Elle fond en larmes, et il lui demande pourquoi elle pleure :

> — Je pleure mon innocence
> Que vous voulez m'ôter.

L'homme n'est pas attendri ; il lui ordonne de délacer son chaste corsage :

— Prêtez-moi votre épée
Pour mon lacet couper.
Quand la belle eut l'épée,
Son sein elle a percé.

Une curieuse ballade tirée sans doute d'une légende locale, nous montre une jeune Lorraine prenant à son propre piége un Barbe-Bleue fantastique, appelé Renauld, qui l'emmène en croupe, à travers la campagne déserte, pour la noyer dans une rivière. Au milieu du chemin, la faim la prend ; elle demande à manger à son ravisseur :

— Belle, mangez-y votre main ;
Car jamais ne mangerez de pain.

Au milieu d'un bois, la soif la dévore. Elle demande à boire :

— Belle, buvez votre clair sang ;
Car jamais ne boirez vin blanc.

Ils arrivent au bord de la rivière : Renauld lui annonce qu'il y a déjà noyé « quatorze dames », et qu'elle sera la quinzième. Il lui ordonne d'ôter son manteau et sa chemise pour mieux faire le saut périlleux. Ici la jeune fille feint un scrupule de pudeur, auquel se laisse prendre le grossier bandit.

> — C'est pas affaire aux cavaliers
> De voir les dames déshabillées ;
> Mais c'est affaire aux cavaliers
> De prendre un mouchoir, les yeux se bandeler.

> Quand Renauld entendit cela,
> Prit son mouchoir, les yeux se bandela ;
> La belle le prit par le côté,
> Dans la rivière elle l'a jeté.

Il se raccroche à une branche de saule ; la belle tire son épée et coupe la branche. Il lui demande grâce, en lui faisant force promesses, si elle consent à le repêcher :

> Belle, donnez-moi votre main blanche,
> Je vous épouserai dimanche.

Mais la jeune fille, penchée sur le brigand qui se débat sous les flots, lui réplique avec une farouche ironie :

> Épouse, Renauld, épouse, poisson,
> Les quatorze dames qui sont au fond.

Ce caractère résolu reparaît dans presque toutes les femmes que mettent en scène les chansons du pays

Messin. Aussi vives à l'attaque que promptes à la défense, comme elles repoussent le séducteur; elles se vengent de l'époux ou de l'amant infidèle. En filles et en sœurs de soldats qu'elles sont, c'est souvent par les armes qu'elles vident leurs querelles. Mais leur vengeance n'est point lâche, leur jalousie n'a rien de perfide. Leur arme n'est pas le poignard corse traitreusement caché sous la jarretière; c'est l'épée française qui bat fièrement à leur ceinture d'amazone. — Quelle *furia* guerrière dans cette chanson de la *Brave Claudine,* dont les couplets roulent au son du tambour!

La petite Claudine s'habille en garçon,
   Remplan;
S'habille en garçon.

C'est pour aller en ville, pour s'engager dragon,
   Remplan;
Pour s'engager dragon.

Le capitaine le regarde : — Tu es un joli garçon,
   Remplan;
Tu es un joli garçon;

Mais tu n'as point de barbe, point de barbe au menton,
   Remplan;
Point de barbe au menton.

Ah! si je n'ai point de barbe, point de barbe au menton,
   Remplan;
Point de barbe au menton,

Ah! si je n'ai point de barbe, j'ai un cœur de lion,
   Remplan;
J'ai un cœur de lion.

Le capitaine l'engage, l'engage dans les dragons,
> Remplan ;
>> L'engage dans les dragons.

La petite Claudine retrouva son mignon,
> Remplan ;
>> Retrouva son mignon,

Son mignon qui la laisse dans un triste abandon,
> Remplan ;
>> Dans un triste abandon.

Elle lui chercha querelle et tua son mignon,
> Remplan ;
>> Et tua son mignon.

On la prend, on l'emmène jusques à la prison,
> Remplan ;
>> Jusques à la prison.

Elle se déclare fille pour avoir son pardon,
> Remplan ;
>> Pour avoir son pardon.

Une autre de ces Bradamantes se déguise en page pour délivrer son amant, enfermé dans une prison de Nantes. Elle prend ses habits, lui fait endosser son justaucorps et ses chausses et le fait évader en cet équipage. Le procès se poursuit; il ne s'agit de rien moins pour le patient supposé que d'être pendu haut et court sur la grande place du *Marché*.

> Quand la belle fille montait deux ou trois escalons :
> — Messieurs de la justice, auriez-vous la raison
> De faire mourir une fille habillée en garçon ?

Les juges se ravisent et lui font grâce ; alors éclate ce cri d'alouette gauloise, échappée du filet et persiflant, à plein gosier, l'oiseleur :

Dans la cour, une chanson la belle a commencée :
— Je me moque de ces juges, de ces bonnets carrés,
Et de ces robes noires ; j'ai mon amant sauvé !

Cet esprit moqueur de la vieille France circule et brille, dans toutes les chansons lorraines, comme un clair sourire. Quelle fable maligne et narquoise La Fontaine aurait faite de la *Maîtresse captive*, une fille de prince que son père enferme dans une tour, parce qu'elle ne veut pas renoncer à son amoureux. Au bout de la septième année, ce père féroce et stupide comme un roi de féerie, vient la visiter dans sa prison :

— Bonjour, ma fille, comment vous va ?
— Eh bien ! papa, ça va bien mal.
J'ai les pieds brisés dans les fers,
Et les côtés mangés des vers.

Cher papa, n'avez-vous pas
Quatre ou cinq sous à me donner ?
C'est pour donner à mon geôlier,
Pour qu'il desserre un peu mes pieds.

— Pour de l'argent, j'en ai beaucoup,
Et des écus plus de cent mille,
Et, par millions, je t'en donnerai
Si tu veux tes amours quitter.

— Non, jamais, tant que je vivrai
Mes amours je ne quitterai.
J'aime mieux rester dans la tour,
Mon père, que de changer d'amour.

Le père s'obstine ; sur quoi la belle fait la morte, et tombe à terre, les mains jointes et les pieds en pointe.

Apportez un cierge allumé ;
Voilà la belle trépassée.
Quatre-vingts prêtres, autant d'abbés
Sont venus la belle enterrer.

Le fils du roi, passant par là,
Crie tout haut : — Curés, arrêtez !
C'est ma mie que vous emportez ;
Ah ! laissez-moi la regarder.

. . . .
De son couteau, alors coupa
Trois coins du suaire, et regarda ;
Un ris d'amour elle lui jeta.

Quâtre ou cinq de ces jeunes abbés
Se mirent à dire, en riant :
— Nous sommes venus pour l'enterrer,
Et nous allons la marier !

N'est-ce pas une chose charmante que ce cercueil brisé comme une cage, que cette morte qui ressuscite, avec un frais éclat de rire, et se jette aux bras de son bien-aimé, dans son blanc linceul qui va lui servir de robe nuptiale?

Ces belles filles du pays de Metz n'aiment pas les

amants transis. On se souvient de la *Rose* des *Contemplations*, sortant du bois comme elle y est entrée, avec l'amoureux timide qui n'a su voir ni son bras blanc, tendu « pour prendre une mûre aux branches », ni son pied nu qu'elle a déchaussé pour le tremper dans l'eau pure.

> Je ne vis qu'elle était belle
> Qu'en sortant des grands bois sourds :
> « Soit ! N'y pensons plus ! » dit-elle.
> Depuis, j'y pense toujours.

Le grand poëte s'est rencontré, sans le savoir, dans cette fraîche idylle, avec une vieille chanson Messine, où la petite Marguerite se moque, comme Rose, en son jargon rustique, de la niaiserie d'un *Amant discret*.

> — Mon amant, conduisez-moi
> Jusqu'à la sortie du bois.
> Quand elle fut hors du bois,
> La belle se mit à rire.
>
> — Or, que riez-vous, Marguerite, ma mie ?
> — Oh ! je ris d'un serviteur qui a passé les bois,
> Tout seul, sa maîtresse auprès de lui,
> Sans jamais lui avoir rien dit.
>
> — Retournons au bois, Marguerite, ma mie.
> — Oh ! non, je n'y retournerai pas,
> Pour cent louis, ni cent ducats.

Ce qui nous touche, surtout, dans ces chants lorrails; c'est le patriotisme ardent qu'ils révèlent. Ils ont non-seulement la voix, mais l'accent français: Dès 1552, Metz, à peine réunie de fait à la France, et assiégée par Charles-Quint, dont elle repoussa victorieusement les attaques, chantait allégrement sa victoire :

>Quand les Allemands ont cognu
>Qu'ilz n'ont que rompu la muraille,
>Leurs munitions despendu,
>Et mangé toutes leurs vitailles ;
>Ils ont dit à monsieur d'Espagne :
>« Retirons-nous en nos païs
>Dedans les terres d'Allemagne,
>Afin qu'au printemps n'ayons pis. »

Puisse Paris pouvoir redire bientôt aux Allemands ce couplet vainqueur ! — Un ancêtre du roi Guillaume était au nombre des assiégeants. C'était le margrave Albert de Brandebourg, principicule infime, brigand blasonné, qui, quoique allié de Henri II, était venu traîtreusement conduire ses bandes pillardes à l'assaut de Metz. La chanson a un couplet infamant pour ce malandrin :

>Et toy, marquis de Brandebourg,
>Ailleurs te faut jouer ta chance.
>Retire-toy dedans un bourg ;
>D'entrer à Metz n'ayë fiancé.
>L'on ha bien cognu la meschance,
>La croix blanche avois chargée.
>C'est pour tromper le roy de France,
>Sans jamais l'avoir méritée.

L'antipathie de cette brave Lorraine contre l'Allemagne, sa voisine, éclate, du reste, en mille traits moqueurs dans les *Chansons du pays Messin*. Leurs jeunes filles rebutent cruellement les galants tudesques qui s'avisent de leur faire la cour. Ce ne sont pas elles qui leur verseraient leur petit vin blanc de Moselle. On dirait des abeilles chassant à coup d'aiguillon l'ours qui vient, en faisant le beau, fourrer sa grosse patte dans leur ruche :

> Nicolas, va-t-en au diable !
> Va-t-en, gros lourdaud d'Allemand !
> Tu n'es ni beau ni aimable.

C'est la riposte habituelle qu'elles font aux madrigaux germaniques. Le duo qui suit fait alterner plaisamment le clair babil d'une jolie Messine avec le baragouin de Suisse de Molière d'un bélître allemand :

> Ponchour, tonc, mon bedit' mam'selle,
> Fous qui avez de la beauté,
> Moi, fenir ezbrés de Bruxelles,
> Dans l'indention de fous haimer,
> Fous qui avez de l'amourette,
> Fous qui avez le cœur gondent.
> Et pien, moi, je serai bien aise
> De faire ta bedit' bonheur.
>
> — Monsieur, je n' sais ce que vous dites
> Dans votre joli baragouin,
> Monsieur, je n' sais ce que vous dites :
> Si vous parlez grec ou latin ;
> Si vous me parlez d'amourette

Dans votre joli compliment.
Mes amours ne sont pas faites
Pour un gros lourdaud d'Allemand.

— Mam'selle, vous hêtes bien méchante
D' ne pas haimer les Hallemands ;
Vous refousez ma dendresse,
Moi qui vous aim' si artament.
Quand je vois don choli bedit' pouche,
Don betit nez, ta bedit' menton,
Che foudrais hêtre une mouche,
Pour foler sur don joli front.

— Monsieur que voulez-vous y faire ?
Moi je n'aime pas les Allemands ;
Les Français savent mieux me plaire,
Et je les aime tendrement ;
Et j'en ai un qui a su me plaire,
Et je l'ai pris pour mon amant,
Et je l'aurai en mariage,
Et mon cœur en sera content.

Elle restera Française, la vaillante et noble Lorraine, si rebelle aux mésalliances étrangères. La France « sait mieux lui plaire » que cette lourde et brutale Allemagne qui, de tout temps, l'a si durement opprimée, et dont elle vient de subir la dernière et sanglante étreinte. Metz *la Pucelle*, violée par les Barbares, se relèvera de sa chute et renouera sa forte ceinture. Redevenue invincible et invulnérable, elle reprendra son poste d'honneur au seuil de la frontière refermée. Entre toutes les provinces françaises, la Lorraine est une terre sacrée. L'héroïne sortie de son sein planc, comme un ange, sur toute notre histoire. La patrie s'est incarnée, pour la première fois, chez elle, sous la figure d'une vierge martyre. Tant que battra le cœur de la France, le pays de Jeanne Darc ne pourrra lui être définitivement arraché.

15 janvier 1871.

XIII

L'ANNIVERSAIRE DE MOLIÈRE

PARIS GRAND-HOTEL

Le Théâtre-Français a fêté, le 15 janvier, par l'*Amphytrion* et le *Dépit amoureux* l'anniversaire de Molière. Dans la crise sanglante que nous traversons, les bénéfices patriotiques exceptés, nous n'approuvons guère les représentations théâtrales. L'art doit faire relâche quand la patrie lutte et souffre; l'éclat de rire de la comédie, surtout, doit se taire devant les tragiques spectacles d'une ville assiégée. Mais, en ces jours même d'angoisse et de deuil, nous trouvons opportun et de bon exemple que le Théâtre-Français ait célébré la fête de Molière, comme il avait fêté, il y a quelques semaines, l'anniversaire de Racine. Au moment où la France est attaquée dans son existence, il importe de la glorifier et de l'affirmer en honorant les grands hommes qui sont ses représentants immortels. Et quel type plus éclatant de l'esprit français que ce mâle et puissant génie, fait de clarté et de franchise, d'observation profonde et d'hilarité bienfaisante, au regard perçant et au large rire, l'honneur et la joie de l'humanité?

Goëthe à part, qui ne connut jamais la haine de la France, les critiques allemands modernes ont presque toujours traité Molière avec une insolence plus grotesque encore qu'elle n'est révoltante. Peut-être lui ont-ils gardé rancune du trait de Caritidès dans les *Fâcheux*, suppliant le roi de lui octroyer, « pour le
» bien de son État et la gloire de son empire, une
» charge de contrôleur, intendant, correcteur, réviseur et restaurateur des enseignes des maisons,
» boutiques, cabarets, jeux de boule et autres lieux de
» sa bonne ville de Paris », par l'incorrection desquelles « la nation française se décrie et déshonore
» envers les étrangers et notamment *envers les Allemands*, curieux lecteurs et inspectateurs desdites
» inscriptions. » Peut-être aussi ont-ils reconnu un adversaire naturel dans ce grand ennemi de l'hypocrisie et du pédantisme. Quels Pancraces et quels Marphurius poussés au noir, mais non moins comiques, Molière, s'il avait vécu de notre temps, aurait fait des psychologues du bombardement! Quels types de tartuferie politique la Prusse lui aurait fournis pour cette comédie de l'*Ambitieux*, qu'il méditait dans ses derniers jours et que la mort l'empêcha d'écrire!

Quoi qu'il en soit, Molière n'est « qu'un bouffon et

» un plat farceur, » s'il faut en croire les docteurs de l'esthétique germanique, et surtout M. Auguste-Guillaume Schlegel, le sigisbé platonique et le maître des cérémonies de madame de Staël. Ce critique éthéré et quintessencié, poussait si loin le spiritualisme, qu'au matin de la première nuit de ses noces, sa femme s'enfuit à sa maison, ne voulant pas être mariée d'une façon purement symbolique, et plaida matériellement en séparation. Bien des années après, Henri Heine le rencontra à Paris aux piliers des halles, près de la maison qu'habita Molière, à l'état de petit vieillard requinqué, coiffé d'une perruque blonde, et trottinant sur ses minces jambes spiritualistes qui portaient un ventre prépondérant. — « En ce moment,
» dit-il, il me sembla voir le défunt Poquelin à sa
» fenêtre me jetant un sourire, en désignant du doigt
» cette joviale et mélancolique apparition. Son côté
» ridicule m'apparut alors dans un vif éclat ; je com-
» pris toute la profondeur et la portée de la bouffon-
» nerie qui s'y trouvait imprimée, et j'aperçus, dans
» tout son jour, le caractère de comédie de ce person-
» nage qui, malheureusement, n'a pas trouvé de grand
» comique pour le mettre sur la scène. Molière seul
» eût été l'homme capable de transporter une pareille
» figure sur le Théâtre-Français ; lui seul avait le talent
» nécessaire pour une telle entreprise. C'est ce que
» soupçonna de bonne heure M. A. Schlegel, et il prit
» Molière en aversion, comme Napoléon prit en aver-
» sion Tacite. M. Schlegel, le fin critique, avait, dès

» longtemps, pressenti qu'il n'eût pas échappé à Mo-
» lière, ce grand comique, s'il eût encore vécu. Napo-
» léon, le César français, disait de Tacite qu'il avait
» calomnié les empereurs romains; M. Schlegel, l'Osi-
» ris allemand, dit de Molière qu'il n'était pas un
» poëte, mais simplement un bouffon. »

Plus que jamais aujourd'hui nous devons avoir la religion de nos gloires et le culte de nos génies. Quand viendra l'heure de la délivrance, quelle joie ce sera de nous retremper aux sources françaises, de rallumer nos feux sacrés sur le foyer national, de vivre entre nous, dans le passé comme dans le présent! Entre autres grands enseignements, cette guerre nous aura appris à nous replier sur nous-mêmes, à recouvrer notre vie propre, à rejeter comme des trahisons ou des mésalliances les intimités étrangères. — « Mes frères, disait Voltaire aux philosophes,
» aimez-vous les uns les autres; car si vous ne vous
» aimez pas, qui diable vous aimera? » — La France pourrait en dire autant à ses fils. Aimons-nous les uns les autres; car, en Europe, ceux qui ne nous haïssent pas nous jalousent; les peuples qui n'ont pas applaudi à nos revers, en ont souri tout au moins. Cette inimitié trop visible est née au sein de l'hospitalité excessive que Paris prodiguait au monde. Que de haines envieuses et secrètes ont excitées le spectacle de son luxe, de ses richesses, de sa vie facile et brillante! Sa splendeur offusquait ses hôtes en les éblouissant. Imaginez des Vandales venus à Rome par un

train de plaisir, et méditant d'y retourner par un train de guerre, la torche à la main.

Paris sait maintenant ce qu'il lui en coûte d'avoir été si longtemps l'hôtel garni des deux mondes. Il peut compter les serpents qu'il a réchauffés dans son sein. Pendant quinze ans, il a tenu portes et table ouvertes aux immigrations étrangères; il logeait leurs vices à la nuit; on entrait chez lui comme à la taverne. Des usuriers décrassés, des négriers parvenus étaient devenus les arbitres de ses élégances. Feuilletez les comptes rendus de bals et de fêtes, dans les journaux de *Sport* et de *High life* qui florissaient encore l'hiver dernier; on croirait parcourir une serre de plantes exotiques. Ce ne sont que vocables étranges, titres d'outre-mer, appellations barbaresques. A peine un nom français vous rappelle-t-il, çà et là, que ces noces et festins se donnaient chez nous. Paris n'était plus une capitale française et patriotique, c'était Cosmopolis, la cité banale, la foire aux plaisirs, le camp volant du parisitisme, la ville de joie où rois et mylords, princes et boyards, venaient faire leur carnaval, comme dans la Venise du dix-huitième siècle, et dont ils se moquaient après s'y être amusés. Paris ne s'enrichissait même pas véritablement à ce jeu de dupes. En effaçant ses mœurs, en défigurant son originalité et son caractère, cette intrusion permanente troublait profondément toutes ses existences. Paris, acceptant la promiscuité de l'auberge, subissait les prix d'auberge qu'il imposait à ses hôtes. Il payait en gênes secrètes son luxe factice. La vie parisienne ressemblait à ces féeries du boulevard, dont la dépense finissait toujours par dévorer la recette, et où la faillite était à deux pas de l'apothéose.

Envahi par les autres peuples, Paris avait été conquis par l'Allemagne : le Rhin s'était jeté dans la Seine et la faisait déborder. L'Allemagne exploitait sa Bourse, encombrait son commerce, usurpait ses affaires et ses industries. Du bottier au banquier, la coupe était réglée et l'accaparement méthodique. On parlait autrefois de la candeur allemande ; quel nom donner à la naïveté parisienne se laissant ainsi germaniser à outrance ? Car l'engouement se mêlait à la duperie dans cette hospitalité bénévole. Nos savants tiraient leurs bonnets devant la majesté gourmée de la science allemande. Nos Académies auraient volontiers mis en scène la cérémonie du *Malade Imaginaire*, quand un docteur de Gœttingue ou d'Heidelberg daignait prendre rang de membre honoraire dans leur *docto corpore*. On se souvient du fracas d'enthousiasme et d'admiration que fit ici, il y a quelques années, l'illustre M. Mommsen, célèbre pour avoir découvert, cent ans après Fréret et Beaufort, que les rois de Rome n'avaient peut-être jamais existé. Il n'était pas de petit cuistre tudesque, recommandé par un grand-duc de Gymnase, qui n'emportât d'emblée une belle place dans nos bibliothèques ou dans nos musées, en passant sur le corps d'un savant français. La musique allemande, élevée à l'état de religion et de sacerdoce, officiait en *ut majeur* sur tous nos théâtres lyriques. L'Opéra, inaccessible à nos compositeurs, s'ouvrait, à deux battants, au *Tannhauser*, de Richard Wagner. Cette fois, la mystification passait la mesure : un charivari de sifflets emporta cette cacophonie suraiguë. Mais la secte était fondée : ce sabbat fit des initiés ; ce vacarme eut ses corybantes. Après la canonnade du *Tannhauser* nous étions menacés, cet hiver, du bombardement des *Maitres Chanteurs* et de *Lohengrin*.

— Le germanisme s'infiltrait jusque dans nos mœurs et dans notre hygiène. La bière bavaroise écumait sur les vins de France et nous inoculait sa pesante ivresse. L'aigre houblon étouffait le pampre coloré des feux du soleil. La brasserie qui rumine remplaçait, dans nos rues et dans nos faubourgs, le café qui cause et le cabaret qui chante. La lourde choppe brisait, en trinquant, le verre léger et sonore où l'esprit français pétillait.

Cependant ces hôtes si choyés accomplissaient leur « mission » : ils creusaient des sapes et des mines sous Paris qui les hébergeait. Une légende musulmane raconte que, lorsque la peste menace une ville, on voit un ange noir parcourir ses rues et ses bazars, et marquer, du bout de sa lance, la porte des habitants désignés aux coups du fléau. On aurait pu voir aussi, avant l'invasion, l'ange blond de l'Allemagne parcourir nos rues et nos boulevards. Qui se serait défié de ce visiteur ingénu ? Une casquette d'étudiant, couronnée de fleurs printanières, ceignait son front candide. Des lunettes d'or voilaient ses yeux bleus comme le ciel et affaiblis par l'étude. A sa bouche pendait une longue pipe de porcelaine peinte, et la fumée qui s'en exhalait montait vers l'azur, solennelle et douce comme un parfum d'encensoir. En surveillant de près pourtant cet être angélique, on l'aurait vu, de temps en temps, tirer un calepin de dessous ses ailes, prendre des notes, inscrire des adresses, tracer des angles suspects et des carrés équivoques, lorsque son essor aérien le portait vers nos forts ou sur nos remparts. Hélas ! l'ange était un espion militaire du dieu des armées prussiennes. Il était descendu chez nous des voûtes de la caserne de M. de Moltke, et il correspondait avec son patron. Aujourd'hui, nous savons si ses renseignements étaient sûrs. La colonie allemande de Paris a rallié l'armée de la Prusse et réglé ses coups. Le banquier, qui vivait « familionnairement » avec nous, fait les fonds de notre extermination et de nos ruines; l'étudiant ajuste un canon Krupp contre l'École sur les bancs de laquelle il venait studieusement s'asseoir; le docteur pointe un mortier-monstre sur le Musée scientifique dont il fouillait les collections et compulsait les archives. Tannhauser, s'il était là, tâcherait d'écraser sous les bombes l'Opéra où sa musique a été sifflée.

Cette terrible leçon ne sera point perdue : l'ère de notre délivrance marquera celle d'une renaissance.

Nous voilà guéris pour jamais des songes humanitaires que réveillent en sursaut l'éclat des obus; des agapes de peuples où l'on s'entretue au dessert; des foires internationales où les canons qu'on a décorés reviennent, trois ans après, battre vos remparts, et vous renvoient, fondue dans leur premier boulet, la médaille qu'on avait stupidement jetée dans leur gueule de bronze. Nous savons maintenant que la fraternité des races aboutit au coup de massue de Caïn; qu'une capitale risque de crouler quand elle se fait toute à tous, et qu'elle souffre chez elle l'anarchie des langues qui perdit Babel. Sortant meurtrie, mais régénérée, de cette guerre, que la France se renferme dans son génie comme dans un camp retranché. Gardons-nous de croire que nous pourrions lutter contre la Prusse, d'égal à égal, en nous mettant à son école et en contrefaisant sa nature. La pédagogie germanique serait pour la France un apprentissage de vassalité et de servitude. Entre l'Allemagne et nous qu'il n'y ait plus rien de commun que les armes. Empruntons lui sa discipline, sans sa pédanterie militaire; son système de peuple armé, dont elle a fait une machine destructive, et dont nous ferons une fraternité héroïque; son artillerie redoutable, dont la valeur française décuplera la force brutale par son élan et par sa souplesse. Apprenons encore sa langue obscure et inextricable, derrière laquelle, sachant notre ignorance, elle cachait ses plans de haine et ses projets de ravage, comme elle embusque ses hordes dans le fond des bois. Mais en dehors de ces emprunts défensifs, traçons entre ses peuples et le nôtre une frontière inviolable. Restons Français par l'esprit, par les idées, par les mœurs, comme nous le sommes par le cœur.

C'est en embrassant la terre natale, en nous pénétrant de sa séve, que nous pourrons recouvrer nos forces et abattre le géant barbare qui nous a vaincus.

23 janvier 1871.

XIV

HENRI REGNAULT

En ces jours même, où la patrie déchirée n'a plus le temps de pleurer ses fils, où les pertes isolées passent inaperçues au milieu de la catastrophe générale, la fin tragique de Henri Regnault tué dans la dernière bataille de Paris, a ému et attendri tous les cœurs. Chacun a senti qu'une flamme venait de s'éteindre, que quelque chose de précieux et d'irréparable venait d'être à jamais brisé. Une si belle jeunesse, un talent si précoce et si éclatant, la renommée d'un maître conquise avant l'âge, un avenir rayonnant et plein de promesses, le bonheur qui l'attendait, au seuil du mariage, sous la figure d'une jeune fille accomplie... une balle stupide a détruit, en un instant, tout cela. Elle a frappé ce front plein de lumières et de rêves, marqué du signe des élus de l'art. Une fatalité si cruelle donne l'idée d'un crime commis par la Mort. Lorsqu'il immole de pareilles victimes, le meurtre inconscient de la guerre fait l'effet d'un assassinat.

Fils d'un savant célèbre, membre de l'Institut et

directeur de la manufacture de Sèvres, Henri Regnault, en sortant du collége, entrait dans l'atelier. La peinture était en lui à l'état d'instinct et de don natif : jamais vocation ne fut plus ardente et plus spontanée. Admis au concours de l'école des Beaux-Arts, il remporta le prix de Rome en 1866. Deux ans plus tard, il débutait, au Salon de 1868, par un portrait de femme que je vois encore. — La dame, vêtue d'une robe rouge, se détache, debout, sur un rideau écarlate, et caresse, du revers de la main, le cou tendu d'un grand levrier. Cette fanfare de couleur donne à la figure quelque chose de hardi et de triomphal. Les bras nus sont d'un jet superbe et d'un ton vivant. Le peintre de tempérament et de race se révélait déjà dans ce beau portrait, dont la grâce toute moderne est rehaussée d'une nuance de grandeur.

Quelques mois après, le jeune Regnault envoyait à l'exposition annuelle de l'école des Beaux-Arts un autre tableau d'un caractère plus accusé et plus saisissant. Les amateurs furent vivement frappés par cette fière peinture, qui dépassait singulièrement le niveau des envois de Rome. On retint le nom du jeune peintre, et l'attention fut désormais assurée à tous ses ouvrages. Le sujet choisi par l'artiste était *Automédon*, le conducteur des coursiers d'Achille. Un élève ordinaire aurait traduit en poncif académique ce thème homérique; Henri Regnault en fit une forte et violente étude, mélangée de réalité et de style.

Son *Automédon* est représenté par un homme nu,

debout entre deux chevaux qui se cabrent sous ses poings passés dans leurs brides. Ce sont bien là, en effet, les coursiers d'Achille, tels que l'imagination les conçoit; plus grands que nature, glorieux et furieux, soufflant l'écume et la flamme. L'exagération de leurs crinières soulevées les grandit encore. Ils secouent, comme de monstrueux panaches, ces rudes chevelures qui s'épanchent à flots jusque sur leurs yeux. Homère, décrivant l'attelage du fils de Pélée, indiquait, du reste, à l'artiste ce signalement caractéristique : — « Leurs crinières, dit-il, flottant autour du timon, » tombaient jusqu'à terre. » Le cheval des frises du Parthénon, au poil court, à l'encolure droite, à l'amble correct, aurait été ici déplacé. On ne se représente les chevaux d'Achille qu'emportés dans le tourbillon des mêlées, et participant à la rage guerrière de leur maître. L'*Automédon* est fièrement campé; son torse ressort en puissant relief sur le cheval bai-brun qui se regimbe à sa gauche. Il adresse sans doute « des paroles ailées », comme dit le poëte, à l'animal qui peut le comprendre. Car Xanthos, dans l'*Iliade*, est doué de la parole, et parle en pur grec au héros lorsqu'il va venger la mort de Patrocle : — « Certes, nous » te sauverons encore aujourd'hui, très-brave Achille ; » cependant, ton dernier jour approche. Ne nous en » accuse point ; mais le grand Zeus et la Parque puis- » sante... Quand notre course serait telle que le » souffle de Zéphiros, le plus rapide des vents, tu n'en » tomberais pas moins sous les coups d'un dieu ou

» d'un homme. » — Hélas ! lui aussi, le jeune et fougueux artiste, ses jours étaient comptés lorsqu'il peignait cette toile héroïque ; et il devait tomber, dans une mêlée sanglante, sous les remparts d'une ville assiégée.

Ce beau début rappelait les premiers essais d'Eugène Delacroix. A un degré inégal, c'était la même imagination de dessin, la même couleur remuante et vivante, le même mélange d'ardeur et d'aplomb dans le maniement du pinceau. On y remarquait sans doute quelques incorrections de détail, mais ces fautes même n'étaient que les écarts de la force en verve. Un maître futur perçait, avec éclat, sous cette étude d'écolier.

Une des meilleures innovations de la réforme, qui reconstitua il y a quelque temps l'école des Beaux-Arts, est celle qui réduit de cinq à deux années le séjour obligatoire, à Rome, des élèves qui ont remporté le grand prix, et qui leur permet de consacrer les deux autres années, selon leur goût et leur convenance, à des voyages instructifs. Cette mesure, nous l'espérons, ne sera point rapportée, car elle est une véritable émancipation. Réduire le temps inutile passé dans l'école, c'est hâter la majorité du talent. Il semble que rien ne soit plus facile à un jeune homme bien doué que de produire de belles œuvres, dans un palais rempli de marbres et d'ombrages, et posé sur le sommet du Monte Pincio, comme l'observatoire de la ville éternelle. Il vit sous un beau ciel, au milieu d'une race admirable, libre des soucis du pain quotidien. Rome offre à son étude les plus hautes ruines de l'histoire, les plus grandes peintures de la Renaissance, l'élite des statues antiques. Cependant il est assez rare qu'une œuvre éclatante nous arrive de l'école de Rome. Trop souvent les talents en fleur s'y dessèchent, comme sous l'atteinte d'une *malaria* spirituelle. A quoi tient cette funeste influence? Au génie même du lieu, à l'imposante oppression des maîtres, à la servilité qu'ils inspirent lorsqu'on les contemple trop longtemps et de trop près dans leur gloire, à ce style général et universel des chefs-d'œuvre de l'école romaine, qu'on ne saurait guère imiter sans l'affaiblir, et qui, du sublime, tombe si vite, sous la main des copistes, dans la redite et dans le poncif. Rome est un clocher plus élevé que les autres, mais c'est un clocher. Cinq années passées à son ombre risquent de rouiller le talent le plus énergique. Les artistes cloîtrés dans leur villa, vivant entre eux, enorgueillis de leur laurier scolastique, dédaigneux des idées nouvelles, ressassant les formules de l'école, entre des copies et des plâtres, sont comme retranchés du monde des vivants de l'art. Ils perdent de vue leur temps et leur pays ; ils deviennent bientôt des cénobites du Monte Pincio. Lorsque, après ce long exil, ils reviennent en France, si leur talent n'est pas très-souple et très-fort, ils ne peuvent plus reprendre le courant qui a marché pendant leur absence. Les palmes de leur lauréat ne produisent que des fleurs fanées. Ils se trouvent dépaysés au milieu d'un mouvement qu'ils repoussent et qu'ils méconnaissent.

Vous diriez des moines défroqués rentrant dans le monde. En abrégeant le séjour à Rome des pensionnaires qui n'y trouvaient pas le milieu propre au développement de leur vocation, on leur rendit donc un très-grand service. S'il est bon de doubler sa rhétorique, il est mauvais de la quintupler.

Henri Regnault profita vite des vacances ouvertes par ce nouveau règlement. Ce n'était point un contemplatif : il avait l'humeur voyageuse et le goût de l'étrangeté. Rome pesait comme un cloître à son talent indompté. Ses tendances toutes pittoresques le portaient à préférer le caractère au grand style, et l'imitation énergique de la réalité à la recherche de l'idéal. Il alla droit en Espagne où il tomba en pleine révolution madrilène. Ce fut de là qu'il envoya au Salon de 1869 la toile qui restera son chef-d'œuvre, le *Portrait équestre du Maréchal Prim*, ce capitan de théâtre, paladin de *pronunciamientos* et d'échauffourées ; un des auteurs de la guerre maudite qui nous a perdus. La France gardera, comme une rancune implacable, la mémoire de cet aventurier malfaisant. — Henri Regnault l'a peint au vif, dans l'infatuation de sa fortune insolente. Prim passe, dans son tableau, devant le défilé de l'insurrection victorieuse, tête nue, les cheveux au vent, serrant les brides de son cheval noir, qui s'arrête droit en rongeant son frein, les jambes de devant brusquement roidies. Sa physionomie fébrile et nerveuse est bien celle d'un héros précaire, doutant de sa victoire, inquiet du lendemain qui suivra ce jour de bruyant triomphe, ne sachant s'il conduit l'émeute qui le pousse ou s'il est entraîné par elle. Il s'enlève, de toute sa hauteur, sur un fond de foule qui est l'Espagne même : silhouettes de toreros, faces de trabucaires, têtes fanatiques ou féroces nouées de mouchoirs aux vives bigarrures, gamins braillards, officiers hautains. Ce pêle-mêle étourdissant d'armée et de peuple, d'uniformes et de guenilles, est brossé, sur un ciel d'orage, avec une vigueur d'accent, une chaleur de ton, une enluminure harmonieuse qui rappellent les plus grouillantes populaces que Goya ait peintes. Le cheval, grandement construit, semble gagné par cette fièvre humaine ; ses naseaux l'aspirent, sa crinière se dresse, il mâche un mors imprégné d'écume. — Ce qui frappe dans ce fier tableau, ce n'est pas tant la fougue entraînante de l'exécution que l'émotion qu'il respire. On sent que l'artiste a été saisi par le spectacle héroï-comique qu'il a vu passer sous ses yeux, et qu'il l'a jeté sur la toile, dans le premier feu de son impression.

Avec ce grand tableau, Henri Regnault exposait à ce même salon, dans un petit cadre, le *Portrait de la marquise de B...* une jeune femme en robe rose et en mantille noire, brodée, en quelque sorte, comme une fleur humaine, sur l'étoffe d'une tapisserie de boudoir. Rien de plus gai et de plus galant que cette toilette qui est un bouquet dans ce boudoir qui est un écrin. Il y a du parfum dans l'harmonie de leurs tons veloutés et tendres, si heureusement assortis.

De l'Espagne à l'Afrique il n'y a qu'un détroit; Henri Regnault le franchit bien vite. L'Orient l'attirait par ses mœurs tranchées, par ses types étranges, par les spectacles excentriques de la vie barbare. Il y aurait, s'il avait vécu, naturalisé son talent. Débarqué à Tanger, il y planta d'abord son atelier comme une tente; puis l'enchantement le prit, il acheta un terrain et s'y fit construire une habitation. L'Afrique produisit sur lui le même effet que sur Eugène Delacroix. Son talent fut frappé d'une sorte d'insolation pittoresque. C'est avec un éblouissement qui tient de l'ivresse, qu'il la fit revivre et miroiter sur ses toiles. L'idée et l'expression sont absentes de ses tableaux orientaux; il ne faut leur demander que des fêtes de couleur, des prismes de palette, une féerie des yeux. Plus tard, sans doute, le jeune artiste eût interprété par la réflexion et le sentiment, le monde étrange dont il se contentait de refléter, à première vue, les violents spectacles. — Dans la *Judith* qu'il exposa à l'École des Beaux-Arts, en 1867, Henri Regnault s'est évidemment amusé du sujet terrible qu'il avait à rendre. Il n'y a vu qu'un prétexte à faire scintiller des bijoux, reluire des étoffes, et contraster des carnations de couleurs diverses. De la tente tragique d'Holopherne, il a fait quelque chose de gai, de bizarre et de bigarré comme d'un bazar turc. — De même la *Salomé* qui remporta un si grand succès au dernier Salon, n'a de biblique que le nom. Cette belle fille au rire lascif, aux yeux fous, qui, assise

sur un coffret de nacre, tient, entre ses genoux, dans
un bassin de cuivre, le manche d'un yatagan ciselé,
n'est qu'une almée moresque rapportée de quelque
harem africain. Elle se détache en clair, sur un immense rideau jaune, comme sur une toile d'apothéose.
Tout est caprice, vision, prestige, fantaisie, dans cette
figure sensuelle et sauvage. Ses chairs diaphanes ne
sont pas celles de son type barbaresque, ni des cheveux noirs entassés sur son front étroit. On dirait
une gitana déguisée sous une peau d'Anglaise. Mais,
si l'intelligence discute cette peinture d'effet à outrance, les yeux sont ravis et comme fascinés. Quelle
fleur de ton! que de fins passages dans ces carnations
transparentes! La ceinture violette qui serre la danseuse, le cimeterre dont sa main étreint la poignée, le
bracelet qui enroule à son bras ses nœuds de serpent,
sont des bijoux de couleur. On entend craquer et
bruire la jupe de gaze rayée d'or qui voile ses jambes
nues. Et quelle adresse merveilleuse dans l'accord de
ces tons clairs, à peine rompus par d'imperceptibles
demi-teintes, que domine, d'un hardi contraste, le
noir opaque de la chevelure! — On se souvient du
succès : ce fut un vrai *charme*. Cette Salomé fantastique ensorcela tout Paris.

Le dernier tableau exposé par Henri Regnault, à
l'École des Beaux-Arts au mois d'août dernier, *Une
Exécution sous les rois de Grenade*, est d'une inspiration moins heureuse. Il représente un bourreau
more qui, après avoir tranché, dans un vestibule d'Al-

hambra, la tête d'un condamné roulant à ses pieds, essuie tranquillement son cimeterre au pan de sa robe. Ici, comme dans la *Judith*, les variations étourdissantes du pinceau couvrent le thème du sujet, la mise en scène absorbe le drame, l'idée disparaît étouffée sous le luxe bruyant de l'exécution.

Chose étrange ; malgré la splendeur dont il les recouvre, les tableaux de Henri Regnault représentent, presque tous, des sujets de meurtre. Cette prédilection singulière était-elle un pressentiment? Quoi qu'il en soit, son imagination d'artiste apparaît tout ensanglantée. Bien plus, dans son dernier tableau, il s'était complu, par un sinistre caprice, à étaler au bas de la toile, une large tache de sang peinte en trompe-l'œil, de manière à produire une effrayante illusion. — Hélas! ce flot de sang rejaillit maintenant sur son œuvre entière, et la marque comme d'une tragique signature.

Il est mort à vingt-sept ans, aux rayons de cette gloire naissante que Vauvenargues dit « plus douce que les premiers feux de l'aurore », mort en soldat intrépide, pour son pays, auquel, exempt par la loi, il a volontairement dévoué sa jeunesse. La France, reconnaissante, illustrera sa mémoire. A la renommée du jeune maître, elle ajoutera une consécration héroïque. Le martyre achèvera ce que son talent avait commencé.

29 janvier 1871.

XV

LA PATRIE TOUJOURS EN DANGER

Ils sont partis, après un dernier affront; mais l'outrage s'est retourné contre l'insulteur. Leur triomphe honteux a piétiné dans le vide. En entrant dans Paris, ils voulaient se donner la joie de fouler du pied le cœur palpitant de la France, et ce cœur a cessé de battre. La ville de la vie s'est faite cité morte. Comme les statues de la place qu'ils envahissaient, elle s'est masquée d'un crêpe noir. Sur leur passage, les fenêtres étaient aveugles et les portes sourdes; les maisons leur disaient : « Va-t'en ! » Pour toute acclamation, ils ont eu les huées de Gavroche. Une troupe de gamins harcelaient de leurs cris cette armée superbe. Ils croyaient défiler au milieu d'un peuple humilié, ils n'ont trouvé qu'un essaim de moustiques moqueurs dans le désert qu'ils ont traversé.

Paris, en s'abstenant, a évité leur triomphe; il n'en a pas moins ressenti l'injure; nous regretterions qu'elle nous eût été épargnée. Il fallait cette suprême offense pour enfoncer, d'un dernier coup, la haine dans nos cœurs, cette haine qui va devenir le ressort et l'idée fixe de notre vie nationale. Nous avons senti la meurtrissure des Fourches-Caudines ; elle ne cessera pas de saigner ; ses relancements nous tiendront lieu d'aiguillon. Quand le calice nous est tendu par la main brutale de l'ennemi, mieux vaut le boire jusqu'au fond, pour garder le ressentiment avec l'arrière-goût de son fiel.

Qu'ils rentrent triomphants en Allemagne, chargés de leur butin sanglant, lourds des dépouilles opimes de la France. Que ce vieux roi qui a fait un gouffre de sa tombe ouverte, et l'a comblée de cadavres, aille raconter ses victoires à son Augusta, devenue légendaire comme la femme de l'Ogre des contes. Qu'il lui redise son Massacre des Innocents de Paris, et les exploits de ses trois alliés apocalyptiques : le froid, la peste et la famine. Que le vieux de Moltke, cet algébriste du meurtre, vierge, dit-on, comme la mort, eunuque comme Narsès, aille refaire dans son laboratoire homicide, le plan d'un nouvel échiquier de carnage. Que Bismark, cet homme d'État satanique, retourne à ses sombres trames. Nos malédictions qui les suivent, les poursuivront dans l'histoire.

Ils nous laissent sous le poids d'une paix funèbre, aussi pesante qu'une pierre de sépulcre, qui étouffera la France, si elle ne la soulève, par des miracles de courage et de volonté. Amputée d'un de ses plus nobles membres, ruinée jusqu'à la détresse, saignée jusqu'au cœur, c'est en chancelant que la

France doit se redresser, pour se refaire par le travail, en se préparant à une nouvelle guerre. Car cette paix n'est pas de celles qui font rentrer les glaives dans le fourreau, les hostilités dans l'oubli. Sous peine de mort à courte échéance, de récidive d'invasion, de dépècement après le démembrement, il faut que la France, sans perdre un seul jour, rassemble et suscite toutes ses forces vives, qu'elle se recouvre, des Vosges jusqu'aux Alpes, d'un armement formidable. Toute saignante qu'elle est du dépouillement de cette paix féroce, il faut que, pour premier pansement, elle applique du fer sur ses plaies.

Qu'elle sache bien que la Prusse ne la croit pas quitte, que cette première curée n'a fait qu'allécher sa haine, et que, si sa victime reste à terre, ne se redresse pas d'un élan terrible, elle reviendra bientôt dévorer la proie qu'elle a mutilée. Un phénomène qu'on aurait pu croire impossible, se produit dans la pleine lumière du dix-neuvième siècle : la réapparition du Barbare, du Hun et du Suève, du Vandale et du Hérule des invasions du quatrième siècle. Il revient cent fois plus fort et plus redoutable, ayant retrempé ses armes dans la science, ses hordes dans la discipline, muni d'une tactique exacte et précise comme un mécanisme, mais animé de la même rage destructive qui possédait ses ancêtres. Relisez le portrait d'Attila, dans la chronique du Goth Jornandès :
« Il était franc ou dissimulé, juste ou injuste, tempé-
« rant ou dissolu, humain et cruel, selon ses intérêts ;

« hardi sans être téméraire, profond dans le conseil,
« prompt dans l'exécution, infatigable, sans scrupule :
« enfin il était né pour effrayer la terre et ébranler
« les empires. » — Cette effrayante image ne s'adapte-
t-elle pas, trait pour trait, à la Prusse moderne, personnifiée par ses chefs, à ce mélange de férocité et de
ruse, d'acharnement et de perfidie qui caractérise leur
génie. Car le Barbare reste immuable au fond, à travers les métamorphoses de ses progrès et de sa croissance. L'intelligence se transforme en lui, l'instinct ne
change pas ; il repasse par les voies où il a passé.

Or, que faisaient, il y a quinze siècles, les Barbares
envahissant Rome ou Byzance ? Après une première
victoire, un premier pillage, ils imposaient, le fer
sur la gorge, un traité mortel au César tremblant et
débile qu'ils avaient vaincu : cinq ou six mille livres
pesant d'or, comme indemnité de leurs frais de guerre ;
un tribut annuel qui constatait son servage ; plus,
quelques provinces frontières pour installer leur nation. Cela durait deux ou trois ans. Puis, sous un
prétexte quelconque : échéance en retard, tribut dif-
féré, terrain contesté, le roi Hun ou Vandale rentrait,
à marches forcées, dans l'empire, reprenait ses ravages et exigeait une rançon nouvelle. L'histoire de
la chute du monde romain est faite de ces extorsions
successives. Les « querelles d'Allemands » étaient
inventées déjà du temps d'Alaric. Les exigences des
Barbares croissaient toujours avec leurs victoires.
Rome et Constantinople s'épuisaient en vain à sa-

tisfaire les caprices de ces monstrueux enfants gâtés de la force. Ils leur demandaient l'impossible, l'épée sur le cœur, et l'impossible leur était, tant bien que mal, accordé. — Un jour, Attila somma l'empereur Théodose de lui livrer une riche héritière, que convoitait un de ses soldats. La jeune fille, épouvantée, prit la fuite, et Théodose, sous peine d'invasion, fut contraint de la remplacer. — Une autre fois, il réclama à Valentinien des calices sauvés par un évêque du pillage de Sirmium. L'empereur répondit qu'il ne pouvait, sans sacrilége, lui livrer ces vases consacrés; il offrit de lui payer deux fois leur valeur. — « Mes « vases ou la guerre », ce fut la réponse d'Attila.

Ainsi fera la Prusse si, derrière la frontière dérisoire qu'elle nous a tracée, elle ne trouve pas le rempart vivant d'un grand peuple en armes, cimenté par une discipline égale à la sienne. Les provinces qu'elle nous arrache, les trésors qu'elle nous extorque, n'auront fait qu'ouvrir son appétit absorbant. Si la crainte ne la contient pas, elle reviendra bientôt, au premier litige qui sortira de ce traité hérissé d'embûches, nous réclamer d'autres milliards et de nouveaux territoires. Gardons-nous de croire ses convoitises satisfaites. Par sa conception chimérique, le pangermanisme, qui s'incarne en elle, est un monstre : or les monstres sont insatiables ; la moitié de l'Europe n'assouvirait pas celui-ci.

Mais, pour la France même, le programme de la Prusse n'est qu'à moitié rempli. Dans sa pensée secrête, il comprend la Lorraine entière, l'ancien pays des Trois-Évêchés, la Franche-Comté et la Flandre. Ce programme est une charte carlovingienne : le traité de Verdun, entre les fils de Louis-le-Débonnaire, est le diplôme de l'ambition germanique. Ce parchemin gothique reste pour elle lettre vive et titre valable. Depuis cinquante ans, les professeurs de Berlin forgent à l'usage de la Prusse un droit aussi meurtrier que ses canons Krupp. Droit fabuleux, tissu de fourberies archaïques et de violences pédantesques, d'après lequel appartient à l'Allemagne tout pays possédé par elle à un jour quelconque de l'histoire, toute contrée qui parle encore un dialecte ou un patois germanique. L'Allemagne élève ses générations à l'école de ce fatalisme tudesque. Cette caserne intellectuelle est l'annexe de ses casernes guerrières : ici l'on enseigne la théorie des invasions, et là leur pratique. A ses moments de franchise, elle soulève le masque de cette science frauduleuse et elle l'appelle de son vrai nom : « culte de la Force », *Faust-frecht*. Quoi qu'il en soit, les revendications du pangermanisme sont irrévocables ; il peut les ajourner, jamais il n'y renonce. Ce peuple de proie a trois estomacs pour ruminer ses haines et remâcher ses rancunes. L'Allemagne apprend beaucoup et elle n'oublie rien ; elle ne quitte pas des yeux la carte idéale de l'empire qu'elle rêve. Tôt ou tard elle se réserve de réaliser, en les creusant par le fer, les accroissements fantastiques que lui trace la plume de ses géogra-

phes. Souvenons-nous de sa colère en 1815, quand l'Europe refusa d'enlever à la France l'Alsace et la Lorraine ; son dépit éclatait en cris furibonds : « Pourquoi », disaient alors les publicistes à ses gages, « n'avoir pas gardé le renard, quand on le » tenait dans ses filets ? » Un des énergumènes de la science allemande, Goërres, prêchait déjà l'envahissement et le ravage de l'Alsace, coupable d'être restée fidèle à la France : « Brûlez Strasbourg ! s'écriait-il, » et ne laissez subsister que la flèche de sa cathé-
» drale, pour éterniser la vengeance des peuples
» Allemands. » Un poëte du temps, Scheekendorf, jetait ce cri de convoitise et de rage : « Là-bas, » dans les Vosges, est un trésor perdu. Là le sang » allemand doit être délivré du joug de l'enfer. » Cette proie, si longuement et si ardemment regrettée, la Prusse vient de la ressaisir. Mais de sa convoitise assouvie va naître une autre ambition, surexcitée par l'orgueil et par le péril : celle d'achever la France meurtrie, de l'asservir, d'en faire sa vassale, d'étouffer, en l'exterminant, les représailles qu'elle redoute.

Quand on parle de la Prusse, entendons désormais l'Allemagne tout entière. J'en vois qui comptent sur les divisions intestines qui déchireront le nouvel empire, sur le réveil de l'esprit libéral barrant la route au despotisme prussien. Arrière ces illusions qui seraient mortelles ! L'unité germanique est faite, non-seulement par la terreur, mais par l'adhésion. La

Prusse a tué la conscience allemande, et, de cette conscience morte elle a fait sa complice et son âme damnée. L'Allemand a l'âme féodale ; il naît homme-lige, comme il l'était déjà du temps de Tacite, prêt à se rallier au chef résolu qui l'entraîne et lui promet des conquêtes. Cette race est à la fois servile et farouche. « Quand je parcours l'histoire d'Allemagne », disait Louis Bœrne, un démocrate de Francfort, « je
« remarque que les Allemands ont peu de talent
» pour apprendre la liberté civile, mais que, par
» contre, ils ont toujours appris facilement la servi-
» tude, aussi bien en théorie qu'en pratique, et qu'ils
» ont enseigné avec succès cette discipline, non-
» seulement chez eux, mais à l'étranger. Les Alle-
» mands ont toujours été les *ludi magistri* de la ser-
» vitude, et, là où il fallait faire entrer, à coups de
» bâton, dans les corps et dans les esprits la doctrine
» de l'obéissance passive, c'est un Allemand qu'on a
» pris pour instructeur. » Aussi, dès qu'elle a senti dans la Prusse la fortune et la main d'un maître, l'Allemagne s'est-elle précipitée sous sa dictature ; elle lui a sacrifié sa liberté, ses autonomies, son existence studieuse et paisible ; elle a endossé son bât militaire et s'est attelée à son char. Le canon de Sadowa l'a renversée, convertie et illuminée, sur le chemin du plus fort. L'invasion de la France a achevé l'œuvre. Aujourd'hui, l'Allemagne à moitié dévorée et assimilée par la Prusse, ne fait plus qu'une avec elle. Comme la tête coupée du héros, parlant à l'aigle qui

la ronge, dans la chanson grecque, elle dit à l'Aigle noir des Hohenzollern : « Mange, oiseau ! repais-toi
» de ma force, repais-toi de ma bravoure ; ton aile en
» deviendra plus grande d'une aune, ta serre d'un
» empan. »

C'est contre cette Allemagne faite armée, contre ce monde gigantesque qui l'a écrasée et qui retombera sur elle au moindre prétexte, qu'il faut que la France se redresse entre ses ruines, sur le tronçon d'épée qui lui reste. Son salut est peut-être dans cet excès de malheur. Le désespoir, qui double parfois les forces d'un homme, peut centupler celles d'un peuple. La France a touché le fond du sépulcre ; qu'elle s'y ramasse et qu'elle s'y roidisse, qu'elle y prépare l'élan invincible d'où jaillira sa résurrection. Les vents tournent d'ailleurs et les destins changent. Cette Prusse qui se croit invulnérable, si l'on en juge par l'effroyable abus qu'elle fait de sa force, trébuchera peut-être contre un obstacle imprévu. La mort peut lui enlever son roi et ses chefs. Les cruels génies qui la possèdent et qui lui soufflent leur sombre énergie peuvent, d'un instant à l'autre, se retirer d'elle. Il faut espérer aussi dans l'infatuation de l'orgueil allemand. Ce colosse, subitement grandi, ne pourra rester en repos. La force acquise de ses conquêtes le pousse à de nouvelles entreprises. A chaque pas. en avant, il se heurtera contre une puissance. La Hollande et la Belgique sont déjà marquées à la craie rouge de ses annexions. Après la terre, il lui faudra l'Océan. La célèbre formule : *Drang nach Osten!* « Élan vers l'Est! » l'entraîne fatalement à l'invasion du monde slave. L'Europe qui l'acclamait au début de la guerre, commence à redouter ce géant sans frein. D'un cabinet à l'autre, on se demande secrètement s'il y aura moyen de vivre avec lui. Un murmure qui deviendra une clameur, proteste déjà contre l'égorgement de la France. L'orage va se former, laissons-le grossir, épiant son premier éclair, l'oreille ouverte à son premier bruit.

En attendant la revanche, préparons-nous à la défensive. Si la Prusse retombe sur nous, qu'elle trouve un camp là où elle croit avoir laissé un tombeau. C'est par son terrible mécanisme de guerre qu'elle nous a vaincus; les mécanismes s'étudient et se perfectionnent : prenons-lui le sien et mettons-y une âme plus haute, une flamme supérieure. Armes équivalentes, artilleries égales, l'étincelle du feu sacré décidera la victoire. Mais une nécessité implacable nous force à mener de front la paix et la guerre, le canon et la charrue, les exercices de la caserne et les travaux de l'usine. La convalescence de la France doit se faire au milieu d'un immense effort. Dans le sens le plus vrai du mot, les remèdes héroïques peuvent seuls la guérir.

La Bible, ce livre éternel, a des oracles pour toutes les angoisses. Nous y trouvons, dans une page sublime, les Juifs de Néhémias reconstruisant, en armes, les murs de Jérusalem. — « Et nos ennemis disaient :

» Qu'ils ne sachent point notre dessein. Lorsqu'ils n'y
» penseront pas, nous fondrons sur eux, nous les
» tuerons et nous détruirons leur ouvrage. » — Je
» rangeai le peuple derrière les murs, à l'entour,
» avec des épées, des lances et des arcs. — Depuis
» ce jour-là, la moitié des jeunes gens était occupée
» à combattre ; ils avaient leur lance et leur bouclier,
» leur arc et leur cuirasse ; et les chefs du peuple
» étaient derrière eux. — Ceux qui bâtissaient la mu-
» raille et portaient la charge, travaillaient d'une main,
» de l'autre, ils tenaient le glaive. — Celui qui son-
» nait de la trompette, se tenait debout près de moi.
» — Et je dis au peuple : « Dès que vous entendrez
» le son de la trompette, en quelque lieu que vous
» soyez, accourez tous, notre Dieu combattra pour
» nous. — Cependant continuons de faire notre ou-
» vrage, tenant toujours la lance, depuis le lever de
» l'aurore jusqu'à l'apparition des étoiles. »

Cette page de la Bible dicte à la France son devoir
et son attitude. Si elle ne veut périr d'une rechute
mortelle, c'est, sous les armes, prête à rentrer en
lutte au premier cri du clairon, qu'elle doit se remettre
au travail et réparer ses ruines. Comme les Juifs de
Néhémias, reconstruisons, l'outil dans une main et
l'épée dans l'autre, les murs de la Patrie écroulée.

5 mars 1871.

XVI

COMMENT LES PEUPLES PÉRISSENT

Nous croyions avoir touché le fond de l'abime, ce fond s'est rouvert; l'abime recouvrait un autre gouffre plus profond encore. Des ravages de l'invasion, nous roulons dans les horreurs de la guerre civile. Les cercles de notre enfer se resserrent comme ceux du Dante. Des présages effrayants, pareils à des oiseaux funèbres, planent autour de la France. On prononce sur elle le nom de la Pologne, on lui prédit des destins semblables ; on croit retrouver dans son agonie les mêmes symptômes d'un mal incurable. Écartons ce sinistre augure ; mais, pour ne pas mourir comme elle, rappelons-nous comment la Pologne est morte. — Au moyen âge, la magie avait des miroirs prophétiques qui reflétaient l'avenir. Placé devant le miroir fatal, l'homme prédestiné à une fin tragique se voyait tel qu'il serait à son dernier jour, percé d'un glaive ou d'un poignard, tombant sur un champ de bataille ou décapité sur un échafaud. Menacée d'une mort violente, que la France se mette en face de la Pologne, comme devant ce miroir funèbre. En y voyant la catastrophe d'un grand peuple évoquée, en traits de sang, par l'histoire, elle apprendra peut-être à s'en préserver.

Comme la France, à qui elle ressemble par bien des côtés, la Pologne est une nation noble et généreuse entre toutes. Son histoire a l'air d'une légende, tant elle est sublime. On croirait lire un roman de chevalerie racontant les aventures d'un peuple de preux. Sa politique était un dévouement perpétuel. Pendant des siècles elle a couvert de son corps l'Europe menacée par les invasions musulmanes. Si la Pologne n'avait été là, veillant en sentinelle, le sabre au poing, devant les barbares, il n'y aurait peut-être plus d'Europe aujourd'hui. Le vent de l'Islam l'aurait bouleversée.

Ce peuple magnanime s'était fait un gouvernement à son image, tout de spontanéité et de libre arbitre, tenant aux royaumes par la couronne de son chef, aux républiques par les prérogatives de ses citoyens, retrempant ou renouvelant ses dynasties dans la source de l'élection. C'était là un gouvernement idéal, mais que pouvaient seules soutenir les plus fortes et les plus constantes vertus du patriotisme. Le jour où cet appui lui manqua, l'anarchie qu'il recélait sous sa grandeur apparente, éclata en folies mortelles. Les bases de l'État s'écroulèrent; toutes les lois furent déracinées. Cet empire de purs esprits, unis par la bonne volonté et par la concorde, fit place à un pandœmonium de factions déchirées par d'affreuses luttes intestines. Ce jour-là fut le *Dies iræ* de la Pologne, le prologue de la tragédie lugubre qui se dénoua par son meurtre. Sa condamnation au démembrement atroce qu'elle a subie par suite, y fut prononcée par la destinée.

Qu'on s'imagine, en effet, l'élection royale passant de l'élite élue de la Diète à une démocratie nobiliaire composée de cent mille gentilshommes délibérant en masse, à cheval, dans une plaine immense ; ce parlement équestre votant à coups de sabre et faisant parfois du champ des comices un champ de massacre. Qu'on se figure encore l'unanimité absolue imposée dans les délibérations nationales, si bien que le *Veto* d'un seul nonce, d'un seul député annulait de droit la volonté de tous ses collègues, rompait l'assemblée, la prorogeait indéfiniment et fixait au sein de l'État les abus qu'elle en aurait extirpés. Armé de ce *Veto* insensé, un ivrogne, un fou, un factieux, vendu parfois à l'ennemi ou à l'étranger, pouvait frapper d'inertie l'activité de toute la nation. Ce seul mot sorti de sa bouche : *Nie pozalwam*, « je ne consens pas ! » plongeait et replongeait le pays, comme une formule magique, dans une léthargie pareille à la mort. Le plus souvent, après avoir prononcé cette parole impie, le sacrilége s'évadait précipitamment de la Diète, comme un bandit fuit le temple où il vient de commettre un crime. Mais son forfait n'en avait pas moins force exécutoire. La patrie, qu'il avait blessée, se reconnaissait légalement atteinte ; elle maintenait le fer planté dans sa plaie.

Le désordre, glissé dans les Diètes, s'y installa bientôt en tyran. Il eut ses règles, sa stratégie, sa tactique, ses aphorismes pervers. L'art d'y exciter les tumultes se résuma par ce proverbe : « Souffler dans la ruche pour mettre les mouches en furie » ; celui de faire perdre son temps à l'assemblée par les clameurs des discussions vaines, de façon à ce qu'elle arrivât au terme de sa durée, sans avoir pu rien conclure, s'appelait : « Traîner les Diètes. » Lorsqu'un parti venait camper en armes sous les murs de la ville où elle tenait ses séances, cela se nommait : « Tenir la Diète sous le bouclier. » L'anarchie, ainsi fortifiée, entra dans la constitution de l'État qui la reconnut et lui fit sa part. Sous le titre de : « Confédération », le droit à la guerre civile fut inauguré. Au premier prétexte, des insurrections, liées par un serment, se levaient, sous la dictature d'un chef proclamé, arrêtaient les lois et s'emparaient à main armée du pouvoir. Ces ligues furent quelquefois légitimes et se dressèrent pour de justes causes ; mais souvent aussi elles ne furent que des émeutes enrégimentées. Leur soulèvement toujours possible tenait, d'ailleurs, l'État sous la menace incessante de la sédition. Comme le convive antique, la Pologne s'agitait sans trêve, sous trente mille épées suspendues sur elle par un léger fil.

A mesure que disparaissaient les vertus antiques, les vices implantés au cœur du pays y développaient

leurs ravages. Les nerfs du corps social, tendus à outrance, se brisèrent ou se relâchèrent ; la vie sociale ne fut plus qu'une suite de convulsions déchirantes. Le *Veto* dispersait les diètes aussitôt rompues que formées. A peine élu, le roi devenait l'ennemi du parti qui l'avait nommé, s'il ne se faisait son esclave. La noblesse lui défendait de bâtir des forteresses ou d'entourer les villes de remparts, de peur qu'il ne s'en servît pour la dominer. La Pologne, en proie au vertige, se démantelait de ses propres mains. L'indiscipline avait passé dans l'armée, héroïque toujours, mais désordonnée. Ce n'était plus qu'une chevalerie éparse et confuse, brave jusqu'à la folie, illuminant d'éclairs un champ de bataille, mais incapable de soutenir la tactique solide et tenace de la guerre moderne. Dès 1751, un historien écrivait ces lignes, qui prédisent : « Les nobles sont le bouclier de la Pologne,
» et ils n'en veulent point d'autre. L'armée qu'ils com-
» posent leur tient lieu de forts et de citadelles, et,
» sans doute, ce rempart leur suffirait aujourd'hui,
» comme autrefois, s'ils avaient changé leur façon de
» combattre, en même temps que leurs voisins se
» sont défaits de la leur. A présent, dans toute l'Europe, les armées ne font plus qu'un seul corps ; les
» Russes sont les derniers qui ont connu le prix de
» cette méthode. Les Polonais seuls la négligent ; ils
» volent confusément au combat. Les nations qui les
» environnent n'ont qu'une milice composée de ceux
» de leurs sujets les moins distingués ; mais leur dis-

» cipline est exacte et les rendra toujours vainqueurs
» des Polonais, jusqu'à ce que ceux-ci apprennent
» que, de nos jours, une armée de héros sans ordre
» ne saurait valoir une armée d'hommes ordinaires
» qui savent se soumettre et obéir. »

Cependant, en face de ce noble peuple si cruellement divisé, une puissance voisine s'était amassée, formée d'éléments contraires, et qui se dressait contre lui comme une gigantesque antithèse. La Pologne poussait jusqu'à l'idolâtrie le culte de la liberté personnelle, la Russie portait jusqu'au fétichisme l'obéissance passive à ses princes. Le boyard, empalé par Yvan le Terrible, qui, pendant son agonie de deux jours, s'écria jusqu'au dernier souffle : « Dieu sauve le tzar ! » personnifiait d'une façon tragique la servilité native de sa race. Tant que le Knez de Moscovie, comme on l'appelait, plutôt Asiatique qu'Européen, se débattit dans ses steppes qu'envahissaient les Tartares, la Pologne put le mépriser et le vaincre. Au dix-septième siècle, la Russie, pour l'Europe, existait à peine. Louis XIV hésitait à traiter d'altesse ce monarque sauvage et baroque comme une idole primitive, qui, lorsque des ambassadeurs venaient à sa cour, changeait de mitre tous les jours pour les éblouir. Un écrivain du temps en parlait, comme il aurait fait d'un chef de Hurons : « Le Knez, disait-
« il, est fort riche, il est seigneur et maître absolu
« de toutes choses ; ses sujets chassent aux fourru-
« res. Il prend pour lui les meilleures peaux et les

« plus chères, et se fait sa portion à sa volonté. »

Mais, de siècle en siècle, cet empire si lointain, qu'il en était presque fabuleux, prenait une réalité énorme et terrible. Après avoir débordé sur l'Asie, il avançait vers l'Europe. En gardant sa vieille âme mongole, il s'assimilait tous les arts pratiques de la civilisation matérielle. Ses hordes se transformaient en armées modernes, une hiérarchie inflexible cimentait ses masses faites pour l'esclavage, et leur imprimait une force écrasante. Pierre Ier, surgissant à sa tête, de toute la hauteur d'un grand homme barbare, entrait violemment dans la politique de l'Europe et y faisait sa trouée. Au premier pas qu'il fit, il rencontra la Pologne : c'était l'avant-garde de l'Occident, la barrière qui l'en séparait, et qu'à tout prix il voulait briser. Pour que la Pologne pût soutenir ce choc redoutable, l'héroïsme ne suffisait pas ; il aurait fallu l'ordre de la phalange, l'union du faisceau, l'inébranlable concorde des armes et des âmes, cette fraternité de légion sacrée contre laquelle vinrent échouer en Grèce les armées serviles de Xerxès. Mais, à cette époque, l'anarchie l'avait déjà à moitié dissoute. Ce fut la lutte d'un tourbillon contre une avalanche, d'un éparpillement contre une fixité.

L'histoire n'a pas de plus effrayante leçon que celle de l'agonie de cette nation généreuse violée, torturée, démembrée, pendant tout un siècle, avec un art infernal. On y apprend comment les peuples périssent, lorsqu'ils laissent leurs forces vives se désaccorder et

se rompre. « Quand un homme devient esclave, dit
» Homère, les dieux lui enlèvent la moitié de son
» âme. » Une nation tombe d'elle-même dans la servitude, quand son âme, en se divisant, la mutile, et lui fait perdre avec l'équilibre, le point d'appui de la résistance.

Dès Pierre Ier, la Pologne subit l'intrusion étrangère dans toute sa rigueur. Les factions mettent la royauté à l'encan, et l'adjugent au prétendant le plus riche et le plus prodigue. Ce roi, nommé aux enchères, se vend ou se donne, pour garder sa place, à un protecteur. Charles XII a son vassal, Stanislas ; le czar a le sien, Auguste de Saxe. Les deux rivaux se battent et se détrônent tour à tour ; la victoire reste à Auguste, le candidat russe, qui remplit sa mission de roi corrupteur. La Russie profite de ses interventions incessantes pour habituer la Pologne à la violation de son territoire. Ses armées y campent et s'y éternisent. Par le ravage, elles font sur elle la terreur ; par le pillage, elles la ruinent et elles l'exténuent. Arrive la *Diète muette* qui rend au czar l'épée de la patrie. Ce vaste royaume doit réduire ses troupes à dix-huit mille hommes : une garnison au lieu d'une armée.

Mais c'est sous Catherine II que l'œuvre de mort se consomme, dissolution patiente et savante, opérée comme par un empoisonnement politique. Sous prétexte de tolérance religieuse, de protection des dissidents exclus des emplois, Catherine circonvient et investit la Pologne. Elle met sur son trône un gentilhomme sorti de son alcôve, Stanislas Poniatowski, son ancien amant, monarque dérisoire, fantôme de roi qu'elle évoque et qu'elle révoque à son gré. Le pays, sentant son péril, veut abolir ses coutumes barbares, se régénérer par de fortes lois. De concert avec la Prusse, qui a sa part marquée dans la proie future, Catherine s'oppose à cette réforme, au nom de la liberté. Elle le rive à son antique anarchie, elle lui enjoint de maintenir ce *Veto* funeste qui paralyse la vie nationale. Une confédération se lève, cette fois légitime et sainte, elle est vaincue après une lutte acharnée. Un premier démembrement châtie la Pologne mourante, coupable d'avoir voulu guérir et revivre. La Diète, dite d'*Enterrement*, délibérant sous les canons russes braqués contre l'assemblée, vote en silence sa mutilation.

Vingt ans plus tard, la Pologne tente un nouvel effort; elle décrète une constitution qui substitue l'hérédité à l'élection, admet les bourgeois aux droits politiques, abolit le *Veto*, met les paysans sous la protection de la loi. La Russie, la Prusse et l'Autriche accourent à ce bruit de résurrection, tombent sur la morte qui se redresse et la refoulent au sépulcre. Une autre Diète funèbre, cernée par des baïonnettes, décimée par l'enlèvement en Sibérie des opposants patriotes, prise par la famine, adhère au second partage. Le troisième jour, quand l'assemblée affamée tombe en défaillance, un général russe monte au trône du vieux roi presque évanoui d'inanition, met un crayon dans sa main tremblante, et lui fait signer l'acte mortuaire du second partage. — La défaite de l'insurrection de 1794 qui immortalisa Kosciusko, scelle sur la Pologne, avec le démembrement final, la pierre du sépulcre. Trois fois elle l'a soulevée par des efforts héroïques, trois fois elle est retombée plus lourde et plus fatale sur sa tête. Un miracle historique peut seul l'en tirer.

A travers les diversités et les dissemblances, la situation de la France est, à l'heure présente, aussi tragique que celle de la Pologne. La France a sa Russie dans la Prusse. Un monde barbare s'est formé près d'elle, muni de toutes les armes et de tous les progrès de la destruction. Il lui a infligé d'épouvantables défaites; ses frontières arrachées mettent son cœur à nu; son génie militaire semble, pour le moment, s'être retiré d'elle. Comme la Pologne, la France contient des germes mortels qui la détruiront infailliblement, si elle ne les extirpe à temps de son sein. Tirée en sens divers par la République et par trois dynasties rivales, elle subit, en quelque sorte, le supplice de l'écartèlement politique. La révolte perpétuelle de ses minorités contre le gouvernement de la loi, n'est ni moins impie ni moins pernicieuse que le *Veto* polonais. Un premier démembrement l'a cruellement mutilée, le second viendra, le troisième ensuite, si, tombée et gisante à terre, elle s'agite dans l'anarchie, au lieu de se relever dans la stabilité et dans la concorde. La Prusse fomentera ses partis, attisera ses haines, lancera ses émeutes ; puis, sous prétexte de police sociale, elle installera l'invasion sur son territoire. Au moment venu, la Prusse prendra le monde à témoin que ce peuple incorrigible doit être asservi. Elle lui imposera peut-être un prince tributaire, vassal casqué d'une couronne, chargé de monter sa garde et de lui tenir les portes ouvertes. L'Europe, prise de dégoût ou d'effroi, laissera tout faire. Le mépris étouffera les sympathies qu'elle nous garde encore. Elle s'accoutumera à l'idée d'une France dépecée, et ne pensera plus qu'à être admise au partage. L'ordre régnera à Paris comme à Varsovie.

Une légende raconte que Kosciusko, tombant à Podzamce, sous les coups de lance des cosaques, traça sur la neige ces mots fatidiques : *Finis Poloniæ*. Si la France, meurtrie et blessée, perd, dans les convulsions de la guerre civile, la vie qui lui reste, c'est sur une boue sanglante que son dernier combattant écrira l'épitaphe de la patrie morte.

27 mars 1871.

XVII

L'ORGIE ROUGE

Per me si va nella Citta dolente.

Nous nous rappelions, en rentrant dans Paris, cette inscription que Dante a gravée sur la porte de son enfer. « Cité dolente », en effet, et que les scélérats qui l'ont dévastée avaient changée en ville infernale. Palais écroulés, monuments détruits, rues éventrées, maisons béantes : la flamme et l'obus ont passé partout.

Et cet entassement de ruines n'est que la hideuse ébauche de la destruction gigantesque que projetait la Commune ! Cela fait l'effet d'un horrible rêve. On a besoin, pour y croire, de tâter les plaies et de fouler les décombres. C'est une honte de penser que cette insurrection exécrable va entrer et se vautrer dans l'histoire.

Son début pouvait faire présager sa fin. Elle s'ouvre par l'assassinat de deux généraux pris dans le guet-apens de l'émeute, fusillés à bout portant contre un mur. La voie Scélérate était frayée du haut de

Montmartre redevenu le mont des Martyrs. L'insurrection du 18 mars devait fatalement rouler sur cette pente, dans un torrent de fange et de sang. Le crime originel se multiplie par lui-même : une fois lancé, on ne l'arrête plus.

Le lendemain de ces meurtres une troupe d'êtres inconnus, révélés pour la première fois par l'affiche qui portait leurs noms, rappelant, tant ils étaient obscurs, ces bandits masqués ou barbouillés de noir qui escaladent, la nuit, la maison qu'ils vont mettre à sac, s'emparent de Paris. Leurs sombres bandes s'ébranlent derrière eux ; elles envahissent la ville désarmée. La Commune sort d'une élection dérisoire et le tour est fait : le tour sinistre d'une ville de deux millions d'âmes escamotée sous l'urne aux trois quarts vide d'un scrutin fraudé.

Paris, pris de stupeur, ne résista pas. Il fit le mort, comme on dit. Mais faire le mort dans de pareils périls, ou mourir véritablement, c'est tout un, lorsque le jeu se prolonge. La Commune s'installa sur le cadavre de cette ville inerte. Quand elle voulut se réveiller, quelques jours après, il était trop tard. Ses clés étaient prises, ses forteresses occupées, ses ministères usurpés, ses postes surpris. L'armée de l'émeute, enrégimentée de longue date, cernait de toutes parts les bataillons impuissants de l'ordre. Paris sentit le pied des brigands sur sa gorge ; il rentra dans sa léthargie, ne bougeant plus, s'attendant à tout.

Dès lors la Commune régna et se mit à l'œuvre. Son

personnel tenait le milieu entre la bohème et le bagne : émeutiers de profession, assassins de fraîche date, journalistes tarés, ruffians de faubourgs, aboyeurs de clubs, ouvriers de grèves ; le *tas d'hommes perdus* dont parle Corneille, portés par un flot fangeux sur le sommet de la dictature.

Cherchez bien, parcourez l'histoire, vous n'y trouverez pas une révolution d'un niveau si bas et d'un caractère si pervers. — Les guerres serviles de Rome sont justes, en fin de compte, malgré leurs excès. Ce sont des esclaves qui brisent leurs chaînes, des gladiateurs qui s'échappent de la boucherie du Cirque, et qui retournent contre leurs bourreaux les glaives ignobles avec lesquels ils les forçaient à s'entretuer dans l'arène. La Jacquerie du quatorzième siècle sort d'un effroyable abîme d'oppression. Les *Ciompi* de Florence, incendiaires comme les communistes de l'Hôtel-de-Ville, ont pour grief l'ilotisme politique et industriel auquel les classes riches les avaient réduits. Le fanatisme biblique illumine d'une sorte de folie sacrée l'apocalypse sauvage des anabaptistes de Munster. La Terreur, horrible au dedans, est parfois superbe au dehors : l'héroïque épée de ses soldats rachète, en partie, la hache de ses égorgeurs.

L'insurrection du 18 mars n'a aucune de ces compensations ni de ces excuses. Elle éclate brusquement, en pleine république, en pleine liberté, devant l'invasion rangée en bataille sous les remparts de Paris, contre une Assemblée librement élue, contre le suffrage universel, contre la religion, contre la bourgeoisie, contre l'industrie, contre la famille, contre le travail, contre tout ce qui fait la dignité, la sécurité et la vie d'un peuple. Ce n'est ni à un despotisme, ni à une aristocratie qu'elle déclare la guerre, mais à la civilisation, à la société et à la patrie. Elle n'a pour dogme qu'un athéisme grossier, pour doctrine qu'un matérialisme abject, pour programme que le lazzaronisme armé, l'expropriation de toutes les classes par une seule, l'égalité des parts dans la mangeoire humaine, la curée de la fortune publique et privée jetée en proie aux appétits et aux convoitises du prolétariat.

Tout d'abord, l'insurrection jeta bas le masque. La veille, elle ne réclamait qu'une municipalité librement élue ; le lendemain, ce fut l'autocratie de la Commune asservissant Paris et la France, abolissant l'armée, déchirant les lois, rayant les contrats, confondant dans un gâchis informe et absurde la voirie et l'enseignement, les impositions et les consciences, l'impôt universel et l'octroi local. Du premier coup, ces suppôts de liberté à outrance nous ramenaient à la plus odieuse forme de tyrannie qu'ait créée l'histoire, celle de la Seigneurie italienne du moyen âge, cumulant tous les pouvoirs, judiciaire et politique, pouvant, à son gré, tuer et proscrire, raser les maisons et confisquer les fortunes. Despotisme d'autant plus terrible que, concentré dans l'enceinte d'une ville, il en tenait tous les habitants sous sa main et sous son regard. On peut passer inaperçu à travers les mailles d'une vaste oppression, on n'échappe pas à une tyrannie locale qui vous parque et qui vous étreint; la ville est prise comme sous un filet. C'est ce régime barbare qu'aurait rétabli la Commune. Paris fait à son image n'aurait plus été qu'une immense Cité Ouvrière consommant sans produire, rançonnant pour vivre, soldée par le capital et par l'épargne jusqu'à extinction de l'un et de l'autre, repue en bas et terrorisée en haut par une oligarchie de grévistes et de démagogues.

Mais c'est faire trop d'honneur aux ravageurs de Paris que de leur prêter un système. Ils n'ont eu d'autre logique que celle de la violence et de l'ineptie. La spoliation et la profanation des églises, l'emprisonnement de l'archevêque et des prêtres, les enrôlements forcés pour la guerre civile, les réquisitions violant les domiciles et dressant l'inventaire des futurs pillages, sont les premiers actes de leur grossier mélodrame. Tout en restant horrible, il tourna bientôt à la farce lorsqu'il se jeta dans la parodie de 93. Le carnaval fut complet : toutes les friperies jacobines furent rapiécées et remises à jour; tous les grands rôles de la tragédie révolutionnaire furent repris par de grotesques doublures. Le vieux Delescluze, avec sa « tête de bois remplie de fiel », se grima en Maximilien Robespierre. Félix Pyat n'eut qu'à rester lui-même pour jouer la rage et la lâcheté de Marat, prêt à rentrer dans son bateau de charbon, comme l'Ami du peuple dans sa cave, au premier signal du péril. Raoul Rigault, bronzé en Saint-Just, avait ceint

14.

l'écharpe sanglante de Fouquier-Tinville ; et l'on vit bientôt la population parisienne trembler devant cet affreux gamin du quartier Latin. Le cordonnier Simon reparaissait dans le savetier Gaillard, ressemeleur breveté des barricades de l'insurrection, celui-là même qui, détrôné par la Commune de ses tas de pavés, rentrait magnanimement dans l'échoppe de sa vie privée, « heureux d'avoir pu rendre quelques services à son pays. » Chaumette, déguisé en garde national, allait d'église en église, abattant les crucifix, crochetant les tabernacles, volant les ciboires. On mettait le Christ à la porte des écoles et des hôpitaux. L'athéisme avait ses Torquemada.

Cette abjecte contrefaçon de 93 s'étendait à la presse infecte qui soutenait la Commune. Un bâtard de Marat, Jules Vallès, dans le *Cri du peuple*, vociférait la haine et la rage. Bohème de lettres, aigri par une jeunesse misérable, affolé d'orgueil, ulcéré d'envie, sa poche à fiel crevée s'était répandue dans son style. Son talent réel, mais lugubre, faisait des grimaces et des contorsions de damné. Avant de hurler contre la société, il avait aboyé contre le génie. C'était lui qui, dans des diatribes éhontées, *blaguait* Dante, bafouait Michel-Ange, et renvoyait Homère « aux Quinze-Vingts. » L'abîme appelle l'abîme, le blasphème intellectuel appelle le forfait social. L'incendiaire couvait sous l'énergumène. Après avoir craché sur l'*Iliade*, il est tout simple qu'on veuille brûler le Louvre et faire sauter Notre-Dame.

Hébert avait aussi reparu dans ces saturnales. Le *Père Duchêne*, « b..... en colère », rallumait ses fourneaux et rouvrait sa gueule. Sous le masque de ce vil pastiche, se cachait un plumitif à tout faire ; ancien chroniqueur d'alcôve qui avait quitté la pornographie pour la démagogie devenue plus lucrative. Sa feuille immonde, maculée de jurons obscènes, lançait les crimes et désignait les victimes. Pour un tirage de dix mille numéros de plus, il aurait demandé autant de mille têtes. Le Mendiant de Molière refuse à Don Juan un blasphème pour un louis d'or ; Vermersch vendait pour deux sous ses b....., ses f..... et ses infamies à la populace. — Tous les journaux de la Commune, du reste, suaient le sang et tisonnaient l'incendie. C'était du poison vendu à la criée dans les carrefours. L'impiété y prêchait la férocité. L'insecte d'une de ces feuilles venimeuses trempait sa patte dans l'encre et « biffait Dieu. »

Rien de rapide comme la transition du singe au tigre dans la mascarade révolutionnaire. Après avoir copié les oripeaux et les ridicules de 93, la Commune imita ses crimes. Elle entassa dans ses prisons les otages voués au massacre ; ses janissaires traquaient de rue en rue les réfractaires de la guerre civile, comme les planteurs chassent aux nègres *marrons* dans les sentiers des forêts. Les journaux de l'ordre allaient par fournées à la guillotine de la suppression. De monstrueux décrets préludaient à l'écroulement prémédité de Paris. En démolissant la chapelle expiatoire et la chapelle Bréa, la Commune réhabilitait l'assassinat et le régicide. En abattant la Colonne, elle reniait les gloires de la France. Opprobre inouï, honte sans exemple ! Au lendemain de Sedan, ces misérables extirpaient Wagram et raturaient Austerlitz. Le bronze d'Iéna jeté par terre, la corde au cou, comme un malfaiteur, faisait amende honorable à la Prusse campée devant nos remparts ; il lui demandait pardon de l'avoir vaincue il y a soixante ans. Et qui sait si la Prusse ne tenait pas le bout de cette corde infâme ? Qui sait si elle n'était pas le bourreau masqué de ce supplice des victoires françaises jetées au fumier ? On peut tout croire de ces bandits, même une complicité payée avec l'ennemi, même un marché de Judas vendant la patrie à deniers comptants. Ce qui ressort du moins avec évidence, c'est leur lâche attitude vis-à-vis de l'armée allemande, leur obéissance servile à ses moindres ordres. Hardis contre Versailles, ils tombaient à plat ventre devant Saint-Denis. Un caporal prussien faisait trembler Bergeret « lui-même. » En ceci seulement, la Commune répudiait les traditions de 93. Ses matamores à panache filaient doux devant l'étranger.

Aussi bien l'insurrection du 18 mars avait-elle abjuré la France. Qu'est-ce que la Commune dans le vrai et pur sens du mot ? Ce qu'il y a de plus local et de plus intime dans la grande patrie ; un groupe dans un peuple, une famille agrandie. De ce foyer de la cité, les démagogues du 18 mars avaient fait un caravansérail de condottieri. L'Internationale, cette franc-maçonnerie du crime, dont le drapeau n'a d'autre couleur que celle du sang, trônait et régnait à l'Hôtel-de-Ville. Elle avait recruté les routiers et les malandrins de l'Europe entière. Des faussaires polonais, des *bravi* garibaldiens, des pandours slaves, des agents prussiens, des flibustiers yankees, cavalcadaient en tête de ses bataillons, plus chamarrés et plus galonnés que l'état-major de Soulouque. Paris était devenu l'égout collecteur de la lie et de l'écume des deux mondes. Il expiait par le cosmopolitisme du crime le cosmopolitisme de corruption dont il s'était fait si longtemps le centre. Ce « cabaret de l'Europe », comme on l'appelait élégamment autrefois, n'était plus que son tapis-franc, un tapis-franc fétide et sinistre, plein de rixes et de fureurs, où ruisselaient pêle-mêle le vin et le sang.

Car l'ivrognerie était l'aliment de cette révolution crapuleuse. Une vapeur d'alcool flottait sur l'effervescence de sa plèbe. La bouteille fut un des « instruments de règne » de la Commune. Elle abrutissait avec le vin et l'eau-de-vie les bandes imbéciles qu'elle expédiait à la mort, comme le Vieux de la Montagne hallucinait ses séides avec le haschisch. Ses bataillons marchaient en titubant au combat. Il y avait du *delirium tremens* dans la furie de leur résistance. Ils tombaient ivres-morts sous les balles et sous les obus.

D'heure en heure croissait le vertige. En lisant certaines séances de la Commune, on croit entendre des fous furieux s'interpeller en vociférant à travers les grilles de leurs cabanons. Insanités sur atrocités! les firmans de Schahabaham décrétant les inepties de Cabet! Ce volcan de boue ne tarissait pas. Un jour ils décidaient que Paris ne mangerait plus que du pain rassis. Une autre fois, ils ramenaient les procès civils à la justice sommaire de Sancho Pança dans son ile, ou du cadi turc faisant la ronde d'un bazar. La bouffonnerie se mêlait à la tragédie. Des changements à vue fantastiques métamorphosaient, d'un instant à l'autre, le *pur* en traître et l'incorruptible en mouchard. L'arrestation mutuelle était à l'ordre du jour. Assi, Lullier, Cluseret, Bergeret, Clément, Allix, passaient tour à tour de l'Hôtel-de-Ville à Mazas, pour y rentrer bientôt en sourdine, comme par la porte des artistes de leur comédie. — Un jour la Commune, effrayée, reconnaissait dans un de ses membres un capucin défroqué. La Convention avait toléré Chabot, la Commune expulsa Panille et le remit en cellule pour crime d'ex-capucinade. Une autre fois, c'était Rossel arrêté et remis en garde au citoyen Gérardin. Une heure après, le geôlier et son prisonnier s'échappaient ensemble, et Bergeret offrait de les poursuivre, espérant sans doute les rejoindre et s'évader avec eux. — Quoi de plus comique encore, si le rire, en pareil sujet, n'était glacé par l'horreur, que le mensonge imperturbable de leurs bulletins militaires?

Battus à chaque rencontre, ils chantaient victoire. Les télégrammes de leurs généraux traduisaient les échauffourées en exploits et la déroute en triomphe. Ils niaient jusqu'au drapeau tricolore, que tout Paris pouvait voir flotter sur les forts conquis. Les malheureux qu'ils poussaient à l'abattoir des remparts croyaient pourtant à ces impostures. On eût dit que leur guenille rouge avait le don de les aveugler, comme elle aveugle, en les irritant, les taureaux aux yeux desquels on l'agite, pour les pousser devant l'épée dont la pointe tendue les attend.

Au reste, la Commune avait peut-être fini par croire elle-même à ses mensonges effrénés. Il y a de la démence dans l'aplomb avec lequel elle a décrété jusqu'au dernier jour. Ces bandits attablés à une orgie éphémère bâclaient, sous les fusils des gendarmes, des lois perpétuelles. Ils fondaient ce qu'ils appelaient leur « gouvernement » sur les barricades chancelantes auxquelles les acculait notre armée. La veille du jour où elle entra dans Paris, la Commune réglementait les théâtres et nommait directeur du Conservatoire, à la place d'Auber, le timbalier de sa troupe. Cette fois, c'était Napoléon qu'elle singeait. Au milieu de Paris en feu, elle rédigeait son décret de Moscou.

Ses derniers jours furent sinistres. Irritée par le refoulement de ses hordes, exaspérée par l'approche d'un châtiment infaillible, la Commune se préparait aux grands crimes. Les décrets de son agonie ressemblent aux imprécations d'un bandit conduit au supplice. C'est la démolition de la maison de M. Thiers et le vol effronté des merveilles d'art qui la décoraient. C'est le journalisme visé par les fusils de la cour martiale, auxquels elle renvoyait chaque feuille hostile. C'est l'arrêté atroce qui prescrivait de détruire en masse les trains de chemin de fer qui dépassaient ses limites. C'est la menace de brûler les titres de rente de tous les émigrants qui avaient déserté Paris. Les attentats montaient l'un sur l'autre dans ce *crescendo* frénétique. Quelques jours encore, et ce scénario de Terreur devenait le plus horrible des drames. Le jury révolutionnaire rentrait en séance ; les *feux de file*, comme on appelait en 93 ses arrêts de mort, allaient être accélérés par le chassepot ; Raoul Rigault remontait au siége de Fouquier-Tinville. Les citoyens Urbain et Clémence sommaient la Commune d'ordonner la fusillade immédiate de tous les otages. L'exhumation de squelettes séculaires, déterrés des anciens caveaux des églises, et exhibés à la foule comme les victimes du clergé, par des faussaires de sépulcres, provoquait les massacres de la Roquette. Le bûcher funèbre des palais et des monuments s'entassait dans l'ombre. L'air était chargé de ces miasmes qui décèlent le voisinage des volcans. Pour qui savait lire à travers leurs réticences lugubres et leurs vagues menaces, les journaux de la Commune sentaient déjà le *brûlé* de Paris.

Malgré ces présages, la plus sombre imagination n'aurait pu rêver les horreurs de la lutte finale : les tueries des prisons, le martyre de l'archevêque et de ses compagnons de captivité, les Tuileries en flammes, l'Hôtel-de-Ville embrasé, des rues entières effondrées ; la Bibliothèque et le Louvre, ces sanctuaires du génie humain, n'échappant que par miracle aux fournaises creusées pour les engloutir ; je ne sais quelle horrible contrefaçon de l'atelier appliquée à cet incendie méthodique qui avait ses ouvriers, ses chauffeurs et ses contre-maîtres ; les pétroleuses courant, avec des gestes de Furies, à travers ce pandæmonium et attisant ses brasiers ; la Commune enfin disparaissant dans le cratère allumé par elle, comme dans une apothéose infernale... L'indignation se sent impuissante à égaler de pareils forfaits ; ils frappent l'esprit de consternation et de honte. Aux lueurs de l'incendie de Paris, le monde a pu voir combien la tyrannie et la démagogie se ressemblent. Néron, à travers les siècles, y passait sa torche à Babœuf.

Cette catastrophe exécrable a purifié la France en la foudroyant. Elle aura l'éclat d'un Jugement dernier, tranchant en deux parties la nation. D'un côté, quelles que soient d'ailleurs leurs opinions diverses et leurs préférences légitimes, les élus de l'ordre, du devoir, de l'honnêteté, de la paix publique ; de l'autre, les réprouvés du brigandage et de l'anarchie. La Commune a flétri la sédition, tué le complot, déshonoré la révolte. Elle a marqué d'avance de son stigmate infamant quiconque oserait, même de loin, rentrer dans ses voies. Désormais la société aura le droit de traiter et de frapper en ennemis tous ceux qui s'insurgeront contre ses principes. La loi sera une religion armée de vindictes et d'anathèmes inflexibles ; elle ne se laissera plus attaquer.

Cette effroyable insurrection aura été aussi une révélation. La démagogie socialiste s'y est montrée à nu dans toute sa hideur. Elle a étalé les horreurs et les turpitudes que recouvraient ses sophismes. Cette montagne en travail d'une humanité bienheureuse a accouché d'une portée de monstres. Elle a vaincu, elle a régné, elle a gouverné, la voilà jugée par ses œuvres. Son sépulcre blanchi s'est enfin ouvert. Que recelait-il ? le néant de la mort, la confusion du chaos, le vide de l'abime. Qu'en est-il sorti ? des spectres sanglants, des cris de fureur, les flammes de l'enfer.

Les légendes racontent que le Démon, pour tenter les hommes, leur apparaissait d'abord sous la figure d'un ange de lumière ou d'une femme resplendissante de beauté, mais qu'à bout de métamorphoses, il reprenait sa forme véritable, celle d'un chien immonde ou d'un dragon dévorant. La Révolution démagogique, elle aussi, s'est présentée à la France, tantôt comme un tribun sublime, tantôt comme une divinité bienfaisante, ou sous les traits d'un enchanteur merveilleux, prêt à changer le monde en Éden. Une dernière évocation l'a fait rentrer dans sa nature cynique et féroce. Elle est apparue dégouttante de sang et la torche au poing. L'épreuve est consommée, le charme est rompu. Les peuples ne se laisseront plus tenter ni séduire par la faction des incendiaires et des assassins.

13 juin 1871.

XVIII

UNE VOIX DANS LE DÉSERT

RAPPORTS MILITAIRES ÉCRITS DE BERLIN

(1866-1870)

Par le colonel baron Stoffel, ancien attaché militaire en Prusse.

Les livres saints et l'histoire, les traditions et les légendes sont remplis de prophètes apparaissant aux peuples, la veille de leur suprême catastrophe. Ils leur annoncent le péril urgent, l'orage qui gronde, l'ennemi aux portes. Les peuples repoussent et insultent l'homme de mauvais augure ; ils le traitent d'imposteur et de faux devin, ils le chassent de la place publique ou de la salle du banquet... Le lendemain, Ninive est prise et Babylone est détruite.

Nous aussi, nous avons eu des prophètes avant nos désastres. On se souvient de la séance pathétique où M. Thiers, voyant la Chambre, en proie au vertige, jeter la France dans une guerre insensée, s'acharnait à la retenir et à nous sauver. Il signalait, avec des cris d'éloquence, le gouffre ouvert où elle allait précipiter la patrie. Les huées et les injures étouffèrent sa voix : on l'arracha de la tribune d'où il voyait et montrait Sedan. Le lendemain, les rues retentissaient contre lui de cris de colère. — L'histoire n'a guère de pages plus poignantes et plus dramatiques que cette lutte désespérée de la raison d'un grand homme d'État contre le délire d'un peuple affolé.

Trois ans avant qu'elle fût entreprise, cette guerre maudite eut aussi son prophète secret et son augure à huis clos. Envoyé en Prusse, après la campagne de Bohême, en qualité d'attaché militaire, le colonel Stoffel y étudia de près la nation dont le canon de Sadowa venait de révéler la puissance. Frappé de sa force, ému de la haine qui l'animait contre nous, surpris et effrayé par ses qualités menaçantes, il les dénonçait au ministre de la guerre, dans une série de rapports d'une sagacité pénétrante. Tout l'avenir était là, prédit et décrit en faits et en chiffres. Un caporal s'en serait ému ; il paraît que M. Lebœuf ne daigna pas y jeter les yeux. — Quand un gouvernement est condamné à périr, l'infatuation le prend, l'aveuglement le saisit. Comme César marchant vers les poignards du sénat, il rit des présages, et déchire, sans même les ouvrir, les billets qui l'avertissent du péril.

On se souvient de l'impression que produisirent,

en plein siége, les rapports du colonel Stoffel, publiés en partie dans quelques journaux. Cela fit l'effet de prédictions après coup, tant elles étaient justes et précises. Ces rapports réparaissent aujourd'hui au complet, dans un volume qui sera longtemps consulté; et qui, plus tard, prendra une place permanente parmi les documents historiques. Le colonel Stoffel a armé ce volume, sous forme de lettre, d'une préface agressive, où l'amertume altère souvent sa clairvoyance habituelle. Le découragement y est poussé jusqu'au pessimisme; et, à travers des vérités excellentes, éclatent des violences d'une blessante injustice. Je voudrais en retrancher surtout les accusations lancées contre M. Thiers. Elles frappent à faux; n'atteignent pas l'homme illustre qu'elles visent, et retombent, non sur le caractère de l'agresseur, d'une inattaquable droiture, mais sur la prévention de son esprit aigri par des griefs personnels. — Passons sur cette préface et revenons aux rapports eux-mêmes. Remettons en lumière le *Mané, Thécel, Pharès,* qui y est inscrit à chaque page. Ravivons ces traits de feu qui n'ont pas éclairé ceux qui, selon l'expression de l'Écriture, « avaient des yeux et ne voyaient point. » Il est bon de montrer quel degré d'aveuglement et de surdité peuvent atteindre les gouvernements infatués d'eux-mêmes et hallucinés par l'adulation.

Dès ses premiers rapports de 1866, le colonel Stoffel signalait avec insistance la redoutable composition de l'armée prussienne. Il la montrait, par la vertu du service obligatoire, à l'état de peuple en armes, image exacte de la nation dont elle représente toutes les classes, fortifiée par la somme d'intelligence que versent en elle le grand nombre d'hommes cultivés qui en font partie. Il opposait la science militaire de ses officiers, leur ardeur et leur assiduité au travail, à l'insuffisance des nôtres, qui « vivent sur les connaissances acquises », sans les renouveler par l'accroissement et la continuité des études. Il mettait en contraste l'ignorance de nos soldats avec l'instruction primaire très-complète des soldats prussiens, sachant tous lire et écrire, pourvus de ce premier fonds de culture qu'aucun don de l'intelligence naturelle ne peut remplacer. Le service obligatoire, en Prusse, a pour fondement l'instruction obligatoire, en vigueur chez elle depuis plus de trente ans, et qui a vulgarisé dans toute la nation, les connaissances indispensables à la vitalité de l'esprit. — « Le peuple prussien, — » écrivait le colonel Stoffel, — est le plus éclairé de » l'Europe, en ce sens que l'instruction y est ré- » pandue dans toutes les classes. En France, où l'on » ignore si complétement toutes les choses qui se » rapportent aux pays étrangers, on ne se doute » même pas de la somme de travail intellectuel dont » l'Allemagne du Nord est le théâtre. Les écoles po- » pulaires y abondent, et, tandis qu'en France le » nombre des centres d'activité et de production in- » tellectuelle se réduit à celui de quelques grandes » villes, l'Allemagne du Nord est couverte de pareils

» foyers. Pour les énumérer, il faudrait descendre
» jusqu'à compter des villes de troisième et quatrième
» ordre. »

Quelle confiance en lui-même ne donne pas au soldat cette première armure d'instruction dont le revêt l'école, surtout si l'adversaire contre lequel il marche s'en trouve dépourvu ! C'est, en quelque sorte, au moral, l'orgueil du cavalier de Cortez, cuirassé de fer, armé d'un mousquet, en face du Mexicain, vêtu de coton, qui lui lançait des flèches émoussées. — Des officiers prussiens, qui avaient fait la guerre de Bohême, disaient au colonel Stoffel : « Lorsque, après les
» premiers combats, nos soldats se trouvèrent, pour
» la première fois, en présence des prisonniers autri-
» chiens, qu'ils virent de près et interrogèrent ces
» hommes, dont beaucoup savaient à peine distinguer
» leur droite de leur gauche, il n'y en a pas un seul
» qui ne se regardât comme un dieu, comparé à de
» telles gens, et cette conviction décupla nos forces. »

L'état-major de l'armée prussienne a été l'agent le plus sûr et le plus actif de tous nos désastres. A chaque instant, dans ses rapports, M. Stoffel proclamait l'effrayante supériorité qu'il a sur le nôtre. — Et d'abord son chef est permanent et inamovible. Depuis des années déjà, c'était M. de Moltke, la science incarnée, la tactique faite homme, possédant la géographie de toutes les contrées de l'Europe, sachant, et par détails, toutes les armées étrangères autant que la sienne. L'état-major ne forme pas, en Prusse, un

corps à part, comme en France ; ses officiers, élus de l'intelligence et de l'aptitude, sont recrutés dans l'armée entière, et formés longuement ensuite par les mains savantes de M. de Moltke. Il faut lire, dans les rapports, le mécanisme d'épreuves, d'examens, d'épurations, de triage par lequel il les fait passer. Le crible est si serré et si rigoureux qu'aucune médiocrité ne peut s'y glisser. Quelle différence de ce choix sévère avec le recrutement des officiers de l'état-major français, nommés au hasard d'un seul examen, végétant ensuite, sans contrôle et sans direction, dans des travaux d'écriture auxquels un scribe suffirait ! — « Combien, — écrivait M. Stoffel, — n'en trouve-t-on
» pas chez nous qui ne savent pas lire sur une carte,
» qui n'ont aucune connaissance des manœuvres des
» diverses armes, qui n'ont jamais étudié une cam-
» pagne des temps modernes, qui, enfin, ne savent
» même pas choisir un campement convenable pour
» une brigade d'infanterie ou un régiment de cava-
» lerie ! » Le colonel Stoffel ne croyait pas si bien dire. Dès l'ouverture de la guerre, les Prussiens entraient en France comme dans un domaine longuement exploré, tandis que l'armée française, en partie conduite par des chefs pour qui une carte était un grimoire, errait, en tâtonnant, au seuil de la patrie envahie ! — Chaque fois qu'il touche ce nerf de l'armée prussienne, le colonel Stoffel tâte et pressent en lui l'instrument de nos désastres futurs. — « Persuadé, — disait-il dans un rapport du 23 avril 1868,

15.

« que dans une guerre prochaine l'armée « de l'Al-
» lemagne du Nord tirerait de la composition de son
» corps d'état-major de sérieux avantages, et que nous
» aurions à nous repentir cruellement peut-être de
» notre infériorité, je reviens sur cette question, selon
» moi, la plus grave de toutes. Je ne le dissimulerai
» pas; ma conviction est telle à cet égard, qu'ici je
» jette le cri d'alarme : *Caveant consules !* » — « Ma
» conviction, dit-il ailleurs, est trop entière pour que
» je ne l'exprime pas une dernière fois : *Méfions-nous
» de l'état-major prussien !* »

L'artillerie de la Prusse ne lui semblait pas moins à craindre. On crut avoir tout fait, chez nous, en opposant le chassepot au fusil à aiguille. La mitrailleuse surtout semblait irrésistible. On se souvient de quels voiles et de quels mystères l'empereur enveloppait cette favorite militaire. On en parlait comme d'un talisman fabuleux qui devait fatalement gagner toute bataille. Personne ne se doutait que la mitrailleuse était déjà connue et fabriquée en Allemagne, mais comme un engin secondaire qui ne peut agir partout, et que le canon à longue portée paralyse. Cependant le colonel Stoffel dénonçait au ministre de la guerre les pièces de campagne prussiennes « comme tirant plus
» juste, plus vite, et ayant une portée plus grande
» que les nôtres. » On méprisa cet avertissement. N'avions-nous pas le canon rayé qui avait foudroyé, à Solférino, la solide armée de l'Autriche ? Mais la machine ne s'arrête pas ; elle passe d'une nation à

l'autre ; on ne garde jamais ni son secret ni son monopole. Elle va se perfectionnant sans cesse, par des progrès légers, souvent insensibles, qui, ajoutés l'un à l'autre, mettent entre les mains du dernier venu et du plus habile, une force invincible. Tandis que notre chassepot faisait merveille à Mentana, tandis que des ouvriers initiés fabriquaient nos mitrailleuses, comme des mécanismes magiques, dans des laboratoires mystérieux, la Prusse forgeait par milliers ses canons d'acier chargés par la culasse, d'une portée telle que ni fusils ni mitrailleuses n'en pourraient seulement approcher, et que, sans combat, ils remporteraient la victoire. De là ces batailles abstraites, pour ainsi dire, où nos soldats, vaincus d'avance par un calcul infaillible, tombaient écrasés, sans jamais voir l'ennemi. — Imaginez un duel entre deux hommes, dont l'un armé d'un petit poignard, s'escrimerait dans le vide, tandis que la grande épée de son adversaire l'enferrerait à tout coup.

Aucun avertissement ne manqua. Dès le mois de mai 1858, le colonel Stoffel dressait l'état des forces que rassemblerait l'Allemagne liguée contre la France, sous la dictature de la Prusse. C'était déjà à plus d'un million d'hommes qu'il évaluait la masse de l'avalanche toute prête à fondre sur nous. Il montrait cette immense armée dressée du nord au sud, par la main prussienne, en travail constant d'instruction, de manœuvres, d'études de toute sorte, « en plein entraînement militaire », selon sa pittoresque expression. —

« L'activité déployée dans toute l'armée, disait-il, qu'il
« s'agisse des travaux élaborés au ministère, de ceux
» des commissions, de ceux de l'état-major, ou qu'il
» s'agisse de l'instruction de détail et de l'instruction
» générale des troupes, l'activité déployée, dis-je, est
» prodigieuse. Aucune armée européenne ne la pré-
» sente au même degré : on dirait d'une ruche d'a-
» beilles... » — « En un mot, ajoutait-il dans une
» autre lettre, le spectacle qu'offre la Prusse à l'ob-
» servateur est celui d'une nation pleine de séve et
» d'énergie, instruite comme aucune autre en Europe,
»' privée à la vérité de toute qualité aimable ou géné-
» reuse, mais douée des qualités les plus solides,
» ambitieuse à l'excès, sans scrupules, audacieuse,
» façonnée toute entière, depuis longtemps, au régime
» militaire... Ce spectacle est tellement saisissant
» qu'on ne peut qu'accuser d'aberration ou d'une
» coupable légèreté les étrangers qu'il aurait dû frap-
» per bien avant 1866... Je le répète, en Prusse, na-
» tion et armée révèlent un esprit, une énergie, une
» discipline, une instruction qui en feront pour nous,
» le cas échéant, les plus redoutables adversaires. »

A cette institution formidable d'un peuple armé, d'une nation-légion, d'un pays transformé en un vaste camp, la France opposait sa loi sur la garde nationale mobile ; loi dérisoire, qui en levant une armée nouvelle de cinq cent mille jeunes gens, réduisait les exercices à quinze jours par an, et lui ôtait ainsi les moyens d'acquérir la moindre instruction. On railla fort, en Prusse, cette armée mort-née, sans cohésion possible, sans force appréciable, presque imaginaire, tant sa formation était chimérique. Le colonel Stoffel transmit vainement à Paris ces rires et ces mépris de l'ennemi. Il écrivait à des aveugles et prêchait des sourds.

Elle avançait pourtant, cette guerre inéluctable, écrite dans les étoiles, décrétée par nos destinées. L'unité allemande que nous avions follement provoquée était devenue l'idée fixe, le dogme national, la volonté inflexible et acharnée de la Prusse. Par la guerre d'Italie, par sa diplomatie de dupe avant la campagne de 1866, l'Empire avait évoqué ce redoutable fantôme. Il recula effrayé, lorsqu'il sortit, incarné, déjà gigantesque de la fumée de Sadowa. On voulut alors le dissiper, l'empêcher de croître. Mais les efforts de la politique étaient aussi impuissants que des gestes et des formules d'exorcisme pour conjurer le spectre fatal. Les balles et les boulets pouvaient seuls le faire évanouir. Ici les prédictions du colonel Stoffel acquièrent une précision surprenante. Dans son rapport du 22 août 1869, il déclare que « la guerre est inévitable. » — « Les personnes qui,
» en France ou ailleurs, regardent une entente comme
» possible ne connaissent peut-être pas bien le carac-
» tère prussien; ou n'en tiennent pas suffisamment
» compte. Cependant, on ne saurait nier que le ca-
« ractère des deux peuples rivaux, leurs qualités et
» leurs défauts sont des éléments importants pour

» juger à l'avance si la paix ou la guerre découleront
» d'une situation déterminée. Il en est ici comme de
» deux individus qui, pour une cause en litige, arri-
» veront à s'entendre ou à se quereller, selon qu'ils
» auront l'un et l'autre tel ou tel tempérament, tels
» ou tels défauts ou qualités. Or, le peuple prussien est
» tout aussi susceptible que le peuple français, tout
» aussi fier, plus pénétré de sa propre valeur ; il est
» énergique, tenace, ambitieux, plein de qualités es-
» timables et solides, mais rude, passablement arro-
» gant et dépourvu de toute générosité. Et c'est ce
» peuple qui a entrepris de résoudre, quoi qu'il en
» coûte, la question de l'unité allemande, quand la
» France ne peut et ne veut y consentir ! Et ce litige
» si grave s'est élevé entre deux nations également
» susceptibles et fières, ambitieuses et puissantes, qui
» se regardent comme des ennemies séculaires, qui se
» sont infligé l'une à l'autre, au commencement de ce
» siècle, les plus sanglants affronts ; entre deux nations
» que tout divise : la langue, la religion, les tendan-
» ces, le caractère ! Comment espérer, après cela,
» qu'une entente soit possible entre elles ? Il n'y a
» qu'un politique sentimental ou un rêveur sans au-
» cune connaissance du jeu des passions humaines,
» qui puisse conserver un tel espoir. On doit donc
» s'y attendre, le conflit naîtra, un jour ou l'autre,
» terrible, acharné. »

La clairvoyance du colonel Stoffel n'était pas moins vive, lorsqu'il annonçait que la Prusse ne prendrait

jamais l'initiative d'une déclaration de guerre à la
France. — « Il n'est pas probable, ajoutait-il, que la
» guerre éclate sur la question même de l'unité alle-
» mande, aussi longtemps du moins que M. de Bis-
» mark conduira les affaires de la Confédération. Cet
» homme éminent, type remarquable du plus parfait
» équilibre entre l'intelligence et l'énergie de la vo-
» lonté, ne commettra, on peut en être certain, au-
» cune faute par impatience. Il sait trop bien que le
» temps est son plus sûr auxiliaire, et que, dans une
» guerre avec la France, il courrait risque de compro-
» mettre son œuvre de 1866. Dans une récente con-
» versation, il m'exposait, en un langage plein de bon
» sens, les raisons qui engagent la Prusse à ne pro-
» voquer ni à ne désirer la guerre ; et il terminait par
» ces paroles : « Jamais nous ne vous ferons la guerre :
» il faudra que vous veniez nous tirer des coups de
» fusil chez nous, à bout portant. » — Le colonel
Stoffel prévoyait aussi, dans le même rapport, que
cette guerre funeste sortirait d'un simple incident,
qu'une étincelle quelconque mettrait le feu aux pou-
dres de haine, de ressentiments, de méfiance, entas-
sées, chez les deux peuples, depuis si longtemps.
On dirait qu'à travers le jeu confus de la politique des dernières années, il voyait déjà surgir la
carte fatidique du prince de Hohenzollern. — « Au-
» jourd'hui déjà, les choses sont arrivées à ce point,
» que le fait le plus simple en apparence, ou l'évène-
» ment le plus insignifiant peut amener une rupture.

» En d'autres termes, *la guerre est à la merci d'un*
» *incident.* Quel qu'il soit, les esprits superficiels le
» regarderont comme la cause de la guerre ; mais cette
» cause est beaucoup plus profonde et plus complexe.
» L'hostilité réciproque des deux peuples, hostilité
» toujours croissante, pourrait se comparer à un fruit
» qui mûrit, et l'incident d'où naîtra la rupture, sera
» comme le choc accidentel qui fait tomber de l'arbre
» le fruit parvenu à sa maturité. »

Plus la guerre approche, et plus les avertissements de M. Stoffel redoublent d'insistance et de gravité. C'est comme un tocsin qui précipite ses battements à mesure que l'incendie gagne. « La France, — écrit-
» il au mois d'août 1869, — montre-t-elle la même
» clairvoyance que la Prusse ? Malheureusement non,
« et, chose triste à reconnaître, nul ne saurait dire
» quand finira le funeste aveuglement dont elle est
» frappée. Ainsi donc, une guerre effroyable s'an-
» nonce et menace d'éclater d'un jour à l'autre. Notre
» ennemi le plus sérieux discerne clairement cette
» chance redoutable ; il épie le moment de la lutte, il
» est prêt à la soutenir avec *toute la partie virile de*
» *la nation*, avec un million de soldats, les plus disci-
» plinés, les plus aguerris, les plus fortement orga-
» nisés qu'il y ait ; — et, en France, où quarante
» millions d'hommes devraient être convaincus,
» comme le peuple prussien, que la guerre est fatale,
» où toutes les préoccupations devraient s'évanouir
» devant une seule, celle du salut public, à peine

» compterait-on quelques personnes qui se fassent une
» idée précise de la situation et qui aient conscience
» de l'immense danger qu'elle comporte. »

Citons encore cet avertissement dernier et suprême, — daté du 14 février 1870. — Il ressemble au coup de feu que la sentinelle, qui voit l'ennemi s'avancer dans l'ombre, tire en se repliant sur le fort ou sur le camp menacé. — « On est effrayé de songer
» que nous avons à nos portes une puissance rivale,
» qui nous trouve pour le moins incommodes, quoi
» qu'on en puisse dire, et qui, par suite d'une organisation
» nisation dont elle ne peut pas se départir, dispose
» de plus de neuf cent mille soldats, rompus au métier
» tier des armes. »

Tous ces cris d'alarme restèrent sans écho, toutes ces prophéties s'engloutirent, incomprises et méprisées, dans la poussière des cartons, comme les feuilles sibyllines dans les flammes du trépied de Tarquin. L'incident annoncé survint, la guerre éclata, remise au hasard, vouée à l'aventure, sans préparation d'aucune sorte. On peut dire que c'est dans un bureau de loterie qu'elle fut déclarée. Alors, on vit, d'une part, l'étonnant spectacle d'un million d'hommes appelés et concentrés en quinze jours, marchant au combat comme à la parade, arrivant toujours au moment voulu, à l'heure indiquée par le chronomètre infaillible qui réglait leurs évolutions, culbutant méthodiquement nos armées, exécutant, avec une précision algebriqué, les plans dressés, depuis des années, dans le cabinet de M. de Moltke ; — de l'autre part, trois cent mille soldats désagrégés par l'indiscipline, affamés et désarmés par une inepte intendance, poussés, sans direction et sans but, à des défaites immanquables. Car l'affreuse originalité de cette guerre, est d'avoir été une catastrophe perpétuelle : déroutes sur désastres, écrasements sur renversements ; son prologue fut aussi tragique que son épilogue. Les victoires que la Prusse a remportées sur nous, ont été celles du calcul sur le hasard, de la réflexion sur l'improvisation, de la science sur l'ignorance. La fatalité n'a rien à voir dans nos catastrophes, notre aveuglement a tout fait.

Transformons-nous donc si nous voulons revivre. « Être ou n'être pas »; ce dilemme d'Hamlet est aujourd'hui celui de la France. Que le service obligatoire discipline et aguerrisse le pays entier. Aucun élan, aucun héroïsme ne prévalent contre la masse d'une nation armée. Les trois cents Spartiates de Léonidas iraient, aujourd'hui, souper chez Pluton, sans avoir pu seulement lancer un javelot ou tirer leur glaive. Il n'y a plus de Thermopyles à l'époque des canons Krupp et des mortiers monstres. Que l'instruction pénètre le peuple et qu'elle l'éclaire en tous sens. Même à forces égales, il est prouvé, aujourd'hui, qu'une race instruite battra toujours une race ignorante. L'Allemagne répète partout ce mot dont elle a fait un proverbe : « C'est le maître d'école prussien qui a gagné la ba-

» taille de Kœniggrætz. » Que la routine, cette pagode chinoise, ne soit plus la divinité de la France. Assimilons-nous, en tâchant de les devancer, tous les progrès accomplis par les autres peuples, dans l'administration comme dans l'enseignement, dans la politique comme dans les armes. Que notre artillerie ne soit plus une académie, confinée dans ses traditions, ayant ses classiques et ses mandarins, n'admettant qu'on bombarde ou qu'on mitraille que selon ses règles. Un canon perfectionné, une découverte de la chimie militaire peut, à l'heure qu'il est, renouveler la guerre et décider les victoires. — Rompons, de tous côtés, cette muraille de porcelaine que notre vanité frivole avait élevée entre nous et les nations étrangères. Étudions leur génie, scrutons leurs arcanes, suivons le courant de leurs idées et de leurs tendances. N'attendons pas, pour reconnaître et confesser leur puissance, qu'elle éclate sur nous comme un coup de tonnerre. Apprenons leurs langues, et surtout celles de nos ennemis : l'ignorance de la langue allemande entre pour sa part dans les causes qui ont produit nos désastres. Leurs livres, leurs journaux, les salons même de nos ambassades retentissaient des complots qu'ils préparaient contre nous : nos politiques et nos diplomates ne voyaient et n'entendaient rien. Ils ressemblaient à des voyageurs enveloppés, dans un pays inconnu, par une troupe de bandits qui viennent à eux avec des sourires. Sachant qu'ils ne comprennent pas leur langage, ils peuvent, sans se gêner, conspirer

devant eux leur mort et discuter le piége où ils les
prendront. — Rétablissons, surtout, dans le cœur
même du pays, le sentiment du devoir, la virilité des
mœurs, le respect de la famille, l'obéissance à la loi.
Un peuple se stérilise quand il a perdu ces racines ;
comme un arbre mort, il est marqué pour la hache :
tôt ou tard il sera frappé. Que la foudre qui nous terrasse nous ait du moins éclairés. — « C'est à la France,
» disait-on en Prusse au colonel Stoffel, que nous
» devons notre réveil et notre grandeur, Iéna nous a
» fait réfléchir et nous avons profité de la leçon. » —
C'est à la Prusse que la France devra sa résurrection,
si Sedan la fait rentrer en elle-même, et si elle met à
profit cette effroyable leçon.

2 juillet 1871.

XIX

LA HAINE SAINTE

Un des plus grands crimes de la Commune aura été d'émousser la haine de la Prusse dans l'âme de la France. Qu'elle était forte et ardente cette sainte haine au lendemain du siége de Paris, après les préliminaires de la paix féroce qui faisait passer la patrie sous les Fourches de la conquête! La soif des représailles nous dévorait tous, l'espoir de la revanche prochaine ou lointaine était l'idée fixe du pays entier. Des ligues se formaient, comme des cordons sanitaires, contre le retour des espions allemands. On se promettait de ne plus vivre que pour la revendication et pour la vengeance. Le serment d'Annibal était gravé dans chaque cœur.

L'insurrection du 18 mars éclata; Paris fut envahi par ses bandes. Elle le remplit d'insanités et de crimes; elle en fit l'épouvante et l'horreur du monde. La Jacquerie accouplée au Jacobinisme engendra une faction monstrueuse dont la politique était un massacre, et le drapeau un sac de pillage. Alors un grand changement s'opéra dans tous les esprits. La plaie saignante de l'invasion fut cautérisée par le fer rouge de la guerre civile. La haine fit volte-face et se retourna contre la Commune. La Prusse fut reléguée à l'arrière-plan de la scène tragique où la France, depuis dix mois, se débattait dans des flots de sang. Comparé au sauvage du dedans, le Barbare du dehors parut à quelques-uns presque tolérable. Son oppression réglée fut trouvée légère auprès de la tyrannie délirante des démagogues de l'Hôtel-de-Ville. Les villes et les campagnes qu'occupaient ses hordes, étaient recherchées comme des lieux d'asile. Prise entre deux gouffres, la France redouta surtout celui qu'elle savait sans fond. D'ailleurs, on ne peut pas plus servir deux haines que deux maîtres. Comme les serpents sortis de la verge d'Aaron et de celle du mage égyptien, la dernière venue dévore la première.

La Commune est tombée, l'anarchie expire, la France va renaître. Mais si nous voulons qu'elle se relève de toute sa grandeur, hâtons-nous de faire rentrer dans son âme cette haine urgente, vitale, essentielle. Entretenons-la comme un feu sacré. Si elle s'éteignait, sa vie nationale ne ferait plus que décroître. Son abjuration serait une abdication.

Il faut sonner ce tocsin, battre ce rappel, car la France ne sait pas haïr. Il y a un défaut singulier dans son admirable organisation : le manque de mémoire. Son ignorance de la géographie, son inaptitude aux langues étrangères trahissent cette lacune signalée par les physiologistes des races. Mais ce n'est pas seulement la mémoire intellectuelle, c'est aussi la mémoire morale et surtout celle des injures qui lui fait défaut. Elle oublie vite, pardonne aisément, jusqu'aux plus impardonnables insultes. Cela tient peut-être à la facilité merveilleuse avec laquelle elle a jusqu'ici guéri ses blessures. On se réconcilie aisément avec un ennemi, quand on se croit sûr de survivre aux coups qu'il vous a portés.

Bien plus, ignorant la haine, la France ne la soupçonne pas chez les autres. Elle a vécu soixante ans en face de l'Allemagne, sans se douter qu'elle en était exécrée. Une nation entière complotait son meurtre, préméditait sa ruine, dressait, étape par étape, l'itinéraire de son invasion : la France n'écoutait et ne voyait rien. Un jour enfin, assourdie par ses cris de rage, elle répondit par une chanson d'Alfred de Musset et n'y songea plus. Les Barbares étaient là, sur le bord du fleuve, vociférant des menaces, frappant sur leurs boucliers : elle leur lança cette flèche légère comme un dard d'abeille, et crut les avoir désarmés.

Cette haine contre la France était pourtant, au delà du Rhin, en éruption perpétuelle. Elle brûlait à une profondeur incommensurable, alimentée par des litiges séculaires, par des grimoires historiques, par des parchemins de vieux traités abolis, par l'incendie du Palatinat autant que par les canons d'Iéna. Car l'Allemagne ne connaît pas la prescription en fait de vengeance : Turenne et Napoléon sont contemporains devant sa rancune. Jamais non plus elle ne se croit quitte et ne se déclare assouvie. Leipsick et Waterloo n'étaient pour elle qu'une première revanche, l'àcompte d'une dette insolvable, tant elle en avait outré la sanglante usure. Cette haine héréditaire, on l'enseignait dans ses écoles, on la professait dans ses universités, ses poëtes l'aiguisaient dans leurs chants de guerre, ses philosophes la rédigeaient en systèmes; elle avait fondé des sectes, créé des gymnases ; elle était l'âme et l'objectif de ses institutions militaires. Si le polythéisme existait encore, l'Allemagne aurait consacré des temples et voué des victimes au Mauvais Génie de la France. Aussi, quand l'heure eut sonné, quand l'occasion provoquée eut enfin surgi, quelle levée en masse et en ordre! quel ralliement subit autour de la Prusse! quel renoncement absolu aux griefs sanglants qu'elle avait contre elle! quelle fusion ardente et active dans l'unité qui devait centupler ses forces ! Tout se trouva prêt à la fois : les volontés et les armes, les calculs et les enthousiasmes, le mécanisme et la flamme. La France était vaincue d'avance, avant d'avoir combattu.

Ce trésor de haine qui est parfois la ressource unique d'un peuple, où il puise, aux jours du péril, les énergies du salut suprême, nous l'avions amassé pendant l'invasion. Il s'était grossi de tant d'opprobres et de cruautés, d'affronts et d'outrages qu'il paraissait presque inépuisable. Une diversion de deux mois a-t-elle donc suffi à le dissiper? Une poignée de bandits ravageant Paris, pendant leur règne éphémère, nous fera-t-elle oublier la race gigantesque, puissante, innombrable, qui s'acharne à notre perte, menace notre existence nationale, et, à l'heure qu'il est, écrase encore le tiers de la France? La guerre servile a-t-elle amnistié dans nos âmes la guerre étrangère? En ce cas, il faudrait désespérer de la France; car elle-même aurait abjuré l'espoir.

Loin d'amoindrir la haine de la Prusse, cette exécrable insurrection aurait dû l'accroître : car elles sont jointes l'une à l'autre par des affinités si étroites qu'elles se confondent dans une sorte de monstre à deux têtes. La Commune a été dressée par la Prusse : les crimes qu'elle a commis sont les plagiats de ses forfaits militaires. C'est à son école qu'elle a appris les réquisitions, la loi des otages, les pillages, les fusillades sommaires, les incendies méthodiques. Ses bandits étaient les valets du bourreau allemand, qui, debout sur les remparts de Paris, présidait à l'exécution de la France. Et qui pourrait affirmer que cette infâme parodie ne recélait pas une secrète entente? Qui pourrait dire quel or on trouverait en fouillant le fond de cet égout déchaîné? Qu'on se rappelle les signes d'intelligence échangés entre Saint-Denis et l'Hôtel-de-Ville; un agent prussien reconnu sous l'uniforme du général en chef de l'insurrection; les étranges paroles de M. de Bismark reconnaissant, à la tribune du parlement fédéral, « un grain de bon sens dans la révolution parisienne. » Ces indices épars, si on parvenait à les compléter, nous conduiraient peut-être, par des ramifications ténébreuses, à quelque horrible rencontre de la Commune surprise en flagrant délit de complicité avec l'invasion.

Ce qu'il y a de certain du moins, c'est la joie des armées allemandes devant les catastrophes de la dernière lutte. Nous étions à Montmorency pendant cette semaine infernale. Chaque soir, du haut des collines, on voyait les incendies s'allumer comme des cratères, dans l'enceinte de Paris qui débordait l'horizon. Les Tuileries, l'Hôtel-de-ville, le Conseil d'État, le Palais-Royal, des rues entières prenaient feu et s'embrasaient tour à tour. Le spectre rouge de la grande ville brûlée vive flamboyait sur la noirceur de la nuit. Les officiers et les soldats prussiens accouraient là, comme aux avant-scènes d'un spectacle, gais, railleurs, bruyamment joyeux, saluant les jets des flammes incendiaires comme les fusées d'un feu d'artifice. J'entends encore leurs éclats de rire; j'entends leurs hurrahs et leurs quolibets vociférés dans cette langue allemande qui prend, quand elle insulte, l'accent bestial d'un idiome sauvage. Ces rires effrayants déchiraient le cœur. La Prusse attroupée sur les coteaux de cette campagne qu'elle a saccagée, et acclamant l'incendie de Paris, faisait songer à Néron regardant brûler Rome du haut de sa tour.

Haïssons donc qui nous hait si bien. Cette guerre

n'est pas un de ces duels courtois, après lesquels
l'homme à terre se soulève pour tendre la main à
son adversaire ; c'est une lutte irréconciliable, que la
défaite peut interrompre, mais non terminer. Certes,
il y aurait de la démence à pousser la France vers
une revanche immédiate. Il lui faudra des années pour
retremper ses armes et se retrouver prête au combat.
A Dieu ne plaise qu'elle retombe dans son infatuation
d'autrefois ! Nous avons appris, par une cruelle expérience, qu'une confiance présomptueuse irrite la fortune ; que les cris fanfarons font fuir la victoire. Mais
la France ne peut se résigner à sa chute. Tôt ou tard,
sous peine de déchéance et de mort, elle devra recouvrer ses provinces perdues. Ses frontières d'avant
la guerre étaient déjà terriblement affaiblies. On a vu
quelle porte ouvrait aux envahisseurs l'énorme brèche
que leur avaient faite les traités de 1815, depuis la
Meuse jusqu'à Wissembourg. Aujourd'hui il n'y a
plus de brèche, parce qu'il n'y a plus de rempart ; nos
dernières forteresses sont retournées contre nous ; les
canons ennemis plongent à moitié dans l'intérieur du
pays. Tant qu'elle n'aura pas reconquis l'Alsace, repris la Lorraine, la France souffrira, comme l'amputé
souffre des membres que le fer lui a retranchés. Cette
mutilation, si elle se prolonge, amènerait bientôt le
dépérissement. Une nation ne peut vivre avec un bras
et un pied coupé.

La revanche est donc inévitable dans un temps
donné ; elle est écrite dans le livre de nos destins, s'il

n'est pas fermé pour jamais. Préparons-nous à la prendre, quand paraîtra l'occasion propice, par la haine patiente et sérieuse, opiniâtre et vigilante de notre ennemi. Étudions ses forces, scrutons ses lacunes, explorons ses piéges, emparons-nous de ses progrès en tâchant de les devancer. Mettons au ban de Paris sa légion d'espions qui, de la banque à l'échoppe, reviennent déjà, effrontément, reprendre leurs postes. Que cette haine ne s'évapore point en paroles, mais qu'elle pénètre dans nos lois, qu'elle s'insinue dans nos mœurs, qu'elle inspire notre diplomatie et notre politique. Qu'elle suscite notre armée nouvelle, illustrée déjà par une lutte héroïque, l'exalte de sa passion, l'embrase de son souffle. Il y a des poisons qui sont des remèdes ; la France ne guérira qu'en s'inoculant celui-là.

Aussi bien nous pouvons remettre à la Prusse le soin de retourner son fer dans nos plaies. Elle s'entend à se faire haïr. Le triomphe de notre emprunt, débordé plutôt que couvert, l'irrite déjà jusqu'à la fureur. Ce peuple, que depuis dix mois elle pressure, demande deux milliards pour lui payer son rachat. A son appel, cinq milliards sortent, en un jour, des épargnes de l'Europe entière. L'argent indifférent, sceptique, égoïste affirme, par une profusion sans exemple, sa foi dans la vitalité de la France. Il comble à flots le sépulcre où la Prusse croyait l'avoir enfermée. Le crédit du vaincu est cent fois plus grand que ne le serait celui du vainqueur. Aussi voilà le créancier qui se fâche et se repent, avec un dépit cynique, de n'avoir pas doublé la rançon. — Shylock a exigé de son débiteur une livre de chair prise à l'endroit du cœur. Le patient, l'épée sur la gorge, accepte ce contrat atroce; il ouvre sa poitrine, la tend au couteau. Par un miracle imprévu, il survit à l'opération; sa plaie se cicatrise et se ferme. Sur quoi Shylock, indigné de ce que sa victime ait la vie si dure, regrette de n'avoir pas réclamé son cœur même, arraché tout vif de son sein.

Du même coup, la Prusse se révolte à l'idée que la France va refaire une puissante armée. Elle signale à la défiance de l'Europe cette incorrigible nation qui n'entend plus être surprise, avec trois cent mille hommes indisciplinés, par douze cent mille soldats aguerris. Elle s'étonne qu'elle ne veuille plus retomber dans cette enfilade de guets-apens et d'embûches qu'elle a traversée, en y laissant son sang et ses membres, jusqu'à ce qu'elle vint, mutilée et agonisante, se faire achever dans l'abattoir de Sedan. Elle prêche, d'un ton menaçant, le désarmement à ce peuple qu'elle dépouille à nu, qu'elle dépèce à vif, qu'elle écrase encore du poids d'une armée, et qui ose se mettre sur la défensive au lieu de se livrer faible et nue à ses récidives! Le *Væ victis* des vainqueurs barbares n'a jamais été traduit plus insolemment.

Que la France arme donc puisque l'ennemi la veut désarmée; que, des Alpes aux Pyrénées, elle se revête de force guerrière. Qu'elle économise sur tout, excepté sur l'acier de ses canons et sur les pierres de ses forteresses. Il y va de son honneur, de son existence, de sa liberté ou de son servage. — Vous connaissez cette grande et tragique théorie de la « Concurrence vitale » posée par Darwin, qui vient de faire une révolution dans la science. D'après ce système, la nature est un immense champ de bataille, où, depuis le graminée jusqu'au quadrupède, chaque être dispute aux autres sa part d'espace, de nourriture et de sève; et où le plus faible finit infailliblement par céder la place au plus fort. Cette règle inexorable on la retrouve dans l'histoire : les peuples y luttent pour l'existence, les races supérieures y supplantent les races inférieures. La loi est dure, mais elle est la loi. La nature subit sans murmure ce droit divin de la force; mais l'homme, doué de volonté et de libre arbitre, peut corriger sa fatalité. Il a une âme, et l'univers n'en a pas. Il suffit d'un héros apparaissant au milieu d'un peuple condamné par la loi des choses, pour faire casser son arrêt.

Par une coïncidence singulière, en même temps que la théorie du naturaliste anglais se produisait dans la science, elle éclatait dans l'histoire actuelle avec une redoutable évidence. La Prusse a combattu la France, non-seulement pour la vaincre, mais pour la détruire. Elle invoque contre elle la « concurrence vitale » de Darwin : c'est-à-dire la force primant le droit, l'extinction de l'inférieur par le supérieur, l'anéantissement des races romanes qui décroissent par la race allemande qui grandit. La lutte commence, la lutte « pour la vie »; une première fois la Prusse a vaincu. Le destin semble avoir prononcé. Que la France n'accepte pas cette sentence, qu'elle en appelle à son génie qui éclaire et réchauffe le monde, qu'elle ait foi dans son immortalité nationale, qu'elle veuille revivre, et elle triomphera.

Mais, encore une fois, pour vaincre notre ennemi, sachons le haïr. Détester la Prusse, c'est aimer la France. Cette haine n'est que le revers du plus noble et du plus grand des amours.

4 juillet 1871.

FIN

TABLE

	Pages.
Avant-propos	1
I. — Henri Heine et la Prusse	1
II. — L'Allemagne et la Prusse	23
III. — La Statue de Strasbourg	39
IV. — Les Trésors de Paris	42
V. — La Cité antique	54
VI. — Le Gros Guillaume	67
VII. — Némésis	129
VIII. — Prosper Mérimée	139
IX. — Un Prisonnier de la Prusse	150
X. — L'Art pendant le siége	161
XI. — Nos Bons Allemands	173
XII. — Chants populaires du pays Messin	183
XIII. — L'Anniversaire de Molière. — Paris grand-hôtel	199
XIV. — Henri Regnault	209
XV. — La Patrie toujours en danger	219
XVI. — Comment les peuples périssent	230
XVII. — L'Orgie rouge	241
XVIII. — Une Voix dans le désert	256
XIX. — La Haine sainte	273

CATALOGUE
DE
MICHEL LÉVY
FRÈRES
ÉDITEURS
ET DE
LA LIBRAIRIE NOUVELLE

PREMIÈRE PARTIE[1]

Nouveaux ouvrages en vente. — Ouvrages divers, format in-8°.
Bibliothèque contemporaine, format gr. in-18. — Bibliothèque nouvelle.
Œuvres complètes de Balzac. — Collection Michel Lévy, form. gr. in-18.
Collection format in-32. — Collection à 50 centimes.
Musée littéraire contemporain, in-4°. — Brochures diverses.
Ouvrages divers illustrés.

Tous les ouvrages portés sur ce Catalogue sont expédiés *franco* (contre mandats ou timbres-poste), sans augmentation de prix, excepté les volumes à 1 fr. de la Collection Michel Lévy, auxquels il faut ajouter 25 cent. par volume.

RUE AUBER 3, PLACE DE L'OPÉRA
ET BOULEVARD DES ITALIENS, 15
AU COIN DE LA RUE DE GRAMMONT
PARIS

—

OCTOBRE 1871

[1] Les 2ᵉ et 3ᵉ parties seront envoyées *franco* à toute personne qui en fera la demande par lettre affranchie.

NOUVEAUX OUVRAGES EN VENTE

Format in-8

CHARLES DE FREYCINET — f. c.
LA GUERRE EN PROVINCE PENDANT LE SIÉGE DE PARIS, 1870-1871, avec des cartes du théâtre de la guerre, 4ᵉ *édition*. 1 vol. 7 50

LE DUC D'ORLÉANS
CAMPAGNES DE L'ARMÉE D'AFRIQUE — 1835-1839, — publié par ses fils. Avant-propos de M. le comte de Paris, introduction de M. le duc de Chartres, avec un portrait du duc d'Orléans par Horace Vernet et une carte de l'Algérie. 1 beau vol. vélin. 7 50

LE DUC DE BROGLIE
VUES SUR LE GOUVERNEMENT DE LA FRANCE, publié par son fils. 1 vol. 7 50

LOUIS DE LOMÉNIE
LA COMTESSE DE ROCHEFORT ET SES AMIS. Etude sur les mœurs en France au XVIIIᵉ siècle avec des documents inédits. 1 vol. 7 50

LE DUC D'AUMALE
HISTOIRE DES PRINCES DE CONDÉ PENDANT LES XVIᵉ ET XVIIᵉ SIÈCLES, avec carte et portraits, gravés sous la direction d'Henriquel-Dupont. 2 v. 15 »

HECTOR BERLIOZ
MÉMOIRES, comprenant ses voyages en Italie, en Allemagne, en Russie et en Angleterre, 1803-1865, avec un beau portrait. 1 vol. . . . 12 »

GUSTAVE FLAUBERT
L'ÉDUCATION SENTIMENTALE. Histoire d'un jeune homme, 2ᵉ *édition*. 2 v. 12 »

LE GÉNÉRAL E. DAUMAS
LA VIE ARABE ET LA SOCIÉTÉ MUSULMANE. 1 vol. 7 50

M. GUIZOT
MÉLANGES POLITIQUES ET HISTORIQUES. 1 vol. 7 50
MÉDITATIONS SUR LA RELIGION CHRÉTIENNE DANS SES RAPPORTS AVEC L'ÉTAT ACTUEL DES SOCIÉTÉS ET DES ESPRITS. 1 vol. . . . . 6 »

ERNEST RENAN
SAINT PAUL, avec une carte. 1 vol. . 7 50

E. BEULÉ, *de l'Institut*
TITUS ET SA DYNASTIE. 1 vol. . . 6 »

L. DE VIEL-CASTEL
HISTOIRE DE LA RESTAURATION. tome XIII. 1 vol. . . . . 6 »

DUVERGIER DE HAURANNE
de l'Académie française
HISTOIRE DU GOUVERNEMENT PARLEMENTAIRE EN FRANCE (1814-1848). Tome IX. 1 vol. 7 50

Format gr. in-18 à 3 fr. le vol.

PAUL DE SAINT-VICTOR vol.
BARBARES ET BANDITS. — La Prusse et la Commune 1

GEORGE SAND
JOURNAL D'UN VOYAGEUR PENDANT LA GUERRE, 3ᵉ *édition*. 1
CÉSARINE DIETRICH. 1

EDMOND DE PRESSENSÉ
LES LEÇONS DU 18 MARS, 2ᵉ *édition* . 1

HECTOR MALOT
UNE BONNE AFFAIRE. 1

ALPHONSE KARR
LES GAIETÉS ROMAINES. 1

L'AUTEUR DE ROBERT EMMET
MARGUERITE DE VALOIS, REINE DE NAVARRE. 1

EUGÈNE DE MIRECOURT
LA MARQUISE DE COURCELLES. . . 1

LE COMTE D'HAUSSONVILLE
de l'Académie française.
L'ÉGLISE ROMAINE ET LE PREMIER EMPIRE. 3ᵉ *édition*. 5

Mᵐᵉ CLÉSINGER-SAND
JACQUES BRUNEAU. 1

CH. BAUDELAIRE
ŒUVRES COMPLÈTES. 7

ALFRED DE BRÉHAT
LES MAITRESSES DU DIABLE. . . . 1

ÉDOUARD OURLIAC
CONTES DU BOCAGE. 1

LE PRINCE DE JOINVILLE
ÉTUDES SUR LA MARINE ET RÉCITS DE GUERRE, avec carte. 2

ALEX. DUMAS FILS
THÉATRE COMPLET avec préfaces inédites. 2ᵉ *édition*. 4

OCTAVE FEUILLET
de l'Académie française
M. DE CAMORS. 12ᵉ édition. . . . 1

FÉLIX BUNGENER
PAPE ET CONCILE AU XIXᵉ SIÈCLE. . 1

A. DE PONTMARTIN
NOUVEAUX SAMEDIS. Tome VII. . . 1

C.-A. SAINTE-BEUVE
de l'Académie française
NOUVEAUX LUNDIS. Tome XII. . . 1
PORTRAITS CONTEMPORAINS. *Nouvelle édition très-augmentée.* 5

HENRI HEINE
ALLEMANDS ET FRANÇAIS. 1

OUVRAGES DIVERS
Format in-8

J.-J. AMPÈRE, de l'Acad. franç.   f. c.
CÉSAR, Scènes historiques. 1 vol. . 7 50
L'EMPIRE ROMAIN A ROME. 2 vol. . 15 »
L'HISTOIRE ROMAINE A ROME, avec des plans topographiques de Rome à diverses époques. 3e édit. 4 vol. 30 »
MÉLANGES D'HISTOIRE LITTÉRAIRE ET DE LITTÉRATURE. 2 vol. . . . . 12 »
PROMENADE EN AMÉRIQUE. — États-Unis, Cuba, Mexique. 3e édit. 2 v. 12 »
VOYAGE EN ÉGYPTE ET NUBIE. 1 vol. 7 50

***
MAD. LA DUCH. D'ORLÉANS. 6e éd. 1 v. 6 »

LE DUC D'AUMALE
ALESIA. Étude sur la septième campagne de César en Gaule. Avec 2 cartes (Alise et Alaise). 1 vol. 6 »
HISTOIRE DES PRINCES DE CONDÉ PENDANT LES XVIe ET XVIIe SIÈCLES, avec cartes et portraits gravés sous la direction M. Henriquel-Dupont. 2 vol. . . . . . . 15 »
LES INSTITUTIONS MILITAIRES DE LA FRANCE. 1 vol. . . . . 6 »

J. AUTRAN de l'Acad. française
LE CYCLOPE, d'après Euripide. 1 vol. 3 »
PAROLES DE SALOMON. 1 vol. . . . 6 »
LE POÈME DES BEAUX JOURS. 1 vol. . 5 »

L. BABAUD-LARIBIÈRE
ÉTUDES HIST. ET ADMINISTR. 2 vol. 12 »

H. DE BALZAC
ŒUVRES COMPLÈTES. ENVIRON 25 VOLUMES
SCÈNES DE LA VIE PRIVÉE. 4 vol. . 24 »
SCÈNES DE LA VIE DE PROVINCE. 3 vol. 18 »
SCÈNES DE LA VIE PARISIENNE. 4 vol. 24 »
SCÈNES DE LA VIE MILITAIRE. 1 vol. 6 »
SCÈNES DE LA VIE POLITIQUE. 1 vol. 6 »
SCÈNES DE LA VIE DE CAMPAGNE. 1 v. 6 »
ÉTUDES PHILOSOPHIQUES. 3 vol. . . 18 »
THÉÂTRE COMPLET. 1 vol. . . . . 6 »

J. BARTHÉLEMY SAINT-HILAIRE
LETTRES SUR L'ÉGYPTE. 1 vol. . . 7 50

L. BAUDENS
Memb. du conseil de santé des armées
LA GUERRE DE CRIMÉE. — Campements, abris, ambulances, etc. 1 vol. . 6 »

IS. BÉDARRIDE
LES JUIFS EN FRANCE, EN ITALIE ET EN ESPAGNE. 3e édition. 1 vol. 7 50

LA PRINCESSE DE BELGIOJOSO
ASIE-MINEURE ET SYRIE. 1 vol. . 7 50
HIST. DE LA MAISON DE SAVOIE. 1 v. 7 50

E. BÉNAMOZEGH
MORALE JUIVE ET MOR. CHRÉTIENNE. 1 v. 7 50

HECTOR BERLIOZ
MÉMOIRES, comprenant ses voyages en Italie, en Allemagne, en Russie et en Angleterre, 1803-1865, avec portrait de l'auteur . . . . . 12 »

BERRIAT SAINT-PRIX
LA JUSTICE RÉVOLUTIONNAIRE. — Août 1792, Prairial an III. D'après des documents originaux. T. Ier, 2e édit. 7 50

E. BEULÉ, de l'Institut
AUGUSTE, SA FAMILLE ET SES AMIS. 4e édition. 1 vol. . . . . . . 6 »

E. BEULÉ, de l'Institut (suite)   f. c.
LE SANG DE GERMANICUS. 3e édit. 1 v. 6 »
TIBÈRE ET L'HÉRITAGE D'AUGUSTE. 3e édition. 1 vol. . . . . . 6 »
TITUS ET SA DYNASTIE. 1 vol. 2e édit. 6 »
LE DRAME DU VÉSUVE. 1 vol. . . 6 »

J.-B. BIOT de l'Acad. des Sc. et de l'Ac. fr.
ÉTUDES SUR L'ASTRONOMIE INDIENNE ET SUR L'ASTRONOMIE CHINOISE. 1 v. 7 50
MÉLANGES SCIENTIFIQUES ET LITTÉRAIRES. 3 vol. 22 50

LE CHANOINE DE BLESER
ROME ET SES MONUMENTS, guide du voyageur catholique dans la capitale du monde chrétien. 2e édition, revue, corrigée et augmentée, avec 66 plans annotés. 1 vol. . . . . 10 »

CORNELIUS DE BOOM
UNE SOLUT. POLIT. ET SOCIALE. 1 vol. 6 »

FRANÇOIS DE BOURGOING
HISTOIRE DIPLOMATIQUE DE L'EUROPE PENDANT LA RÉVOL. FRANÇAISE. 2 v. 15 »

M.-L. BOUTTEVILLE
LA MORALE DE L'ÉGLISE ET LA MORALE NATURELLE. 1 vol. . . . 7 50

LE DUC DE BROGLIE
VUES SUR LE GOUVERNEMENT DE LA FRANCE. 1 vol. 7 50

LE PRINCE A. DE BROGLIE
QUESTIONS DE RELIGION ET D'HISTOIRE. 2 vol. . . . . 15 »

A. CALMON
HISTOIRE PARLEMENTAIRE DES FINANCES DE LA RESTAURATION. 2 vol. 15 »

AUGUSTE CARLIER
DE L'ESCLAVAGE dans ses rapports avec l'Union américaine. 1 vol. . 6 »
HISTOIRE DU PEUPLE AMÉRICAIN. — États-Unis — et de ses rapports avec les Indiens. vol. . . . 12 »

J. COHEN
LES DÉICIDES. Examen de la Vie de Jésus et des développements de l'Église chrétienne dans leurs rapports avec le judaïsme, 2e édit. revue, corrigée. 1 vol. . . . 6 »

OSCAR COMETTANT
LA MUSIQUE, LES MUSICIENS ET LES INSTRUMENTS DE MUSIQUE chez les différents peuples du monde. 1 vol. orné de 150 dessins . . . . 20 »

J.-J. COULMANN
RÉMINISCENCES. 3 vol. . . . . 15 »

VICTOR COUSIN de l'Acad. française
PHILOSOPHIE DE KANT. 1 vol. . . 5 »
PHILOSOPHIE ÉCOSSAISE. 1 vol. . 5 »

J. CRETINEAU-JOLY
LE PAPE CLÉMENT XIV, lettre au Père Theiner. 1 vol. . . . . . . 3 »

LE PRINCE L. CZARTORYSKI
ALEXANDRE Ier ET LE PRINCE CZARTORYSKI. Correspondance particulière et conversations, publiées avec une Introduction. 1 vol. . 7 50

LE GÉNÉRAL E. DAUMAS

	f.	c.
LES CHEVAUX DU SAHARA ET LES MŒURS DU DÉSERT. 1 vol.	7	50
LA VIE ARABE ET LA SOCIÉTÉ MUSULMANE. 1 vol.	7	50

CAMILLE DOUCET

| COMÉDIES EN VERS. 2 vol. | 12 | » |

MAXIME DU CAMP

| LES CONVICTIONS. 1 vol. | 5 | » |

A. DU CASSE

| DU SOIR AU MATIN. Scènes de la vie militaire. 1 vol. | 5 | » |

Mme DU DEFFAND

| CORRESPONDANCE COMPLÈTE AVEC LA DUCHESSE DE CHOISEUL, L'ABBÉ BARTHÉLEMY ET M. CRAUFURT. *Nouvelle édit., revue et augm.* avec introd. par *M. de Saint-Aulaire.* 3 v. | 22 | 50 |

MARIE ALEXANDRE DUMAS

| AU LIT DE MORT. 1 vol. | 6 | » |

DUMONT DE BOSTAQUET

| MÉMOIRES INÉDITS, publiés par *Ch. Read* et *Fr. Waddington.* 1 v. | 7 | 50 |

DUVERGIER DE HAURANNE
de l'Académie française

| HISTOIRE DU GOUVERNEMENT PARLEMENTAIRE EN FRANCE. 9 vol. | 67 | 50 |

LE BARON ERNOUF

| HIST. DE LA DERNIÈRE CAPITULATION DE PARIS. Événem. de 1815. 1 vol. | 6 | » |

LE PRINCE EUGÈNE

| MÉMOIRES ET CORRESPONDANCE POLITIQUE ET MILITAIRE, publiés par *A. Du Casse.* 10 vol. | 60 | » |

J. FERRARI

| HISTOIRE DE LA RAISON D'ÉTAT. 1 v. | 7 | 50 |

GUSTAVE FLAUBERT

| L'ÉDUCATION SENTIMENTALE. — HISTOIRE D'UN JEUNE HOMME. 2e *édit.* 2 vol. | 12 | » |
| SALAMMBO. 1 vol. vélin. | 12 | » |

AD. FRANCK *de l'Institut*

| ÉTUDES ORIENTALES. 1 vol. | 7 | 50 |
| RÉFORMATEURS ET PUBLICISTES DE L'EUROPE. Moyen âge et Renaiss. 1 vol. | 7 | 50 |

CHARLES DE FREYCINET

| LA GUERRE EN PROVINCE PENDANT LE SIÈGE DE PARIS, 1870-1871. 1 vol. avec cartes. 4e *édition.* | 7 | 50 |

C. FRÉGIER

| LES JUIFS ALGÉRIENS, leur passé, leur présent, leur avenir, etc. 1 vol. | 8 | » |

LE COMTE DE GABRIAC

| PROMENADE A TRAVERS L'AMÉRIQUE DU SUD. 1 vol. | 8 | » |

H. GACHARD

| DON CARLOS ET PHILIPPE II. 2e *édit.* 1 vol. | 7 | 50 |

G. GANESCO

| DIPLOMATIE ET NATIONALITÉ. 1 vol. | 2 | » |

Cte AGÉNOR DE GASPARIN

| L'AMÉRIQUE DEVANT L'EUROPE. 1 vol. | 6 | » |
| UN GRAND PEUPLE QUI SE RELÈVE, LES ÉTATS-UNIS EN 1861. 1 vol. | 5 | » |

G.-G. GERVINUS
Trad. J.-F. Minssen et L. Syouk

| INSURRECTION ET RÉGÉNÉRATION DE LA GRÈCE. 2 vol. | 16 | » |

ÉMILE DE GIRARDIN

| LE CONDAMNÉ DU 6 MARS. 1 vol. | 6 | » |

ÉMILE DE GIRARDIN (Suite)

	f.	c.
LES DROITS DE LA PENSÉE. 1 vol.	6	»
FORCE OU RICHESSE. 1 vol.	6	»
PENSÉES ET MAXIMES. 1 vol.	6	»
POUVOIR ET IMPUISSANCE. 1 vol.	6	»
QUESTIONS DE MON TEMPS. 12 vol.	72	»
QUESTIONS PHILOSOPHIQUES. 1 vol.	6	»
LE SUCCÈS. 1 vol.	6	»

ÉDOUARD GOURDON

| HISTOIRE DU CONGRÈS DE PARIS. 1 vol. | 5 | » |

ERNEST GRANDIDIER

| VOYAGE DANS L'AMÉRIQUE DU SUD. 1 v. | 5 | » |

H. GRAETZ

| SINAÏ ET GOLGOTHA, ou les origines du judaïsme et du christianisme. 1 vol. | 7 | 50 |
| LES JUIFS D'ESPAGNE. 1 vol. | 7 | 50 |

EDMOND DE GUERLE

| MILTON, sa vie et ses œuvres. 1 vol. | 7 | 50 |

F. GUIZOT

LA CHINE ET LE JAPON, par *Laurence Oliphant.* Trad. nouv. 2 v.	12	»
L'ÉGLISE ET LA SOCIÉTÉ CHRÉTIENNES. 4e *édition.* 1 vol.	5	»
HISTOIRE DE LA FONDATION DE LA RÉPUBLIQUE DES PROVINCES-UNIES, par *J. Lothrop Motley,* trad. nouvelle, avec introduction. 4 vol.	24	»
HISTOIRE PARLEMENTAIRE DE FRANCE, formant le complément des *Mémoires pour servir à l'histoire de mon temps.* 5 vol.	37	50
LA JEUNESSE DU PRINCE ALBERT, (traduction). 1 vol.	6	»
MÉDITATIONS SUR L'ESSENCE DE LA RELIGION CHRÉTIENNE. 2e éd. 1 vol.	6	»
MÉDITATIONS SUR L'ÉTAT ACTUEL DE LA RELIGION CHRÉTIENNE. 1 vol.	6	»
MÉDITATIONS SUR LA RELIGION CHRÉTIENNE dans ses rapports avec l'état actuel des sociétés et des esprits. 1 v.	6	»
MÉLANGES BIOGRAPHIQUES ET LITTÉRAIRES. 2e *édition.* 1 vol.	7	50
MÉLANGES POLITIQUES ET HISTORIQUES. 1 vol.	7	50
MÉMOIRES pour servir à l'histoire de mon temps. 2e *édition* 8 vol.	60	»
LE PRINCE ALBERT, son caractère et ses discours, trad. avec préface. 2e *édition.* 1 vol.	6	»
WILLIAM PITT ET SON TEMPS, par *lord Stanhope,* traduction précédée d'une introduction. 4 vol.	24	»

LE COMTE D'HAUSSONVILLE
de l'Académie française.

| L'ÉGLISE ROMAINE ET LE PREMIER EMPIRE. 2e *édition.* 5 vol. | 37 | 50 |

ERNEST HAVET

| LE CHRISTIANISME ET SES ORIGINES. 2 v. | 15 | » |

HERMINJARD

| CORRESPONDANCE DES RÉFORMATEURS dans les pays de langue française. 3 vol. | 30 | » |

ROBERT HOUDIN

| TRICHERIES DES GRECS DÉVOILÉES. 1 v. | 5 | » |
| LES SECRETS DE LA PRESTIDIGITATION ET DE LA MAGIE. 1 vol. | 6 | » |

ARSÈNE HOUSSAYE

| MADEMOISELLE CLÉOPATRE. 7e *éd.* 1 v. | 6 | » |

VICTOR HUGO

| QUATORZE DISCOURS. 9e *édit.* 1 vol. | 3 | » |

OUVRAGES DIVERS. — FORMAT IN-8.

VICTOR JACQUEMONT f. c.
CORRESPONDANCE INÉDITE avec sa famille, ses amis, 1824-1832, précédée d'une notice par *V. Jacquemont neveu*, et d'une introduction de *Pr. Mérimée*. 2 vol. . . . . . 12 »

PAUL JANET
LES PROBLÈMES DU XIX° SIÈCLE. 1 v. 7 50

JULES JANIN de *l'Académie française*.
LES GAITÉS CHAMPÊTRES. 2 vol. . . 12 »
LA RELIGIEUSE DE TOULOUSE. 2 vol. 12 »

ALPHONSE JOBEZ
LA FEMME ET L'ENFANT. 1 vol. . . . 5 »

LE PRINCE DE JOINVILLE
ÉTUDES SUR LA MARINE :
L'escadre de la Méditerranée. — La Question chinoise. — La Marine à vapeur dans les guerres continentales. 1 vol. 7 50

A. KUENEN — *Trad. A. Pierson*
HISTOIRE CRITIQUE DES LIVRES DE L'ANCIEN TESTAMENT, avec une préface par *Ernest Renan*. 1 vol. . 7 50

LAMARTINE
ANTONIELLA. 1 vol. . . . . 6 »
GENEVIÈVE. Hist. d'une Servante. 1 vol. . 5 »
NOUVELLES CONFIDENCES. 1 vol. . . 5 »
TOUSSAINT LOUVERTURE. 1 vol. . . 5 »
VIE DE CÉSAR. 1 vol. . . . . . 5 »

CHARLES LAMBERT
L'IMMORTALITÉ SELON LE CHRIST. 1 v. 7 50
LE SYSTÈME DU MONDE MORAL. 1 vol. 7 50

PATRICE LARROQUE
DE LA GUERRE ET DES ARMÉES. 3° édition. 1 vol. . . . . 6 »
EXAMEN CRITIQUE DES DOCTRINES DE LA RELIGION CHRÉTIENNE. 4° édition. 2 vol. . . . . 15 »
DE L'ORGANISATION DU GOUVERNEMENT RÉPUBLICAIN. 1 vol. . . . . . 5 »
RÉNOVATION RELIGIEUSE. 4° édit. 1 vol. 7 50

JULES DE LASTEYRIE
HISTOIRE DE LA LIBERTÉ POLITIQUE EN FRANCE. 1re *Partie*. 1 vol. . 7 50

DE LATENA
ÉTUDE DE L'HOMME. 3° édit. 1 vol. 7 50

LATOUR SAINT-YBARS
VIE DE NÉRON. 1 vol. 7 50

LÉONCE DE LAVERGNE
LES ASSEMBLÉES PROVINCIALES SOUS LOUIS XVI. 1 vol. 7 50

JULES LE BERQUIER
LA COMMUNE DE PARIS. 1 vol. . . . 3 »

VICTOR LE CLERC ET **ERNEST RENAN**
HISTOIRE LITTÉRAIRE DE LA FRANCE AU XIV° SIÈCLE. 2 vol. . . . . 16 »

CHARLES LENORMANT
BEAUX-ARTS ET VOYAGES, précédés d'une lettre de *M. Guizot*. 2 vol. 15 »

L. DE LOMÉNIE
BEAUMARCHAIS ET SON TEMPS. Études sur la Société en France au XVIII° siècle. 2° *édition*. 2 vol. . . . . 15 »
LA COMTESSE DE ROCHEFORT ET SES AMIS. Étude sur les mœurs en France au XVIII° siècle, avec des documents inédits. 1 vol. . . . 7 50

LORD MACAULAY *Tr. G. Guizot* f. c.
ESSAIS HIST. ET BIOGRAPHIQUES. 2 v. 12 »
— LITTÉRAIRES. 1 vol. . . . . . 6 »
— POLIT. ET PHILOSOPHIQUES. 1 vol. 6 »
— SUR L'HIST. D'ANGLETERRE. 1 vol. 6 »

JOSEPH DE MAISTRE
CORRESPONDANCE DIPLOMATIQUE (1811-1817), publiée par *A. Blanc*. 2 vol. 15 »
MÉMOIRES POLITIQUES ET CORRESPONDANCE DIPLOMATIQUE, avec explications, etc., par *Albert Blanc*. 1 v. 6 »

LE COMTE DE MARCELLUS
CHATEAUBRIAND ET SON TEMPS. 1 vol. 7 50
LES GRECS ANCIENS ET LES GRECS MODERNES. Études littéraires. 1 v. 7 50
SOUVENIRS DIPLOMATIQUES. Correspondance intime de M. de Chateaubriand. *Nouv. édition*. 1 vol. . 5 »

MARTIN PASCHOUD
LIBERTÉ, VÉRITÉ, CHARITÉ. 1/2 vol. . 2 »

J.-H. MERLE D'AUBIGNÉ
HISTOIRE DE LA RÉFORMATION EN EUROPE AU TEMPS DE CALVIN. 5 vol. 37 50

MÉRY
NAPOLÉON EN ITALIE, Poëme. 1 vol. . 5 »

LE COMTE MIOT DE MÉLITO
Ancien ambassadeur et ministre
SES MÉMOIRES, publiés par sa famille (1788-1815). 3 vol. . . . . . . 30 »

Mme A. MOLINOS-LAFITTE
SOLITUDES. 2° édition. 1 vol. . . . 5 »

LE COMTE DE MONTALIVET
LE ROI LOUIS-PHILIPPE (liste civile). *Nouv. édit., entièrement revue et consid. augm. de notes, pièces, etc., avec portrait et fac-simile du roi, le plan du château de Neuilly.* 1 v. 6 »

MORTIMER-TERNAUX
HIST. DE LA TERREUR. (1792-1794). 7 v. 42 »

J. LOTHROP MOTLEY
Traduction nouv. précédée d'une grande introd. par M. Guizot.
HISTOIRE DE LA FONDATION DE LA RÉPUBLIQUE DES PROVINCES-UNIES. 4 v. 24 »

LE BARON DE NERVO
LE COMTE CORVETTO, SA VIE, SON TEMPS, SON MINISTÈRE. 1 vol. 7 50
LES FINANCES FRANÇAISES SOUS L'ANCIENNE MONARCHIE, LA RÉPUBLIQUE, LE CONSULAT ET L'EMPIRE. 2 vol. 15 »
LES FINANCES FRANÇAISES SOUS LA RESTAURATION. 4 vol. . . . . . 30 »
HISTOIRE D'ESPAGNE DEPUIS SES ORIGINES, tome 1er. 7 50
LA MONARCHIE ESPAGNOLE, SON ORIGINE, SA CONDITION, etc. 1/2 vol. . . . 2 »

ADOLPHE NEUBAUER
LA GÉOGRAPHIE DU TALMUD. 1 vol. 15 »

MICHEL NICOLAS
DES DOCTRINES RELIGIEUSES DES JUIFS pendant les deux siècles antérieurs à l'ère chrétienne. 2° édit. 1 vol. . 7 50
ESSAIS DE PHILOSOPHIE ET D'HISTOIRE RELIGIEUSE. 1 vol. 7 50
ÉTUDES CRITIQUES SUR LA BIBLE. Ancien Testament. 2° édit. 1 vol. 7 50
ÉTUDES CRITIQUES SUR LA BIBLE. Nouveau Testament. 1 vol. 7 50

MICHEL NICOLAS (Suite)

ÉTUDES SUR LES ÉVANGILES APOCRYPHES. 1 vol. 7 50
LE SYMBOLE DES APÔTRES. 1 vol. . . 7 50

CHARLES NISARD

LES GLADIATEURS DE LA RÉPUBLIQUE DES LETTRES. 2 vol. . . . . . . 15 »

LE MARQUIS DE NOAILLES

HENRI DE VALOIS ET LA POLOGNE EN 1752. 3 vol. 22 50

LE DUC D'ORLÉANS

CAMPAGNES DE L'ARMÉE D'AFRIQUE — 1835-1839, — publié par ses fils. Avant-propos de M. le comte de Paris, introduction de M. le duc de Chartres, avec un portrait du duc d'Orléans par Horace Vernet et une carte de l'Algérie. 1 beau volume, vélin. 7 50

CASIMIR PERIER

LES FINANCES DE L'EMPIRE. 1/2 vol. 1 »
LES FINANCES ET LA POLITIQUE. 1 vol. 5 »
LE TRAITÉ AVEC L'ANGLETERRE. 1/2 v. 1 50

GEORGES PERROT

SOUVENIRS D'UN VOYAGE EN ASIE-MINEURE. 2e édition. 1 vol. . . 7 50

A. PEYRAT

HISTOIRE ÉLÉMENTAIRE ET CRITIQUE DE JÉSUS, 4e édition. 1 vol. . . . 7 50

A. PHILIPPE

ROYER-COLLARD. Sa vie publique, sa vie privée, sa famille. 1 vol. . . 5 »

L'ABBÉ PIERRE

CONSTANTINOPLE, JÉRUSALEM ET ROME, avec un plan de Jérusalem et une carte des côtes orientales de la Méditerranée. 2 vol. . . . . . 15 »

F. PONSARD de l'Académie française

ŒUVRES COMPLÈTES. 2 vol. . . . . 15 »

LE COMTE DE PONTÉCOULANT

SOUVENIRS HISTORIQUES ET PARLEMENTAIRES, extraits de ses papiers et de sa corresp. (1764-1848). 4 vol. 24 »

PREVOST-PARADOL de l'Acad. franç.

ÉLISABETH ET HENRI IV (1595-1598). 2e édition. 1 vol. . . . . . . 6 »
ESSAIS DE POLITIQUE ET DE LITTÉRATURE. 4 vol. . . . . 30 »
LA FRANCE NOUVELLE, 1 v. 3e édit. . 7 50

EDGAR QUINET

HISTOIRE DE LA CAMPAGNE DE 1815. 2e édit. 1 vol. avec une carte. . 7 50
MERLIN L'ENCHANTEUR. 2 vol. . . 15 »

JOSEPH DE BAINNEVILLE

LA FEMME DANS L'ANTIQUITÉ ET D'APRÈS LA MORALE NATURELLE. 1 vol. 7 50

Mme RÉCAMIER

SOUVENIRS ET CORRESPONDANCE tirés de ses papiers. 3e édition. 2 vol. 15 »
COPPET ET WEIMAR — MADAME DE STAEL ET LA GRANDE-DUCHESSE LOUISE. Récits et Correspondances, par l'auteur des Souvenirs de Madame Récamier. 1 vol. . . 7 50

CH. DE RÉMUSAT de l'Ac. franç.

POLITIQUE LIBÉRALE, ou Fragments pour servir à la défense de la révolution française. 1 vol. 7 50

ERNEST RENAN

LES APÔTRES. 1 vol. 7 50
AVERROÈS ET L'AVERROÏSME, essai historique. 3e édition. 1 vol. . . 7 50
LE CANTIQUE DES CANTIQUES, traduit de l'hébreu, avec une étude sur le plan, l'âge et le caractère du poëme. 3e édition. 1 vol. . . . . . . 6 »
LA CHAIRE D'HÉBREU AU COLLÈGE DE FRANCE. 3e édition. Brochure. . 1 »
DE L'ORIGINE DU LANGAGE. 4e éd. 1 v. 6 »
ESSAIS DE MORALE ET DE CRITIQUE. 3e édition. 1 vol. 7 50
ÉTUDES D'HISTOIRE RELIGIEUSE. 6e édition. 1 vol. 7 50
HISTOIRE GÉNÉRALE DES LANGUES SÉMITIQUES. 4e édition revue et augmentée. 1 vol. . . . . . . 12 »
HISTOIRE LITTÉRAIRE DE LA FRANCE AU XIVe SIÈCLE. 2 vol. . . . . 16 »
LE LIVRE DE JOB, traduit de l'hébreu, avec une étude sur l'âge et le caractère du poëme. 3e édition. 1 vol. 7 50
QUESTIONS CONTEMPORAINES. 2e éd. 1 v. 7 50
LA RÉFORME INTELLECTUELLE ET MORALE. 1 vol. 7 50
SAINT PAUL. 1 vol. avec carte. . . 7 50
VIE DE JÉSUS. 13e édition. 1 vol. . 7 50

D. JOSÉ GUELL Y RENTÉ

CONSIDÉRATIONS POLIT. ET LIT. 1 vol. 5 »
PENSÉES CHRÉTIENNES, POLITIQUES ET PHILOSOPHIQUES. 1 vol. . . . 5 »

LOUIS REYBAUD de l'Institut

ÉCONOMISTES MODERNES. 1 vol. . . 7 50
ÉTUDES SUR LE RÉGIME DES MANUFACTURES. — La soie. 1 vol. . . 7 50
LE COTON. Son régime, ses problèmes, son influence en Europe. 1 vol. 7 50
LA LAINE. 3e série des Études sur le régime des manufactures. 1 vol. 7 50

LE COMTE R. R.

LA JUSTICE ET LA MONARCHIE POPULAIRE. 1re partie : La Guerre d'Orient. 1 vol. . . . . 3 »

H. RODRIGUES

LA JUSTICE DE DIEU. 1 vol. . . . . 5 »
LES ORIGINES DU SERMON DE LA MONTAGNE. 1 vol. . . . . 3 »
LE ROI DES JUIFS. 1 vol. . . . . . 5 »
LES TROIS FILLES DE LA BIBLE. 1 vol. . . . . 6 »

J.-J. ROUSSEAU

ŒUVRES ET CORRESPONDANCE INÉDITES, publiées par M. Streckeisen-Moultou. 1 vol. 7 50
J.-J. ROUSSEAU, SES AMIS ET SES ENNEMIS. Corresp. publ. par M. Streckeisen-Moultou, avec introd. de M. J. Levallois et une appréciat. crit. de M. Sainte-Beuve. 2 vol. 15 »

LE MARÉCHAL DE SAINT-ARNAUD f. c.

LETTRES, avec pièces justificatives. 2ᵉ édit.; une notice de *M. Sainte-Beuve*. 2 vol. vélin, ornés du portrait et d'un autographe 16

SAINTE-BEUVE de l'Acad. française

POÉSIES COMPLÈTES — JOSEPH DELORME — LES CONSOLATIONS — PENSÉES D'AOUT. *N. édition.* 2 vol. . 10

VIE, POÉSIES ET PENSÉES DE JOSEPH DELORME. *Nouvelle édition très-augmentée.* 1 vol. 5

SAINT-MARC GIRARDIN de l'Acad. fr.

SOUVENIRS ET RÉFLEXIONS POLITIQUES D'UN JOURNALISTE. 1 vol. . . 7 50

LA FONTAINE ET LES FABULISTES. 2 vol. 15

SAINT-RENÉ TAILLANDIER

ÉTUDES SUR LA RÉVOLUTION EN ALLEMAGNE. 2 vol. 15

MAURICE DE SAXE. Étude historique d'après des documents inédits. 2ᵉ édition. 1 vol. 7 50

PAUL DE SAINT-VICTOR

HOMMES ET DIEUX. 3ᵉ édition. 1 vol. 7 50

J. SALVADOR

HISTOIRE DES INSTITUTIONS DE MOÏSE ET DU PEUPLE HÉBREU. 3ᵉ *édition, revue et augmentée.* 2 vol. . 15

JÉSUS-CHRIST ET SA DOCTRINE. Histoire de la naissance de l'Église et de ses progrès pendant le premier siècle. *Nouv. édit. augment.* 2 v. 15

PARIS, ROME, JÉRUSALEM. Question religieuse au XIXᵉ siècle. 2 vol. . 15

MAURICE SAND

RAOUL DE LA CHASTRE. 1 vol. . . . 6

SANTIAGO ARCOS

LA PLATA. Étude historique. 1 vol. 10

EDMOND SCHERER

MÉLANGES D'HISTOIRE RELIGIEUSE. 1 v. 7 50

DE SÉNANCOUR

RÊVERIES. 3ᵉ édition. 1 vol. . . 5

JAMES SPENCE

L'UNION AMÉRICAINE. 1 vol. 6

LORD STANHOPE

Traduction précédée d'une introduction de M. Guizot.

WILLIAM PITT ET SON TEMPS. 4 vol. 24

DAVID-FRÉDÉRIC STRAUSS
auteur de la vie de Jésus.

ESSAIS D'HISTOIRE RELIGIEUSE ET MÉLANGES LITTÉRAIRES, avec introduction d'Ernest Renan. 1 vol. . 7 50

A. DE TOCQUEVILLE

ŒUVRES COMPLÈTES (*nouvelle édition*)

L'ANCIEN RÉGIME ET LA RÉVOLUTION. 4ᵉ édition. 1 vol. 6

DE LA DÉMOCRATIE EN AMÉRIQUE. *Nouvelle édition.* 3 vol. . . . 18

ÉTUDES ÉCONOMIQUES, POLITIQUES ET LITTÉRAIRES. 1 vol. 6

A. DE TOCQUEVILLE (*suite*) f. c.

MÉLANGES. Fragments historiques et Notes. 1 vol. 6

NOUVELLE CORRESPONDANCE, entièrement inédite. 1 vol. 6

ŒUVRES POSTHUMES ET CORRESPONDANCE. Introd. de *M. G. de Beaumont* 2 v. 12

E. DE VALBEZEN

LES ANGLAIS ET L'INDE. 3ᵉ édit. 1 vol. 7 50

OSCAR DE VALLÉE

ANTOINE LEMAISTRE ET SES CONTEMPORAINS. 2ᵉ édition. 1 vol. . 7 50

LE DUC D'ORLÉANS ET LE CHANCELIER D'AGUESSEAU. 1 vol. 7 50

LE DUC DE VALMY

LE PASSÉ ET L'AVENIR DE L'ARCHITECTURE. 1 vol. 5

PAUL VARIN

EXPÉDITION DE CHINE. 1 vol. 5

LE DOCTEUR L. VÉRON

QUATRE ANS DE RÈGNE. OU EN SOMMES-NOUS? 1 vol. 5

LOUIS DE VIEL-CASTEL

HISTOIRE DE LA RESTAURATION. 13 vol. 78

ALFRED DE VIGNY de l'Acad. franç.

ŒUVRES COMPLÈTES (*nouvelle édition*)

CINQ-MARS. Avec autographes de Richelieu et de Cinq-Mars. 1 vol. . 5

LES DESTINÉES. Poëmes philos. 1 vol. 6

POÉSIES COMPLÈTES. 1 vol. 5

SERVITUDE ET GRANDEUR MILITAIRES. 1 vol. 5

STELLO. 1 vol. 5

THÉATRE COMPLET. 1 vol. 5

VILLEMAIN de l'Académie française

LA TRIBUNE MODERNE:

1ʳᵉ PARTIE. — M. DE CHATEAUBRIAND, sa vie, ses écrits, son influence litt. polit. sur son temps. 1 v. 7 50

L. VITET de l'Académie française

L'ACADÉMIE ROYALE DE PEINTURE ET DE SCULPTURE. Étude hist. 1 vol. 6

LE COMTE DUCHATEL. 1 vol. avec portrait. 6

LE LOUVRE. Étude historique, *revue et augmentée* (Sous pr.). 1 vol. 6

CORNÉLIS DE WITT

HISTOIRE CONSTITUTIONNELLE DE L'ANGLETERRE (1760-1860) par *Thomas Erskine May,* traduite et précédée d'une introduction. 2 vol. . . . 12

LE RÉV. CHRISTOPHER WORDSWORT

DE L'ÉGLISE ET DE L'INSTRUCTION PUBLIQUE EN FRANCE. 1 vol. 5

BIBLIOTHÈQUE CONTEMPORAINE
ET COLLECTION DE LA LIBRAIRIE NOUVELLE
Format grand in-18 à 3 francs le volume

EDMOND ABOUT vol.
- LETTRES D'UN BON JEUNE HOMME A SA COUSINE. 2ᵉ *édition* ... 1
- DERN. LETTRES D'UN BON JEUNE HOMME. 1

AMÉDÉE ACHARD
- BELLE-ROSE ... 1
- RÉCITS D'UN SOLDAT ... 1

ALARCON
- THÉATRE, traduit par *Alph. Royer* ... 1

GUSTAVE D'ALAUX
- L'EMPEREUR SOULOUQUE ET SON EMPIRE. 1

LE DUC D'ALENÇON
- LUÇON ET MINDANAO, extraits d'un journal de voyage dans l'extrême Orient, avec une carte des îles Philippines. 1

LE DUC D'AUMALE
- LES ZOUAVES ET LES CHASSEURS A PIED. 1

***
- SOUVEN. D'UN OFFICIER DU 2ᵉ DE ZOUAVES 2ᵉ *édition augmentée* ... 1

***
- VARIA. — Morale. — Politique. — Littérature. 3

***
- UN MARI EN VACANCES ... 1

UN ARTILLEUR
- CAPOUE EN CRIMÉE ... 2

ALFRED ASSOLLANT
- D'HEURE EN HEURE ... 1
- GABRIELLE DE CHÉNEVERT ... 1

XAVIER AUBRYET
- LA FEMME DE VINGT-CINQ ANS ... 1
- LES JUGEMENTS NOUVEAUX ... 1

L'AUTEUR DE JOHN HALIFAX
- UNE EXCEPTION (a noble life) ... 1
- LA MÉPRISE DE CHRISTINE ... 1
- OLIVIA ... 2

L'AUTEUR DE Mᵐᵉ LA DUCHESSE D'ORLÉANS
- VIE DE JEANNE D'ARC. 2ᵉ *édition* ... 1

J. AUTRAN de l'Acad. française
- ÉPÎTRES RUSTIQUES ... 1

AUGUSTE AVRIL
- SALTIMBANQUES ET MARIONNETTES ... 1

LE Cᵗᵉ CÉSAR BALBO *Trad. J. Amigues*
- HISTOIRE D'ITALIE. 2ᵉ *édition* ... 2

LOUIS BAMBERGER
- M. DE BISMARCK ... 1

THÉODORE DE BANVILLE
- LES PARISIENNES DE PARIS. *Nouv. édit.* 1

CH. BARBARA
- HISTOIRES ÉMOUVANTES ... 1

J. BARBEY D'AUREVILLY
- L'AMOUR IMPOSSIBLE ... 1
- LE CHEVALIER DES TOUCHES ... 1
- LES PROPHÈTES DU PASSÉ ... 1

ALEX. BARBIER
- LETTRES FAMILIÈRES SUR LA LITTÉRATURE. 1

J. BARTHÉLEMY SAINT-HILAIRE
- LETTRES SUR L'ÉGYPTE. 2ᵉ *édition* ... 1

CH. BATAILLE — E. RASETTI
- ANTOINE QUÉRARD. Drames de Village. 2

CHARLES BAUDELAIRE vol.
(ŒUVRES COMPLÈTES). — ÉDITION DÉFINITIVE.
- LES FLEURS DU MAL, poésies compl. 1
- CURIOSITÉS ESTHÉTIQUES ... 1
- L'ART ROMANTIQUE ... 1
- PETITS POËMES EN PROSE — LES PARADIS ARTIFICIELS ... 1
- HISTOIRES EXTRAORDINAIRES D'EDGAR POE. (*Traduction*) ... 1
- NOUVELLES HISTOIRES EXTRAORDINAIRES. 1
- ARTHUR GORDON PYM. — EUREKA ... 1

L. BAUDENS
- LA GUERRE DE CRIMÉE. Les Campements, les Abris, les Ambulances, les Hôpitaux, etc. 2ᵉ *édition* ... 1

LE BARON DE BAZANCOURT
- LE CHEVALIER DE CHABRIAC ... 1

GUSTAVE DE BEAUMONT
- L'IRLANDE SOCIALE, POLIT. ET RELIGIEUSE 7ᵉ *édition, revue et corrigée* ... 2

ROGER DE BEAUVOIR
- COLOMBES ET COULEUVRES ... 1
- DUELS ET DUELLISTES ... 1
- LES MEILLEURS FRUITS DE MON PANIER . 1

LA PRINCESSE DE BELGIOJOSO
- ASIE-MINEURE ET SYRIE. *Nouv. édition* 1

GEORGES BELL
- LES REVANCHES DE L'AMOUR ... 1
- VOYAGE EN CHINE ... 1

A. DE BELLOY *Traducteur*
- COMÉDIES DE PLAUTE ... 1
- THÉATRE COMPLET DE TÉRENCE. 2ᵉ *éd.* 1

ADOLPHE BELOT
- LE DRAME DE LA RUE DE LA PAIX ... 1

TH. DE BENTZON
- LE ROMAN D'UN MUET, 1 vol ... 1

HECTOR BERLIOZ
- A TRAVERS CHANTS ... 1
- LES GROTESQUES DE LA MUSIQUE. *N. éd.* 1
- LES SOIRÉES DE L'ORCHESTRE. *N. édit* 1

CH. DE BERNARD
- NOUVELLES ET MÉLANGES, avec portrait. 1
- POÉSIES ET THÉATRE ... 1

EUGÈNE BERTHOUD
- UN BAISER MORTEL. 2ᵉ *édition* ... 1

CAROLINE BERTON
- LE BONHEUR IMPOSSIBLE ... 1

LA COMTESSE DE BOIGNE
- LA MARÉCHALE D'AUBEMER ... 1
- UNE PASSION DANS LE GRAND MONDE. 2ᵉ *éd.* 2

H. BLAZE DE BURY
- LE CHEVALIER DE CHASOT ... 1
- ÉCRIVAINS MODERNES DE L'ALLEMAGNE 1
- ÉPISODE DE L'HISTOIRE DU HANOVRE. — Les Kœnigsmark ... 1
- INTERMÈDES ET POÈMES ... 1
- LES MAITRESSES DE GŒTHE ... 1
- LA LÉGENDE DE VERSAILLES ... 1
- MEYERBEER ET SON TEMPS ... 1
- MUSICIENS CONTEMPORAINS ... 1
- SOUVENIRS ET RÉCITS DES CAMPAGNES D'AUTRICHE ... 1

BIBLIOTHÈQUE CONTEMPORAINE. — 3 FR. LE VOLUME.

***
	vol.
LES BONSHOMMES DE CIRE	1
HOMMES DU JOUR. 2e édition	1
LES SALONS DE VIENNE ET DE BERLIN	1

E. BOQUET-LIANCOURT
THÉATRE DE FAMILLE	1

L'AMIRAL P. BOUVET
PRÉCIS DE SES CAMPAGNES	1

FÉLIX BOYET
VOYAGE EN TERRE-SAINTE. 4e édition	1

CHARLES BRAINNE
BAIGNEUSES ET BUVEURS D'EAU	1

A. DE BRÉHAT
BRAS-D'ACIER	1
LES MAITRESSES DU DIABLE	1
LE ROMAN DE DEUX JEUNES FEMMES	1
LE TESTAMENT DE LA COMTESSE	1

LE PRINCE A. DE BROGLIE
LA DIPLOMATIE ET LE DROIT NOUVEAU	1
QUEST. DE RELIGION ET D'HIST. 2e édit.	2

F. BUNGENER
PAPE ET CONCILE AU XIXe SIÈCLE	1

PAUL CAILLARD
CHASSES EN FRANCE ET EN ANGLETERRE	1

AUGUSTE CALLET
L'ENFER. 2e édition	1

A. CALMON
WILLIAM PITT. Étude parlementaire	1

CLÉMENT CARAGUEL
LES SOIRÉES DE TAVERNY	1

JULES DE CARNÉ
PÊCHEURS ET PÊCHERESSES	1

ÉMILE CARREY
LES MÉTIS DE LA SAVANE	1
RÉCITS DE LA KABYLIE	1
LES RÉVOLTÉS DU PARA	1

MICHEL CERVANTES
THÉATRE traduit par *Alph. Royer*	1

CÉLESTE DE CHABRILLAN
MISS PEWEL	1
LA SAPHO	1
LES VOLEURS D'OR	1

CHAMPFLEURY
AVENTURES DE MADEMOISELLE MARIETTE	1
LES AMOUREUX DE SAINTE-PÉRINE	1
CONTES VIEUX ET NOUVEAUX	1
LES DEMOISELLES TOURANGEAU	1
LES EXCENTRIQUES. 2e édition	1
LA MASCARADE DE LA VIE PARISIENNE	1
LES PREMIERS BEAUX JOURS	1
LE RÉALISME	1
L'USURIER BLAIZOT	1

EUGÈNE CHAPUS
LES HALTES DE CHASSE. 2e édition	1
MANUEL DE L'HOMME ET DE LA FEMME COMME IL FAUT. 5e édition	1

PHILARÈTE CHASLES
LE VIEUX MÉDECIN	1

VICTOR CHERBULIEZ
UN CHEVAL DE PHIDIAS	1
LE PRINCE VITALE	1

H. DE CLAIRET
LES AMOURS D'UN GARDE CHAMPÊTRE	1

JULES CLARETIE
MADELEINE BERTIN. 2e édition	1

CHARLES CLÉMENT
	vol.
ÉTUDES SUR LES BEAUX-ARTS EN FRANCE	1

PIERRE CŒUR
CONTES ALGÉRIENS	1

Mme LOUISE COLET
LUI. 5e édition	1

ATHANASE COQUEREL FILS
LES FORÇATS POUR LA FOI	1

EUGÈNE CORDIER
LE LIVRE D'ULRICH	1

CHARLES DE COURCY
LES HISTOIRES DU CAFÉ DE PARIS	1

AIMÉ COURNET
L'AMOUR EN ZIGZAG	1

VICTOR COUSIN
PHILOSOPHIE DE KANT. 4e édition	1
PHILOSOPHIE ÉCOSSAISE. 4e édition	1

LA MARQUISE DE CREQUY
SOUVENIRS — De 1710 à 1803 — Nouv. édition augmentée d'une correspondance inédite et authentique de la marquise de Créquy	5

CUVILLIER-FLEURY, de l'Acad. franç.
ÉTUDES ET PORTRAITS	2
ÉTUDES HISTORIQUES ET LITTÉRAIRES	2
NOUV. ÉTUDES HIST. ET LITTÉRAIRES	1
DERN. ÉTUDES HISTOR. ET LITTÉRAIRES	2
HISTORIENS, POÈTES ET ROMANCIERS	2
VOYAGES ET VOYAGEURS. *Nouv. édition*	1

LA COMTESSE DASH
LA BOHÈME DU XVIIe SIÈCLE	1
BOHÈME ET NOBLESSE 2e édition	1
LA CEINTURE DE VÉNUS	1
LA CHAMBRE ROUGE, 2e édition	1
LES COMÉDIES DES GENS DU MONDE	1
COMMENT ON FAIT SON CHEMIN DANS LE MONDE. Code du savoir-vivre. 2e édit.	1
COMMENT TOMBENT LES FEMMES. 2e édit.	1
LA DETTE DE SANG	1
LE DRAME DE LA RUE DU SENTIER	1
LES FEMMES A PARIS ET EN PROVINCE	1
LE FILS DU FAUSSAIRE	1
LES HÉRITIERS D'UN PRINCE 2e édition	1
LE LIVRE DES FEMMES. *Nouv. édition*	1
MADEMOISELLE CINQUANTE MILLIONS. 2e éd.	1
LA NUIT DE NOCES 2e édition	1
LE ROMAN D'UNE HÉRITIÈRE	1
LA ROUTE DU SUICIDE	1
UN SECRET DE FAMILLE	1
LE SOUPER DES FANTOMES	1
LES VACANCES D'UNE PARISIENNE	1
LA VIE CHASTE ET LA VIE IMPURE 2e édit.	1

ALPHONSE DAUDET
LE ROMAN DU CHAPERON ROUGE	1

ERNEST DAUDET
LE CARDINAL CONSALVI	1
LES DUPERIES DE L'AMOUR	1

LE GÉNÉRAL DAUMAS
LES CHEVAUX DU SAHARA ET LES MŒURS DU DÉSERT. 4e édition, avec Commentaires d'*Abd-el-Kader*	1

L. DAVESIES DE PONTÈS
ÉTUDES SUR L'ANGLETERRE	1
ÉTUDES SUR L'HISTOIRE DES GAULES	1

L. DAVESIÈS DE PONTÈS (suite)
	vol.
ÉTUDES SUR L'HISTOIRE DE PARIS.	1
ÉTUDES SUR L'ORIENT. 2ᵉ *édition*.	1
ÉTUDES SUR LA PEINTURE VÉNITIENNE.	1
NOTES SUR LA GRÈCE.	

DÉCEMBRE-ALONNIER
TYPOGRAPHES ET GENS DE LETTRES.	1

E.-J. DELÉCLUZE
SOUVENIRS DE SOIXANTE ANNÉES.	1

EUGÈNE DELIGNY
L'HÉRITAGE D'UN BANQUIER.	1
MÉMOIRES D'UN DISSIPATEUR.	
LE SECRET DE M. DE BOISSONNANGE.	

LA COMTESSE DELLA ROCCA
CORRESPONDANCE ENFANTINE. Modèles de lettres pour jeunes filles.	1
CORRESPONDANCE INÉDITE DE LA DUCH. DE BOURGOGNE ET DE LA REINE D'ESPAGNE; publiée avec Introduction.	1

PAUL DELTUF
CONTES ROMANESQUES.	1
VIDÈS.	1
RÉCITS DRAMATIQUES.	1

MARIA DERAISMES
NOS PRINCIPES ET NOS MŒURS.	1

LOUIS DÉPRET
LUCIE	1
LE MOT DE L'ÉNIGME.	

A. DESBAROLLES
VOYAGE D'UN ARTISTE EN SUISSE A 3 FR. 50 C. PAR JOUR. 3ᵉ *édition*.	1

ÉMILE DESCHANEL
CAUSERIES DE QUINZAINE.	
CHRISTOPHE COLOMB ET VASCO DE GAMA. 2ᵉ *édition*.	1

PAUL DHORMOYS
LA VERTU DE M. BOURGET.	1

PASCAL DORÉ
LE ROMAN DE DEUX JEUNES FILLES.	1

MAXIME DU CAMP
LES BUVEURS DE CENDRES.	1
EN HOLLANDE. *Nouv. édition.*	1
EXPÉDITION DE SICILE. Souvenirs.	1
LES FORCES PERDUES.	1
MÉMOIRES D'UN SUICIDÉ.	1
LE NIL (Égypte et Nubie). 3ᵉ *édition*.	1

J.-A. DUCONDUT
ESSAI DE RHYTHMIQUE FRANÇAISE.	1

E. DUFOUR
LES GRIMPEURS DES ALPES. *Tr. de l'angl.*	

ALEXANDRE DUMAS
LES GARIBALDIENS.	1
HISTOIRE DE MES BÊTES.	1
SOUVENIRS DRAMATIQUES.	2
THÉÂTRE COMPLET.	14

MARIE ALEXANDRE DUMAS
AU LIT DE MORT. 2ᵉ *édition*.	1
MADAME BENOIT. 2ᵉ *édition*.	1
LE MARI DE Mᵐᵉ BENOIT.	1

ALEXANDRE DUMAS FILS
AFF. CLÉMENCEAU. Mém. de l'acc. 11ᵉ *éd.*	1
CONTES ET NOUVELLES.	1
THÉÂTRE COMPLET avec préf. inéd. 2ᵉ *éd.*	4

HENRI DUPIN
CINQ COUPS DE SONNETTE.	1

MISS EDGEWORTH
DEMAIN!	1

CHARLES EDMOND
	vol.
SOUVENIRS D'UN DÉPAYSÉ.	1

Mᵐᵉ ELLIOTT
MÉMOIRES SUR LA RÉVOLUTION FRANÇAISE, avec étude de *M. Ste-Beuve* et un portrait gravé sur acier. 2ᵉ *édition*.	1

ERCKMANN-CHATRIAN
L'ILLUSTRE DOCTEUR MATHÉUS.	1

XAVIER EYMA
LES PEAUX NOIRES.	1

ACHILLE EYRAUD
VOYAGE A VÉNUS.	1

A.-L.-A. FÉE
L'ESPAGNE A 50 ANS D'INTERVALLE.	1
SOUVENIRS DE LA GUERRE D'ESPAGNE.	

FÉTIS
LA MUSIQUE DANS LE PASSÉ, DANS LE PRÉSENT ET DANS L'AVENIR (*S. pr.*).	2

FEUILLET DE CONCHES
LÉOPOLD ROBERT, sa vie, ses œuvres et sa correspondance. *Nouv. édition.*	1

OCT. FEUILLET de l'Acad. française
BELLAH. 7ᵉ *édition*.	1
HISTOIRE DE SIBYLLE. 12ᵉ *édition*.	1
M. DE CAMORS. 13ᵉ *édition*.	1
LA PETITE COMTESSE. Le Parc, Onesta.	1
LE ROMAN D'UN JEUNE HOMME PAUVRE.	1
SCÈNES ET COMÉDIES. *Nouv. édition.*	1
SCÈNES ET PROVERBES. *Nouv. édition*	1

PAUL FÉVAL
QUATRE FEMMES ET UN HOMME. 3ᵉ *édit.*	1
LE ROI DES GUEUX.	2
LE TUEUR DE TIGRES.	1

ERNEST FEYDEAU
ALGER. Étude. 2ᵉ *édition*.	1
LES AMOURS TRAGIQUES. 2ᵉ *édition*.	1
LES AVENTURES DU BARON DE FÉRESTE.— COMMENT SE FORMENT LES JEUNES GENS. 3ᵉ *édition*.	1
LA COMTESSE DE CHALIS. 5ᵉ *édition*.	1
UN DÉBUT A L'OPÉRA. 3ᵉ *édition*.	1
DU LUXE, DES FEMMES, DES MŒURS, DE LA LITTÉRATURE ET DE LA VERTU.	1
LE MARI DE LA DANSEUSE. 3ᵉ *édition*.	1
MONSIEUR DE SAINT-BERTRAND. 3ᵉ *édit.*	1
LE ROMAN D'UNE JEUNE MARIÉE. 7ᵉ *édit.*	1
LE SECRET DU BONHEUR. 2ᵉ *édition*.	2

LOUIS FIGUIER
LES EAUX DE PARIS. 2ᵉ *édition*.	1

P.-A. FIORENTINO
COMÉDIES ET COMÉDIENS.	2
LES GRANDS GUIGNOLS.	2

GUSTAVE FLAUBERT
MADAME BOVARY. *Nouv. édit. revue.*	1
SALAMMBÔ. 5ᵉ *édition*.	1

EUGÈNE FORCADE
ÉTUDES HISTORIQUES.	1
HIST. DES CAUSES DE LA GUERRE D'ORIENT.	1

MARC FOURNIER
LE MONDE ET LA COMÉDIE (*Sous presse*).	1

VICTOR FRANCONI
LE CAVALIER. Cours d'équitation pratique. 2ᵉ *édition revue et augm.*	1
L'ÉCUYER. Cours d'équitation pratique.	1

ARNOULD FRÉMY
LES GENS MAL ÉLEVÉS.	1
LES MŒURS DE NOTRE TEMPS.	1

BIBLIOTHÈQUE CONTEMPORAINE. — 3 FR. LE VOLUME.

EUGÈNE FROMENTIN vol.
UNE ANNÉE DANS LE SAHEL. 2ᵉ édition. 1

LÉOPOLD DE GAILLARD
QUESTIONS ITALIENNES. 1

N. GALLOIS
LES ARMÉES FRANÇAISES EN ITALIE. 1

GALOPPE D'ONQUAIRE
LE SPECTACLE AU COIN DU FEU. 1

LE Cᵗᵉ AGÉNOR DE GASPARIN
LE BONHEUR. 4ᵉ édition. 1
L'ÉGALITÉ 2ᵉ édition. 1
LA FAMILLE, ses devoirs, ses joies et ses douleurs. 6ᵉ édition. 2
UN GRAND PEUPLE QUI SE RELÈVE. Les Etats-Unis en 1861. 2ᵉ édition. 1
LA LIBERTÉ MORALE. 2ᵉ édition. 2

***
BANDE DU JURA. — Les Prouesses. 2ᵉ éd. 1
— Premier voyage. 2ᵉ édition. 1
— Chez les Allemands — Chez nous. 1
— A Florence. 1
AU BORD DE LA MER. 2ᵉ édition. 1
CAMILLE. 8ᵉ édition. 1
A CONSTANTINOPLE. 2ᵉ édition. 1
A TRAVERS LES ESPAGNES. 2ᵉ édition. 1
LES HORIZONS CÉLESTES. 8ᵉ édition. 1
LES HORIZONS PROCHAINS. 6ᵉ édition. 1
JOURNAL D'UN VOYAGE AU LEVANT. 2ᵉ édition. 3
LES TRISTESSES HUMAINES. 4ᵉ édition. 1
VESPER. 4ᵉ édition. 1

THÉOPHILE GAUTIER
LA BELLE JENNY. 2ᵉ édition. 1
CONSTANTINOPLE. 1
LES GROTESQUES. 1
LOIN DE PARIS. 1
LA PEAU DE TIGRE. 1
QUAND ON VOYAGE. 1

JULES GÉRARD le Tueur de lions
VOYAGES ET CHASSES DANS L'HIMALAYA. 1

GÉRARD DE NERVAL (ŒUVRES COMPLÈTES)
LES DEUX FAUST DE GŒTHE, suivis d'un choix de poésies allemandes (traduction). 1
LES ILLUMINÉS. — Les Faux saulniers. 2
LE RÊVE ET LA VIE. — LES FILLES DU FEU. — LA BOHÈME GALANTE. 1
VOYAGE EN ORIENT. Nouvelle édition seule complète. 3

Mᵐᵉ ÉMILE DE GIRARDIN
M. LE MARQUIS DE PONTANGES. 1
NOUVELLES. 1

EDMOND ET JULES DE GONCOURT
SŒUR PHILOMÈNE. 1

ÉDOUARD GOURDON
NAUFRAGE AU PORT. 1

LÉON GOZLAN
L'AMOUR DES LÈVRES ET L'AMOUR DU CŒUR. 1
BALZAC CHEZ LUI. 2ᵉ édition. 1
BALZAC EN PANTOUFLES. 3ᵉ édition. 1
LE DRAGON ROUGE. 1
ÉMOTIONS DE POLYDORE MARASQUIN. 1
LA FAMILLE LAMBERT. 1
HISTOIRE D'UN DIAMANT. 2ᵉ édition. 1
LES NUITS DU PÈRE LACHAISE. 1
LE PLUS BEAU RÊVE D'UN MILLIONNAIRE. 1

CARLO GOZZI
THÉÂTRE FIABESQUE, trad. par A. Royer. 1

Mᵐᵉ MANOËL DE GRANDFORT vol.
RYNO. 3ᵉ édition. 1

GRANIER DE CASSAGNAC
DANAÉ. 1

GRÉGOROVIUS Trad. de P. Sabatier
LES TOMBEAUX DES PAPES ROMAINS, avec introduction de J.-J. Ampère. 1

F. DE GROISEILLIEZ
LES COSAQUES DE LA BOURSE. 1

AD. GUÉROULT
ÉTUDES DE POLITIQUE ET DE PHILOSOPHIE RELIGIEUSE. 1

AMÉDÉE GUILLEMIN
LES MONDES. CAUSERIES ASTRONOMIQUES. 3ᵉ édition. 1

M. GUIZOT
TROIS GÉNÉRATIONS — 1789-1814-1848. 3ᵉ édition. 1

LE Cᵗᵉ GUY DE CHARNACÉ
ÉTUDES D'ÉCONOMIE RURALE. 1

F. HALÉVY
SOUVENIRS ET PORTRAITS. 1
DERNIERS SOUVENIRS ET PORTRAITS. 1

IDA HAHN-HAHN Trad. Am. Pichot
LA COMTESSE FAUSTINE. 1

B. HAURÉAU
SINGULARITÉS HISTOR. ET LITTÉRAIRES. 1

LE Cᵗᵉ D'HAUSSONVILLE
de l'Académie française.
L'ÉGLISE ROMAINE ET LE PREMIER EMPIRE. 3ᵉ édition. 5
HIST. DE LA POLIT. EXTÉRIEURE DU GOUVERN. FRANÇAIS (1830-1848). Nouv. éd. 2
HISTOIRE DE LA RÉUNION DE LA LORRAINE À LA FRANCE. 2ᵉ édition. 4

***
MARGUERITE DE VALOIS, REINE DE NAVARRE. 1
ROBERT EMMET. 2ᵉ édition. 1
SOUVENIRS D'UNE DEMOIS. D'HONNEUR DE LA DUCH. DE BOURGOGNE. 2ᵉ édit. 1

HENRI HEINE (ŒUVRES COMPLÈTES)
ALLEMANDS ET FRANÇAIS. 1
CORRESPONDANCE INÉDITE, avec une introduction et des notes. 2
DE L'ALLEMAGNE. Nouvelle édition. 2
DE L'ANGLETERRE. 1
DE LA FRANCE. Nouvelle édition. 1
DE TOUT UN PEU. 1
DRAMES ET FANTAISIES. 1
LUTÈCE. Nouv. édition. 1
POÈMES ET LÉGENDES. Nouv. édition. 1
REISEBILDER, tableaux de voyage. Nouv. édit. avec une étude sur Henri Heine, par Th. Gautier, avec portrait. 2
SATIRES ET PORTRAITS. 1

CAMILLE HENRY
UNE NOUVELLE MADELEINE. 1
LE ROMAN D'UNE FEMME LAIDE. 2ᵉ édit. 1

ROBERT HOUDIN
CONFIDENCES D'UN PRESTIDIGITATEUR. 2

ARSÈNE HOUSSAYE
AVENTURES GALANTES DE MARGOT. 1
BLANCHE ET MARGUERITE. 2ᵉ édition. 1
LES FEMMES DU DIABLE. 2ᵉ édition. 1
LES FILLES D'ÈVE. Nouv. édition. 1
MADEMOISELLE MARIANI. 6ᵉ édition. 1
LA PÉCHERESSE. Nouv. édition. 1

	vol.		vol.
ARSÈNE HOUSSAYE (suite)		**LAMARTINE** (suite).	
LE REPENTIR DE MARION. Nouv. édit.	1	TOUSSAINT LOUVERTURE. 3ᵉ édition.	1
LA VERTU DE ROSINE.	1	LES CONFIDENCES.	1
F. HUET		**JULIETTE LAMBER**	
RÉVOLUTION RELIGIEUSE AU XIXᵉ SIÈCLE.	1	DANS LES ALPES.	1
CHARLES HUGO		L'ÉDUCATION DE LAURE.	1
LA BOHÈME DORÉE.	2	IDÉES ANTI-PROUDHONIENNES.	1
LE COCHON DE SAINT ANTOINE.	1	LE MANDARIN.	1
UNE FAMILLE TRAGIQUE.	1	MON VILLAGE.	1
VICTOR HUGO		RÉCITS D'UNE PAYSANNE.	1
EN ZÉLANDE. 2ᵉ édition	1	SAINE ET SAUVE.	1
UN INCONNU		VOYAGE AUTOUR DU GRAND PIN.	1
MONSIEUR X... ET MADAME ***.	1	**LE PRINCE DE LA MOSKOWA**	
LA PLAGE D'ÉTRETAT.	1	SOUVENIRS ET RÉCITS.	1
WASHINGTON IRVING, Trad. Th. Lefebvre		**LANFREY**	
AU BORD DE LA TAMISE. 2ᵉ édition.	1	LES LETTRES D'ÉVERARD.	1
ALFRED JACOBS		**THÉODORE DE LANGEAC**	
L'OCÉANIE NOUVELLE.	1	LES AVENTURES D'UN SULTAN.	1
VICTOR JACQUEMONT		**VICTOR DE LAPRADE** de l'Acad. franç.	
CORRESPONDANCE AVEC SA FAMILLE ET SES AMIS pendant son voyage dans l'Inde (1828-1832). Nouv. édit. revue et aug., la seule complète, avec une étude par M. Cuvillier-Fleury.	2	POÈMES ÉVANGÉLIQUES. 3ᵉ édition.	1
		PSYCHÉ. Odes et Poëmes. Nouv. édit.	1
		LES SYMPHONIES. Idylles héroïques.	1
		WILLIAM DE LA RIVE	
		LA MARQUISE DE CLÉROL.	1
PAUL JANET		**PATRICE LARROQUE**	
LA FAMILLE. LEÇONS DE PHILOSOPHIE MORALE. 8ᵉ édition	1	DE L'ESCLAVAGE CHEZ LES NATIONS CHRÉTIENNES. 3ᵉ édition	1
PHILOSOPHIE DU BONHEUR. 3ᵉ édition.	1	**FERDINAND DE LASTEYRIE**	
JULES JANIN de l'Acad. franç.		LES TRAVAUX DE PARIS. Examen crit.	1
BARNAVE. Nouvelle édition	1	**DE LATENA**	
CONTES FANTAST. ET CONTES LITTÉR.	1	ÉTUDE DE L'HOMME. 4ᵉ édition augm.	2
HIST. DE LA LITTÉRATURE DRAMATIQUE.	6	**ÉMILE DE LATHEULADE**	
L'INTERNÉ. 2ᵉ édition.	1	DE LA DIGNITÉ HUMAINE.	1
LE PRINCE DE JOINVILLE		**ANTOINE DE LATOUR**	
ÉTUDES SUR LA MARINE ET RÉCITS DE GUERRE.	2	LA BAIE DE CADIX.	1
AUGUSTE JOLTROIS		L'ESPAGNE RELIGIEUSE ET LITTÉRAIRE.	1
LES COUPS DE PIED DE L'ANE. 2ᵉ édition.	1	ÉTUDES LITTÉR. SUR L'ESPAGNE CONTEMP.	1
LOUIS JOURDAN		ÉTUDES SUR L'ESPAGNE.	2
LES FEMMES DEVANT L'ÉCHAFAUD. 2ᵉ éd.	1	LES SAYNÈTES DE RAMON DE LA CRUZ.	1
ARMAND JUSSELAIN		TOLÈDE ET LES BORDS DU TAGE.	1
LES AMOURS DE JEUNESSE.	1	**THÉOPHILE LAVALLÉE**	
UN DÉPORTÉ A CAYENNE	1	HISTOIRE DE PARIS DEPUIS LES TEMPS LES PLUS RECULÉS JUSQU'A NOS JOURS	2
MIECISLAS KAMIENSKI tué à Magenta		**CHARLES DE LA VARENNE**	
SOUVENIRS	1	VICTOR-EMMANUEL II ET LE PIÉMONT.	1
KARL-DES-MONTS		**CH. LAVOLLÉE**	
LES LÉGENDES DES PYRÉNÉES. 4ᵉ édit.	1	LA CHINE CONTEMPORAINE.	1
ALPHONSE KARR		**A. LEFEVRE-PONTALIS**	
AGATHE ET CÉCILE.	1	LES LOIS ET LES MŒURS ÉLECTORALES EN FRANCE ET EN ANGLETERRE.	1
DE LOIN ET DE PRÈS. 2ᵉ édition.	1	**ERNEST LEGOUVÉ** de l'Acad. franç.	
LES DENTS DU DRAGON. 2ᵉ édition.	1	LECTURES A L'ACADÉMIE.	1
EN FUMANT. 3ᵉ édition.	1	**JOHN LEMOINNE**	
LES GAIETÉS ROMAINES.	1	NOUV. ÉTUDES CRIT. ET BIOGRAPHIQUES.	1
LETTRES ÉCRITES DE MON JARDIN.	1	**FRANÇOIS LENORMANT**	
LA MAISON CLOSE. 2ᵉ édition.	1	LA GRÈCE ET LES ILES IONIENNES.	1
LA PROMENADE DES ANGLAIS.	1	**LÉOUZON LE DUC**	
LA QUEUE D'OR.	1	L'EMPEREUR ALEXANDRE II. 2ᵉ édition.	1
LE ROI DES ILES CANARIES. (Sous presse).		**JULES LEVALLOIS**	
SOIRÉES DE SAINTE-ADRESSE.	1	LA PIÉTÉ AU XIXᵉ SIÈCLE.	1
SUR LA PLAGE. 2ᵉ édition.	1	**CH. LIADIÈRES**	
VOYAGE AUTOUR DE MON JARDIN.	1	ŒUVRES DRAMATIQUES ET LÉGENDES.	1
LA BRUYÈRE		SOUV. HISTOR. ET PARLEMENTAIRES.	1
LES CARACTÈRES. Nouvelle édition, commentée par A. Destailleur.	2	**FRANZ LISZT**	
LAMARTINE		DES BOHÉMIENS ET DE LEUR MUSIQUE.	1
ANTONIELLA. 2ᵉ édition	1	**LE VICOMTE DE LUDRE**	
GENEVIÈVE. Hist. d'une Servante. 2ᵉ éd.	1	DIX ANNÉES DE LA COUR DE GEORGE II.	1
NOUVEAU VOYAGE EN ORIENT.	1		

BIBLIOTHÈQUE CONTEMPORAINE. — 3 FR. LE VOLUME.

CHARLES MAGNIN — vol.
- HISTOIRE DES MARIONNETTES EN EUROPE, depuis l'antiquité. 2ᵉ édition. — 1

FÉLICIEN MALLEFILLE
- LE COLLIER. Contes et Nouvelles. — 1

HECTOR MALOT
- LES AMOURS DE JACQUES — 1
- UNE BONNE AFFAIRE. 2ᵉ édition. — 1
- MADAME OBERNIN. 3ᵉ édition. — 1
- LES VICTIMES D'AMOUR. Les Amants. — 1
- — — Les Epoux. — 1
- — — Les Enfants. — 1
- LA VIE MODERNE EN ANGLETERRE. — 1

EUG. MANUEL
- PAGES INTIMES, poésies. 4ᵉ édition. — 1
- POÈMES POPULAIRES — 1

AUGUSTE MAQUET
- LES VERTES FEUILLES. — 1

MARC-BAYEUX
- LA PREMIÈRE ÉTAPE. — 1

MARC-MONNIER
- LA CAMORRA. — 1

LE COMTE DE MARCELLUS
- CHANTS POPULAIRES DE LA GRÈCE MODERNE, réunis, classés et traduits. — 1

CH. MARCOTTE DE QUIVIÈRES
- DEUX ANS EN AFRIQUE. — 1

X. MARMIER
- LES DRAMES DU CŒUR. 2ᵉ édition. — 1

LE DOCTEUR FÉLIX MAYNARD
- JOURNAL D'UNE DAME ANGLAISE. — 1

CH. DE MAZADE
- DEUX FEMMES DE LA RÉVOLUTION — 1
- L'ITALIE ET LES ITALIENS. — 1
- L'ITALIE MODERNE. — 1
- LA POLOGNE CONTEMPORAINE. — 1

E. DU MÉRAC
- PLACIDE DE JAVERNY. — 1

PROSPER MÉRIMÉE de l'Acad. franç.
- LES COSAQUES D'AUTREFOIS. 2ᵉ édition — 1
- LES DEUX HÉRITAGES. 2ᵉ édition — 1
- ÉPISODE DE L'HISTOIRE DE RUSSIE. 2ᵉ éd. — 1
- ÉTUDES SUR L'HISTOIRE ROMAINE. 2ᵉ éd. — 1
- MÉLANGES HISTORIQUES ET LITT. 2ᵉ éd. — 1
- NOUVELLES. Carmen — Arsène Guillot — L'abbé Aubain, etc. 4ᵉ édition. — 1

MÉRY
- LES AMOURS DES BORDS DU RHIN. — 1
- UN CRIME INCONNU. — 1
- LES JOURNÉES DE TITUS. — 1
- MONSIEUR AUGUSTE. 2ᵉ édition. — 1
- LES MYSTÈRES D'UN CHATEAU. — 1
- LES NUITS ANGLAISES. — 1
- LES NUITS ESPAGNOLES. — 1
- LES NUITS ITALIENNES. — 1
- LES NUITS D'ORIENT. — 1
- POÉSIES INTIMES. — 1
- THÉÂTRE DE SALON. 2ᵉ édition. — 1
- NOUVEAU THÉÂTRE DE SALON. — 1
- LES UNS ET LES AUTRES. — 1
- URSULE. 2ᵉ édition. — 1
- LA VÉNUS D'ARLES. — 1
- LA VIE FANTASTIQUE. — 1

PAUL MEURICE
- CÉSARA (Les Chevaliers de l'esprit.) 2ᵉ édition. — 1
- SCÈNES DU FOYER. LA FAMILLE AUBRY. — 1

ÉDOUARD MEYER
- CONTES DE LA MER BALTIQUE. — 1

FRANCISQUE MICHEL — vol.
- DU PASSÉ ET DE L'AVENIR DES HARAS — 1

MIE D'AGHONNE
- BONJOUR ET BONSOIR. — 1

Cᵗᵉˢˢᵉ DE MIRABEAU — Vᵗᵉ DE GRENVILLE
- HISTOIRE DE DEUX HÉRITIÈRES. — 1

EUGÈNE DE MIRECOURT
- COMMENT LES FEMMES SE PERDENT. — 1
- LA MARQUISE DE COURCELLES. — 1

L'ABBÉ TH. MITRAUD
- DE LA NATURE DES SOCIÉTÉS HUMAINES. — 1
- LE LIVRE DE LA VERTU. — 1

CÉLESTE MOGADOR
- MÉMOIRES COMPLETS — 4

L. MOLAND
- LE ROMAN D'UNE FILLE LAIDE. — 1

PAUL DE MOLÈNES
- L'AMANT ET L'ENFANT. — 1
- AVENTURES DU TEMPS PASSÉ. — 1
- LE BONHEUR DES MAIGE. — 1
- CARACTÈRES ET RÉCITS DU TEMPS. — 1
- LA FOLIE DE L'ÉPÉE. — 1
- HISTOIRES SENTIMENTALES ET MILITAIRES. — 1

Mᵐᵉ MOLINOS-LAFITTE
- L'ÉDUCATION DU FOYER — 1

CHARLES MONSELET
- LES ANNÉES DE GAITÉ. (Sous presse). — 1
- L'ARGENT MAUDIT. 2ᵉ édition. — 1
- LA FIN DE L'ORGIE — 1
- LA FRANC-MAÇONNERIE DES FEMMES. — 1
- FRANÇOIS SOLEIL. — 1
- LES GALANTERIES DU XVIIIᵉ SIÈCLE. — 1
- M. DE CUPIDON. — 1
- M. LE DUC S'AMUSE. — 1
- LES ORIGINAUX DU SIÈCLE DERNIER. — 1

LE Cᵗᵉ DE MONTALIVET anc. ministre
- RIEN. — Dix-huit années du gouvernement parlementaire. 2ᵉ édition. — 1

FÉLIX MORNAND
- LA VIE ARABE. — 1

HENRY MURGER
- LES BUVEURS D'EAU. — 1
- NUITS D'HIVER, Poésies compl. 4ᵉ édit. — 1
- SCÈNES DE CAMPAGNE — 1
- SCÈNES DE LA VIE DE JEUNESSE. — 1

PAUL DE MUSSET
- UN MAÎTRE INCONNU. — 1

NABAR
- LA ROBE DE DÉJANIRE. 2ᵉ édition. — 1

CHARLES NARREY
- LES DERNIERS JEUNES GENS. — 1

HENRI NICOLLE
- COURSES DANS LES PYRÉNÉES. — 1

CHARLES NISARD
- MÉMOIRES ET CORRESPONDANCES HISTORIQUES ET LITTÉRAIRES, INÉDITS. — 1

D. NISARD de l'Acad. française
- ÉTUDES DE CRITIQUE LITTÉRAIRE. — 1
- ÉTUDES SUR LA RENAISSANCE. 2ᵉ édition — 1
- MÉLANGES D'HISTOIRE ET DE LITTÉRAT. — 1
- NOUV. ÉTUDES D'HIST. ET DE LITTÉRAT. — 1
- SOUVENIRS DE VOYAGE. 2ᵉ édition. — 1

CHARLES NODIER traducteur
- LE VICAIRE DE WAKEFIELD. — 1

LE VICOMTE DE NOÉ
- BACHI-BOZOUCKS ET CHASSEURS D'AFR. — 1

JULES NORIAC
- LA BÊTISE HUMAINE. 17ᵉ édition. — 1
- LE CAPITAINE SAUVAGE. — 1

JULES NORIAC (suite)

	vol.
LES COQUINS DE PARIS.	1
LE 101ᵉ RÉGIMENT. 40ᵉ édition.	1
DICTIONNAIRE DES AMOUREUX.	1
LES GENS DE PARIS.	1
JOURNAL D'UN FLANEUR.	1
MADEMOISELLE POUCET. 2ᵉ édition	1

LAURENCE OLIPHANT

VOYAGE PITTOR. D'UN ANGLAIS EN RUSSIE.	1

ÉDOUARD OURLIAC (œuvres complètes)

LES CONFESSIONS DE NAZARILLE.	1
LES CONTES DE LA FAMILLE	1
CONTES DU BOCAGE.	1
CONTES SCEPTIQUES ET PHILOSOPHIQUES.	1
FANTAISIES.	1
LA MARQUISE DE MONTMIRAIL.	1
NOUVEAUX CONTES DU BOCAGE.	1
NOUVELLES.	1
LES PORTRAITS DE FAMILLE.	1
PROVERBES ET SCÈNES BOURGEOISES.	1
SUZANNE.	1
THÉATRE DU SEIGNEUR CROQUIGNOLE.	1

ALPHONSE PAGÈS

BALZAC MORALISTE ou Pensées de Balzac extraites de son œuvre, classées et mises en regard de celles de La Rochefoucauld, Pascal, La Bruyère et Vauvenargues.	1

ÉDOUARD PAILLERON

AMOURS ET HAINES.	1

THÉOD. PARMENTIER

DESCRIPTION TOPOGRAPHIQUE ET STRATÉGIQUE DU THÉATRE DE LA GUERRE TURCO-RUSSE, avec une carte topog.	1

TH. PAVIE

RÉCITS DE TERRE ET DE MER.	1
SCÈNES ET RÉCITS DES PAYS D'OUTRE-MER	1

***

FLAMEN.	1
HISTOIRE DE SOUCI. 2ᵉ édition.	1
LE PÉCHÉ DE MADELEINE. 4ᵉ édition.	1

P. CASIMIR PERIER

PROPOS D'ART.	1

PAUL PERRET

L'AMOUR ÉTERNEL.	1
LA BAGUE D'ARGENT.	1
LE CHATEAU DE LA FOLIE.	1
LES ROUERIES DE COLOMBE.	1

LÉONCE DE PESQUIDOUX

L'ÉCOLE ANGLAISE. — 1672-1851 —	1
VOYAGE ARTISTIQUE EN FRANCE.	1

A. PEYRAT

ÉTUDES HISTORIQUES ET RELIGIEUSES.	1
HISTOIRE ET RELIGION.	1
LA RÉVOLUTION.	1

LAURENT PICHAT

CARTES SUR TABLE. Nouvelles.	1
LA SIBYLLE.	1

AMÉDÉE PICHOT

LA BELLE RÉBECCA.	1
UN ENLÈVEMENT.	1
SIR CHARLES BELL.	1

BENJAMIN PIFFTEAU

DEUX ROUTES DE LA VIE.	1

GUSTAVE PLANCHE

ÉTUDES SUR L'ÉCOLE FRANÇAISE.	2

ÉDOUARD PLOUVIER

LA BELLE AUX CHEVEUX BLEUS. 2ᵉ édit.	1

EDGAR POE Trad. Ch. Baudelaire

	vol.
HISTOIRES EXTRAORDINAIRES.	1
NOUVELLES HIST. EXTRAORDINAIRES.	1
ARTHUR GORDON PYM. — EUREKA.	1

F. PONSARD de l'Acad. française

ÉTUDES ANTIQUES.	1

P. P.

L'HÉRITAGE DE MON ONCLE.	1
L'OFFICIER PAUVRE.	1
UNE SŒUR.	1
UNE VEUVE.	1

A. DE PONTMARTIN

CAUSERIES LITTÉRAIRES. Nouv. édition.	1
NOUV. CAUSERIES LITTÉRAIRES. 2ᵉ édit.	1
DERNIÈRES CAUSERIES LITTÉRAIRES. 2ᵉ éd.	1
CAUSERIES DU SAMEDI. Nouv. édition.	1
NOUVELLES CAUSERIES DU SAMEDI. 2ᵉ éd.	1
DERNIÈRES CAUSERIES DU SAMEDI. 2ᵉ éd.	1
LES CORBEAUX DU GÉVAUDAN. 2ᵉ édit.	1
ENTRE CHIEN ET LOUP. 2ᵉ édition.	1
LE FOND DE LA COUPE.	1
LES JEUDIS DE Mᵐᵉ CHARBONNEAU. 6ᵉ éd.	1
LE RADEAU DE LA MÉDUSE.	1
LES SEMAINES LITTÉRAIRES.	1
NOUVELLES SEMAINES LITTÉRAIRES.	1
DERNIÈRES SEMAINES LITTÉRAIRES.	1
NOUVEAUX SAMEDIS.	7

EUGÈNE POUJADE

LE LIBAN ET LA SYRIE. 3ᵉ édition.	1

ÉDOUARD PRAROND

DE MONTRÉAL A JÉRUSALEM.	1

EDMOND DE PRESSENSÉ

LES LEÇONS DE 18 MARS. 2ᵉ édition.	1

PRÉVOST-PARADOL de l'Acad. franç.

ÉLISABETH ET HENRI IV (1595-1598). 3ᵉ éd.	1
ESSAIS DE POLITIQUE ET DE LITTÉRATURE. 2ᵉ édition.	3
LA FRANCE NOUVELLE. 11ᵉ édition.	1
QUELQUES PAGES D'HISTOIRE CONTEMPORAINE. Lettres politiques.	4

CHARLES RABOU

LA GRANDE ARMÉE.	2

MAX RADIGUET

A TRAVERS LA BRETAGNE.	1
SOUVENIRS DE L'AMÉRIQUE ESPAGNOLE.	1

RAMON DE LA CRUZ

SAYNÈTES, tr. de l'esp. par A. de Latour.	1

LOUIS RATISBONNE

ALFRED DE VIGNY. Journal d'un poëte.	1
L'ENFER DE DANTE, traduction en vers, texte en regard: Nouvelle édition.	1
LE PARADIS DE DANTE. Nouv. édition.	1
LE PURGATOIRE DE DANTE. Nouv. éd.	1
IMPRESSIONS LITTÉRAIRES.	1
MORTS ET VIVANTS.	1

JEAN REBOUL de Nîmes

LETTRES avec introd. de M. Poujoulat.	1

PAUL DE RÉMUSAT

LES SCIENCES NATURELLES. Études sur leur histoire et sur leurs progrès.	1

ERNEST RENAN

ÉTUDES D'HISTOIRE RELIGIEUSE. 7ᵉ édit.	1

D. JOSÉ GUELL Y RENTÉ

LÉGENDES AMÉRICAINES.	1
LÉGENDES D'UNE AME TRISTE.	1
LÉGENDES DE MONTSERRAT.	1
TRADITIONS AMÉRICAINES.	1
LA VIERGE DES LYS — PETITE-FILLE DE ROI	1

RODOLPHE REY

	vol.
HIST. DE LA RENAISSANCE POL. DE L'ITALIE.	1

LOUIS REYBAUD

LA COMTESSE DE MAULÉON.	1
LES ÉCOLES EN FRANCE ET EN ANGLETERRE.	1
JÉRÔME PATUROT à la recherche de la meilleure des républiques.	2
MARINES ET VOYAGES.	1
MŒURS ET PORTRAITS DU TEMPS.	2
ROMANS.	2
SCÈNES DE LA VIE MODERNE.	1
LA VIE A REBOURS.	1
LA VIE DE CORSAIRE.	1
LA VIE DE L'EMPLOYÉ.	1

HENRI RIVIÈRE

LE CACIQUE. Journal d'un marin	1
LA GRANDE MARQUISE.	1
LA MAIN COUPÉE.	1
LES MÉPRISES DU CŒUR.	1
LE MEURTRIER D'ALBERTINE RENOUF.	1
PIERROT. — CAÏN. — L'ENVOUTEMENT.	1
LA POSSÉDÉE.	1

AMÉDÉE ROLLAND

LES FILS DE TANTALE	1
LA FOIRE AUX MARIAGES. 2e édition.	1
LES MARIONNETTES DE L'AMOUR. (S. pr.).	1

NESTOR ROQUEPLAN

LA VIE PARISIENNE. Nouvelle édition.	1

VICTORINE ROSTAND

UNE BONNE ÉTOILE.	1
AU BORD DE LA SAÔNE.	1
LES SARRASINS AU VIIe SIÈCLE.	1

LE DOCTr FÉLIX ROUBAUD

LES EAUX MINÉRALES DE LA FRANCE, guide du médecin pratic. et du malade.	1
POUGUES, eaux minérales, ses environs	1

JEAN ROUSSEAU

LES COUPS D'ÉPÉE DANS L'EAU.	1
PARIS DANSANT. 2e édition.	1

ÉMILE RUBEN

CE QUE COUTE UNE RÉPUTATION.	1

LE MARÉCHAL DE SAINT-ARNAUD

LETTRES (1832-1854), 3e édition, avec une notice de M. Sainte-Beuve.	2

***

LE CHATEAU DE ZOLKIEW, tiré des récits historiques de Ch. Szajnocha.	1

SAINTE-BEUVE de l'Acad. franç.

CHATEAUBRIAND ET SON GROUPE LITTÉRAIRE SOUS L'EMPIRE. Nouv. édit. corrigée et augmentée de notes.	2
MA BIOGRAPHIE.	1
NOUVEAUX LUNDIS.	13
PORTRAITS CONTEMPORAINS. Nouv. édit. revue corrigée et très-augmentée.	5
ÉTUDE SUR VIRGILE. Nouv. édition.	1

SAINT-GERMAIN LEDUC

UN MARI.	1

SAINT-SIMON

DOCTRINE SAINT-SIMONIENNE.	1

PAUL DE SAINT-VICTOR

BARBARES ET BANDITS — La Prusse et la Commune.	1

GEORGE SAND

ANDRÉ.	1
ANTONIA.	1
LE BEAU LAURENCE.	1
CADIO.	1
CÉSARINE DIETRICH.	1

GEORGE SAND (suite)

	vol.
LA CONFESSION D'UNE JEUNE FILLE.	2
CONSTANCE VERRIER.	1
LE DERNIER AMOUR.	1
LA DERNIÈRE ALDINI.	1
ELLE ET LUI.	1
LA FAMILLE DE GERMANDRE.	1
FRANCIA.	1
FRANÇOIS LE CHAMPI.	1
UN HIVER A MAJORQUE — SPIRIDION	1
INDIANA.	1
JACQUES.	1
JEAN DE LA ROCHE.	1
JEAN ZYSKA — GABRIEL.	1
JOURNAL D'UN VOY. PENDANT LA GUERRE.	1
LAURA.	1
LETTRES D'UN VOYAGEUR.	1
MADEMOISELLE MERQUEM.	1
MADEMOISELLE LA QUINTINIE.	1
LES MAÎTRES MOSAÏSTES.	1
LES MAÎTRES SONNEURS.	1
MALGRÉTOUT.	1
LA MARE AU DIABLE.	1
LE MARQUIS DE VILLEMER.	1
MAUPRAT.	1
MONSIEUR SYLVESTRE.	1
MONT-REVÊCHE.	1
NOUVELLES.	1
LA PETITE FADETTE.	1
PIERRE QUI ROULE.	1
LES SEPT CORDES DE LA LYRE.	1
TAMARIS.	1
THÉATRE COMPLET.	4
THÉATRE DE NOHANT.	1
L'USCOQUE.	1
VALENTINE.	1
VALVÈDRE.	1
LA VILLE NOIRE.	1

MAURICE SAND

CALLIRHOÉ.	1
MADEMOISELLE AZOTE.	1
MISS MARY.	1
SIX MILLE LIEUES A TOUTE VAPEUR. 2e édit.	1

MADAME CLÉSINGER-SAND

JACQUES BRUNEAU.	1

JULES SANDEAU

UN DÉBUT DANS LA MAGISTRATURE. 2e éd.	1
UN HÉRITAGE. Nouvelle édition.	1
LA MAISON DE PENARVAN. 8e édition.	1
NOUVELLES. Nouvelle édition.	1

FRANCISQUE SARCEY

LE MOT ET LA CHOSE. Nouv. édit.	1

C. DE SAULT

ESSAIS DE CRITIQUE D'ART.	1

AD. SCHÆFFER

HISTOIRE D'UN HOMME HEUREUX.	1

EDMOND SCHERER

ÉTUDES CRITIQUES sur la littérature	1
NOUV. ÉTUDES sur la littérature. 2e sér.	1
ÉTUDES SUR LA LITTÉRATURE. 3e série.	1
MÉLANGES D'HIST. RELIGIEUSE. 2e édit.	1

FERNAND SCHICKLER

EN ORIENT. SOUVENIRS DE VOYAGE.	1

AURÉLIEN SCHOLL

LES GENS TARÉS.	1
HÉLÈNE HERMANN	1
L'OUTRAGE	1
LES PETITS SECRETS DE LA COMÉDIE.	1

	vol.
EUGÈNE SCRIBE	
THÉÂTRE (*ouvrage complet*)	20
ALBÉRIC SECOND	
A QUOI TIENT L'AMOUR?	1
WILLIAM N. SENIOR	
LA TURQUIE CONTEMPORAINE	1
J.-C.-L. DE SISMONDI	
LETTRES INÉDITES, suivies de lettres de Bonstetten, de Mmes de Staël et de Souza, Intr. de *St-René Taillandier*.	1
DE STENDHAL (H. BEYLE) (ŒUV. COMPLÈTES)	
LA CHARTREUSE DE PARME. *Nouv. édit.*	1
CHRONIQUES ITALIENNES	1
CORRESPONDANCE INÉDITE Introduction de *P. Mérimée* et Portrait	2
HISTOIRE DE LA PEINTURE EN ITALIE.	1
MÉLANGES D'ART ET DE LITTÉRATURE.	1
MÉMOIRES D'UN TOURISTE. *Nouv. édit.*	2
NOUVELLES INÉDITES	1
PROMENADES DANS ROME. *Nouv. édit.*	2
RACINE ET SHAKSPEARE. *Nouv. édition*	1
ROMANS ET NOUVELLES.	1
ROME, NAPLES ET FLORENCE. *Nouv. édit.*	1
LE ROUGE ET LE NOIR. *Nouv. édition*	1
VIE DE ROSSINI. *Nouv. édition*	1
VIES DE HAYDN, DE MOZART ET DE MÉTASTASE. *Nouv. édit. entièr. revue.*	1
DANIEL STERN	
ESSAI SUR LA LIBERTÉ. *Nouv. édition*	1
FLORENCE ET TURIN. Art et politique.	1
NÉLIDA.	1
MATHILDE STEV...	
LE OUI ET LE NON DES FEMMES.	1
SAINT-RENÉ TAILLANDIER	
ALLEMAGNE ET RUSSIE.	1
LA COMTESSE D'ALBANY.	1
HISTOIRE ET PHILOSOPHIE RELIGIEUSE.	
LITTÉRATURE ÉTRANGÈRE — ÉCRIVAINS ET POÈTES MODERNES.	1
TÉRENCE	
THÉÂTRE COMPLET. *Trad. A. de Belloy.*	1
EDMOND TEXIER	
CONTES ET VOYAGES	1
LA GRÈCE ET SES INSURRECTIONS. *Nouv. édition*, avec cartes	1
EDMOND THIAUDIÈRE	
UN PRÊTRE EN FAMILLE.	1
A. THIERS	
HISTOIRE DE LAW	1
AUGUSTIN THIERRY	
(ŒUVRES COMPLÈTES — NOUVELLE ÉDITION)	
ESSAI SUR L'HISTOIRE DE LA FORMATION DU TIERS ÉTAT.	1
HISTOIRE DE LA CONQUÊTE DE L'ANGLETERRE PAR LES NORMANDS.	2
LETTRES SUR L'HISTOIRE DE FRANCE. Dix ans d'études historiques.	1
RÉCITS DES TEMPS MÉROVINGIENS.	1
CH. THIERRY-MIEG	
SIX SEMAINES EN AFRIQUE. Souv. de voyage, avec carte et 9 dessins.	1
ÉMILE THOMAS	
HISTOIRE DES ATELIERS NATIONAUX.	1
TIRSO DE MOLINA	
THÉÂTRE. Traduit par *Alph. Royer.*	1
V. TISSOT	
A LA RECHERCHE DU BONHEUR.	1
MARIO UCHARD	
LA COMTESSE DIANE. 2e *édition.*	1
UNE DERNIÈRE PASSION.	1
JEAN DE CHAZOL. 2e *édition*	1
LE MARIAGE DE GERTRUDE. 4e *édition.*	1
RAYMON. 4e *édition.*	1
LOUIS ULBACH	
L'HOMME AUX CINQ LOUIS D'OR.	1
LES SECRETS DU DIABLE.	1
AUGUSTE VACQUERIE	
PROFILS ET GRIMACES.	1
E. DE VALBEZEN (LE MAJOR FRIDOLIN)	
LA MALLE DE L'INDE. 2e *édition.*	1
RÉCITS D'HIER ET D'AUJOURD'HUI.	1
OSCAR DE VALLÉE	
LES MANIEURS D'ARGENT. 4e *édition.*	1
MAX VALREY	
CES PAUVRES FEMMES!	1
LES FILLES SANS DOT.	1
LES VICTIMES DU MARIAGE. 2e *édition.*	1
THÉODORE VERNES	
NAPLES ET LES NAPOLITAINS. 2e *édition*	1
LE DOCTEUR L. VÉRON	
CINQ CENT MILLE FRANCS DE RENTE.	1
CLAUDE VIGNON	
UN NAUFRAGE PARISIEN. 2e *édition.*	1
ALFRED DE VIGNY	
(ŒUVRES COMPLÈTES)	
CINQ-MARS, avec 2 autographes. 17e *éd.*	1
JOURNAL D'UN POÈTE.	1
POÉSIES COMPLÈTES. 8e *édition.*	1
SERVITUDE ET GRANDEUR MILITAIRES. 11e *édition*	1
STELLO. 10e *édition.*	1
THÉÂTRE COMPLET. 9e *édition*	1
SAMUEL VINCENT	
DU PROTESTANTISME EN FRANCE. *N. éd.* Introd. de *Prévost-Paradol.*	1
MÉDITATIONS RELIGIEUSES. Not. de *Fontanès.* Int. d'*A. Coquerel fils.*	1
LÉON VINGTAIN	
DE LA LIBERTÉ DE LA PRESSE	1
VIE PUBLIQUE DE ROYER-COLLARD avec une préface de M. *A. de Broglie.*	1
L. VITET *de l'Académie française*	
ESSAIS HISTORIQUES ET LITTÉRAIRES	1
ÉTUDES SUR L'HISTOIRE DE L'ART. 2e *édit.*	4
HISTOIRE DE DIEPPE. *Nouvelle édit.*	1
LA LIGUE. — SCÈNES HISTORIQUES. Précéd. des ÉTATS D'ORLÉANS. *Nouv. édition*	2
RICHARD WAGNER	
QUATRE POÈMES D'OPÉRAS ALLEMANDS.	1
J.-J. WEISS	
ESSAIS SUR L'HISTOIRE DE LA LITTÉRATURE FRANÇAISE	1
FRANCIS WEY	
CHRISTIAN	1
Mme DE WITT, *née Guizot*	
HISTOIRE DU PEUPLE JUIF, depuis son retour de la captivité à Babylone	1
CORNÉLIS DE WITT	
LA SOCIÉTÉ FRANÇAISE ET LA SOCIÉTÉ ANGLAISE AU XVIIIe SIÈCLE	1
ALBERT WOLFF	
DEUX EMPEREURS. 1870-1871.	1
E. YEMENIZ, *consul de Grèce*	
LA GRÈCE MODERNE	1
SCÈNES ET RÉCITS DES GUERRES DE L'INDÉPENDANCE.	1

BIBLIOTHÈQUE NOUVELLE
Format grand in-18 à 2 francs le volume

EDMOND ABOUT — vol.
- LE CAS DE M. GUÉRIN. 5ᵉ *édition* ... 1
- LE NEZ D'UN NOTAIRE. 7ᵉ *édition* ... 1

AMÉDÉE ACHARD
- NELLY ... 1
- LA TRAITE DES BLONDES ... 1

PIOTRE ARTAMOV
- HISTOIRE D'UN BOUTON. 4ᵉ *édition* ... 1
- LES INSTRUMENTS DE MUSIQUE DU DIABLE. 1
- LA MÉNAGERIE LITTÉRAIRE ... 1

BABAUD-LARIBIÈRE
- HISTOIRE DE L'ASSEMBLÉE NATIONALE CONSTITUANTE ... 2

H. DE BARTHÉLEMY
- LA NOBLESSE EN FRANCE avant et depuis 1789 ... 1

Mᵐᵉ DE BAWR
- ROBERTINE ... 1
- LES SOIRÉES DES JEUNES PERSONNES ... 1

ROGER DE BEAUVOIR
- LES MYSTÈRES DE L'ILE SAINT-LOUIS ... 1
- LES ŒUFS DE PAQUES ... 1

FRÉDÉRIC BÉCHARD
- L'ÉCHAPPÉ DE PARIS. Nouv. série des *Existences déclassées*. 2ᵉ *édition* ... 1
- LES EXISTENCES DÉCLASSÉES. 5ᵉ *édition* 1

GEORGES BELL
- LUCY LA BLONDE ... 1

PIERRE BERNARD
- L'A B C DE L'ESPRIT ET DU CŒUR ... 1

CHARLES BERTHOUD
- FRANÇOIS D'ASSISE ... 1

ALBERT BLANQUET
- LE ROI D'ITALIE. Roman historique ... 1

RAOUL BRAVARD
- GES SAVOYARDS ! ... 1

E. BRISEBARRE ET E. NUS
- LES DRAMES DE LA VIE ... 2

CLÉMENT CARAGUEL
- SOUVENIRS ET AVENTURES D'UN VOLONTAIRE GARIBALDIEN ... 1

COMTESSE DE CHABRILLAN
- EST-IL FOU ? ... 1

ÉMILE CHEVALIER
- LES PIEDS NOIRS ... 1

CLOGENSON
- BEPPO, *de Byron*, trad. vers ... 1

A. CONSTANT
- LE SORCIER DE MEUDON ... 1

DÉCEMBRE-ALONNIER
- LA BOHÊME LITTÉRAIRE ... 1

ÉDOUARD DELESSERT — vol.
- LE CHEMIN DE ROME ... 1

CAMILLE DERAINS
- LA FAMILLE D'ANTOINE MOREL ... 1

CH. DICKENS, *Trad. Amédée Pichot*
- LES CONTES D'UN INCONNU ... 1

MAXIME DU CAMP
- LES CHANTS MODERNES ... 1
- LE CHEVALIER DU CŒUR-SAIGNANT ... 1
- L'HOMME AU BRACELET D'OR. 2ᵉ *édition*. 1
- LE SALON DE 1859 ... 1
- LE SALON DE 1861 ... 1

JOACHIM DUFLOT
- LES SECRETS DES COULISSES DES THÉATRES DE PARIS. Mœurs, Usages, Anecdotes, avec une préface de J. *Noriac* ... 1

ALEXANDRE DUMAS
- L'ART ET LES ARTISTES CONTEMPORAINS au salon de 1859 ... 1
- DE PARIS A ASTRAKAN ... 3
- LA SAN-FELICE ... 9
- SOUVENIRS D'UNE FAVORITE ... 4

ÉMILIE
- CHANTS D'UNE ÉTRANGÈRE ... 1

XAVIER EYMA
- LE ROMAN DE FLAVIO ... 1

ANTOINE GANDON
- LE GRAND GODARD. 4ᵉ *édition* ... 1

JULES GÉRARD *le Tueur de lions*
- MES DERNIÈRES CHASSES ... 1

ÉMILE DE GIRARDIN
- BON SENS, BONNE FOI ... 1
- LE DROIT AU TRAVAIL au Luxembourg et à l'Assemblée nationale ... 2
- ÉTUDES POLITIQUES. *Nouvelle édition* 1
- LE POUR ET LE CONTRE ... 1
- QUESTIONS ADMINIST. ET FINANCIÈRES. 1

ÉDOUARD GOURDON
- CHACUN LA SIENNE ... 1
- LES FAUCHEURS DE NUIT. 5ᵉ *édition* ... 1
- LOUISE. 12ᵉ *édition* ... 1

LÉON GOZLAN
- LES AVENTURES DU PRINCE DE GALLES ... 1

Mᵐᵉ MANOEL DE GRANDFORT
- MADAME N'EST PAS CHEZ ELLE ... 1
- OCTAVE — COMMENT ON S'AIME QUAND ON NE S'AIME PLUS ... 1

ED. GRIMARD
- L'ÉTERNEL FÉMININ ... 1

JULES GUÉROULT
- FABLES ... 1

CHARLES D'HÉRICAULT
	vol.
LA FILLE AUX BLUETS. 2ᵉ édition.	1
LES PATRICIENS DE PARIS.	1

A. JAIME FILS
L'HÉRITAGE DU MAL.	1
LES TALONS NOIRS. 2ᵉ édition.	1

LOUIS JOURDAN
LES PEINTRES FRANÇAIS. SALON DE 1859	1

AURÈLE KERVIGAN
HISTOIRE DE RIRE.	1

MARY LAFON
LA BANDE MYSTÉRIEUSE	1
LA PESTE DE MARSEILLE.	1

MARQUISE DE LAGRANGE
LA RÉSINIÈRE D'ARCACHON.	1

G. DE LA LANDELLE
LA GORGONE.	2

STEPHEN DE LA MADELAINE
UN CAS PENDABLE.	1

F. LAMENNAIS
DE LA SOCIÉTÉ PREMIÈRE et de ses lois.	1

LARDIN ET MIE D'AGHONNE
JEANNE DE FLERS.	1

A. LEXANDRE
LE PÈLERINAGE DE MIREILLE.	1

LOGEROTTE
DE PALERME A TURIN.	1

FANNY LOVIOT
LES PIRATES CHINOIS. 3ᵉ édition.	1

LOUIS LURINE
VOYAGE DANS LE PASSÉ.	1

VICTO LURO
MARGUERITE D'ANGOULÊME.	1

AUGUSTE MAQUET
LE BEAU D'ANGENNES	1
LA BELLE GABRIELLE	3
LE COMTE DE LAVERNIE.	3
DETTES DE CŒUR.	2
L'ENVERS ET L'ENDROIT.	2
LA MAISON DU BAIGNEUR.	2
LA ROSE BLANCHE.	1

MÉRY
MARSEILLE ET LES MARSEILLAIS. 2ᵉ édit.	1

ALFRED MICHIELS
CONTES D'UNE NUIT D'HIVER.	1

EUGÈNE DE MIRECOURT
LES CONFESSIONS DE MARION DELORME.	3
— DE NINON DE LENCLOS.	3

MARC-MONNIER
	vol.
HISTOIRE DU BRIGANDAGE DANS L'ITALIE MÉRIDIONALE. 2ᵉ édition.	1

MORTIMER-TERNAUX
LA CHUTE DE LA ROYAUTÉ.	1
LE PEUPLE AUX TUILERIES.	1

CHARLES NARREY
LE QUATRIÈME LARRON. 2ᵉ édition.	1

JULES NORIAC
LA DAME A LA PLUME NOIRE. 2ᵉ édition.	1
LE GRAIN DE SABLE. 9ᵉ édition.	1
MÉMOIRES D'UN BAISER. 3ᵉ édition.	1
SUR LE RAIL. 2ᵉ édition	1

LE COMTE A. DE PONTÉCOULANT
HISTOIRES ET ANECDOTES.	4

A. DE PONTMARTIN
LES BRULEURS DE TEMPLES.	1

CHARLES RABOU
LE CAPITAINE LAMBERT.	1
LOUISON D'ARQUIEN	1
LES TRIBULATIONS DE MAITRE FABRICIUS.	1

GIOVANI RUFINI
MÉMOIRES D'UN CONSPIRATEUR ITALIEN.	1

C. A. SAINTE-BEUVE
de l'Académie française
LE GÉNÉRAL JOMINI. 2ᵉ édition.	1
MADAME DESBORDES VALMORE.	1
M. DE TALLEYRAND. 2ᵉ édition.	1

VICTORIEN SARDOU
LA PERLE NOIRE	1

AURÉLIEN SCHOLL
LES AMOURS DE THÉATRE. 2ᵉ édition.	1
SCÈNES ET MENSONGES PARISIENS. 2ᵉ éd.	1

E.-A. SEILLIÈRE
AU PIED DU DONON.	1

Mme SURVILLE née DE BALZAC
LE COMPAGNON DU FOYER	1

THACKERAY Trad. Am. Pichot
MORGIANA.	1

EM. DE VARS
LA JOUEUSE. Mœurs de province.	1

Mme VERDIER-ALLUT
LES GÉORGIQUES DU MIDI.	1

A. VERMOREL
LES AMOURS FUNESTES.	1
LES AMOURS VULGAIRES	1

Dr L. VÉRON
PARIS EN 1860. LES THÉATRES DE PARIS DE 1806 A 1860, *avec gravures*.	1

ŒUVRES COMPLÈTES
DE
H. DE BALZAC
NOUVELLE ÉDITION COMPLÈTE, EN 45 VOLUMES

à 1 fr. 25 cent. le volume (*Chaque volume se vend séparément*)

Les œuvres que BALZAC a désignées sous le titre de :
La Comédie humaine, forment dans cette édition. . . . 40 volumes.
Les Contes drôlatiques. . . . . 3 —
Le Théâtre, seule édition complète . . . . 2 —

COMÉDIE HUMAINE
SCÈNES DE LA VIE PRIVÉE
Tome 1. — LA MAISON DU CHAT QUI PELOTTE. Le Bal de Sceaux. La Bourse. La Vendetta. Madame Firmiani. Une double Famille.
Tome 2. — LA PAIX DU MÉNAGE. La fausse Maîtresse. Etude de femme. Autre Etude de Femme. La grande Bretèche. Albert Savarus.
Tome 3. — MÉMOIRES DE DEUX JEUNES MARIÉES. Une Fille d'Ève.
Tome 4. — LA FEMME DE TRENTE ANS. La femme abandonnée. La Grenadière. Le Message. Gobseck.
Tome 5. — LE CONTRAT DE MARIAGE. Un Début dans la vie.
Tome 6. — MODESTE MIGNON.
Tome 7. — BÉATRIX.
Tome 8. — HONORINE. Le colonel Chabert. La Messe de l'Athée. L'Interdiction. Pierre Grassou.

SCÈNES DE LA VIE DE PROVINCE
Tome 9. — URSULE MIROUET.
Tome 10. — EUGÉNIE GRANDET.
Tome 11. — LES CÉLIBATAIRES — I. Pierrette. Le Curé de Tours.
Tome 12. — LES CÉLIBATAIRES — II. Un Ménage de Garçon.
Tome 13. — LES PARISIENS EN PROVINCE. L'illustre Gaudissart. La Muse du département.
Tome 14. — LES RIVALITÉS. La Vieille Fille. Le Cabinet des Antiques.
Tome 15. — LE LYS DANS LA VALLÉE.
Tome 16. — ILLUSIONS PERDUES. — I. Les deux Poètes. Un grand homme de province à Paris, 1re partie.
Tome 17. — ILLUSIONS PERDUES — II. Un Grand homme de province, 2e partie. Ève et David.

SCÈNES DE LA VIE PARISIENNE
Tome 18. — SPLENDEURS ET MISÈRES DES COURTISANES. Esther heureuse. A combien l'amour revient aux Vieillards. Où mènent les mauvais chemins.
Tome 19. — LA DERNIÈRE INCARNATION DE VAUTRIN. Un Prince de la Bohême. Un Homme d'affaires. Gaudissart II. Les Comédiens sans le savoir.
Tome 20. — HISTOIRE DES TREIZE. Ferragus. La duchesse de Langeais. La Fille aux yeux d'or.
Tome 21. — LE PÈRE GORIOT.
Tome 22. — CÉSAR BIROTTEAU.
Tome 23. — LA MAISON NUCINGEN. Les Secrets de la princesse de Cadignan. Les Employés. Sarrasine. Facino Cane.
Tome 24. — LES PARENTS PAUVRES — La Cousine Bette.
Tome 25. — LES PARENTS PAUVRES — Le Cousin Pons.

SCÈNES DE LA VIE POLITIQUE
Tome 26. — UNE TÉNÉBREUSE AFFAIRE. Un Episode sous la Terreur.
Tome 27. — L'ENVERS DE L'HISTOIRE CONTEMPORAINE. Madame de la Chanterie. L'Initié. Z. Marcas.
Tome 28. — LE DÉPUTÉ D'ARCIS.

SCÈNES DE LA VIE MILITAIRE
Tome 29. — LES CHOUANS. Une Passion dans le Désert.

SCÈNES DE LA VIE DE CAMPAGNE
Tome 30. — LE MÉDECIN DE CAMPAGNE.
Tome 31. — LE CURÉ DE VILLAGE.
Tome 32. — LES PAYSANS.

ÉTUDES PHILOSOPHIQUES
Tome 33. — LA PEAU DE CHAGRIN.
Tome 34. — LA RECHERCHE DE L'ABSOLU. Jésus-Christ en Flandre. Melmoth réconcilié. Le Chef-d'œuvre inconnu.
Tome 35. — L'ENFANT MAUDIT. Gambara. Massimilla Doni.
Tome 36. — LES MARANA. Adieu. Le Réquisitionnaire. El Verdugo. Un Drame au bord de la mer. L'Auberge rouge. L'Elixir de longue vie. Maître Cornélius.
Tome 37. — SUR CATHERINE DE MÉDICIS. Le Martyr calviniste. La Confidence des Ruggieri. Les deux Rêves.
Tome 38. — LOUIS LAMBERT. Les Proscrits. Seraphita.

ÉTUDES ANALYTIQUES
Tome 39. — PHYSIOLOGIE DU MARIAGE.
Tome 40. — PETITES MISÈRES DE LA VIE CONJUGALE.

CONTES DROLATIQUES
Tome 41. — 1er dixain.
Tome 42. — 2e dixain.
Tome 43. — 3e dixain.

THÉÂTRE
Tome 44. — VAUTRIN, drame en 5 actes. Les Ressources de Quinola, comédie en 5 actes. Paméla Giraud, comédie en 5 actes.
Tome 45. — LA MARATRE, drame intime en 5 actes. Le Faiseur (Mercadet), comédie en 5 actes (entièrement conforme au manuscrit de l'auteur.)

ŒUVRES DE JEUNESSE
DE H. DE BALZAC
NOUVELLE ÉDITION COMPLÈTE EN 10 VOLUMES
À 1 fr. 25 cent. le volume (*chaque volume se vend séparément*)

ARGOW LE PIRATE	1 vol.	L'HÉRITIÈRE DE BIRAGUE	1 vol.
LE CENTENAIRE	1	L'ISRAÉLITE	1
LA DERNIÈRE FÉE	1	JANE LA PALE	1
DOM GIGADAS	1	JEAN-LOUIS	1
L'EXCOMMUNIÉ	1	LE VICAIRE DES ARDENNES	1

OUVRAGES DIVERS

J. AUTRAN
LABOUREURS ET SOLDATS, 2ᵉ éd. 1 v. 5 »
LES POÈMES DE LA MER. 1 vol. 5 »

LA PRINCESSE DE BELGIOJOSO
SCÈNES DE LA VIE TURQUE. 1 vol. 5 »

J.-B. BORÉGON
GABRIEL ET FIAMMETTA. 1 vol. 5 »

LOUIS BOUILHET
POÉSIES. Festons et Astragales. 1 vol. 5 »

A. BRIZEUX
ŒUVRES COMPLÈTES. Ed. définit. 2 v. 12 »

LE COMTE GUY DE CHARNACÉ
LES FEMMES D'AUJOURD'HUI. 2ᵉ éd. 2 v. 10 »

LE COMTE DE CHEVIGNÉ
LES CONTES RÉMOIS illustrés par E. Meissonier. 6ᵉ édition. 1 vol. 5 »

CHARLES EMMANUEL
LES DÉVIATIONS DU PENDULE ET LE MOUVEMENT DE LA TERRE. 1 vol. 1 »

EUGÈNE FROMENTIN
UN ÉTÉ DANS LE SAHARA. 1 volume. »

LÉON GOZLAN
LE MÉDECIN DU PECQ. 1 volume. »

ALEXANDRE GUÉRIN
LES RELIGIEUSES. 1 volume. 1 »

HOFFMANN, Trad. Champfleury
CONTES POSTHUMES. 1 vol. 6 »

LA REINE HORTENSE
LA REINE HORTENSE EN ITALIE, EN FRANCE ET EN ANGLETERRE. 1 vol. 5 »

LÉON HOLLÆNDER
DIX-HUIT SIÈCLES DE PRÉJUGÉS CHRÉTIENS. 1 volume. 2 »

J. JANIN
LES CONTES DU CHALET. 2ᵉ édit. 1 v. 6 »

LAMARTINE
GRAZIELLA. 1 vol. 5 »
NOUVELLES CONFIDENCES. 1 vol. 5 »

LASSABATHIE, Admin. du Conserv.
HISTOIRE DU CONSERVATOIRE IMPÉRIAL DE MUSIQUE ET DE DÉCLAMATION. 1 volume. 5 »

AUGUSTE LUCHET
LA CÔTE-D'OR A VOL D'OISEAU. 1 vol. 2 »
LA SCIENCE DU VIN. 1 volume. 2 50

STEPHEN DE LA MADELAINE
CHANT. Études prat. de style. 1/2 vol. 2 »

PAUL DE MOLÈNES
COMMENTAIRES D'UN SOLDAT. 1 vol. 5 »

P. MORIN
COMMENT L'ESPRIT VIENT AUX TABLES. 1 volume. 1 50

LA COMTESSE NATHALIE
LA VILLA GALIETTA. 1 vol. 5 »

LE BARON DE NERVO
SOUVENIRS DE MA VIE. 1 vol. 3 50

A. PEYRAT
UN NOUVEAU DOGME. Histoire de l'Immaculée Conception. 1 volume. 3 »

GUSTAVE PLANCHE
ÉTUDES LITTÉRAIRES. 1 volume. 5 »
ÉTUDES SUR LES ARTS. 1 volume. 5 »

A. DE PONTMARTIN
LETTRES D'UN INTERCEPTÉ. 1 vol. 2 50

LE DOCTEUR RAULAND
LE LIVRE DES ÉPOUX. Guide pour la guérison de l'Impuissance, de la stérilité et de toutes les maladies des organes génitaux. 1 fort vol. 4 »

ERNEST RENAN
JÉSUS. 1 vol. in-32. 18ᵉ édition. 1 25

MARY-ÉLIZA ROGERS
LA VIE DOMESTIQUE EN PALESTINE. 1 volume. 3 50

***
MÉMOIRES D'UN PROTESTANT condamné aux galères de France pour cause de religion. 1 volume. 3 50

LE ROI LOUIS-PHILIPPE
MON JOURNAL. Événements de 1815. 2 volumes. 10 »

WARNER
SCHAMYL. 1 volume. 2 »

ÉTUDES CONTEMPORAINES (Format in-18)

ÉDOUARD DELPRAT
L'ADMINISTRATION DE LA PRESSE. 1 v. 1 »

A. GERMAIN
MARTYROLOGE DE LA PRESSE. 1 vol. 2 50

LE COMTE D'HAUSSONVILLE
LETTRE AU SÉNAT. 1 vol. 1 »

LÉONCE DE LAVERGNE
LA CONSTITUTION DE 1852 ET LE DÉCRET DU 24 NOVEMBRE. 1 vol. 1 »

ED. DE SONNIER
LES DROITS POLITIQUES DANS LES ÉLECTIONS. — Manuel de l'Électeur et du Candidat. 1 vol. 1 »

***
LA LIBERTÉ RELIGIEUSE ET LA LÉGISLATION ACTUELLE. 1 vol. 1 »

COLLECTION MICHEL LÉVY
ET BIBLIOTHÈQUE DE LA LIBRAIRIE NOUVELLE
1 franc le volume grand in-18 de 300 à 400 pages

AMÉDÉE ACHARD vol.
- BRUNES ET BLONDES. 1
- LA CHASSE ROYALE. 2
- LES DERNIÈRES MARQUISES. . . . 1
- LES FEMMES HONNÊTES. 1
- PARISIENNES ET PROVINCIALES. . 1
- LES PETITS-FILS DE LOVELACE. . 1
- LES RÊVEURS DE PARIS. 1
- LA ROBE DE NESSUS. 1

ACHIM D'ARNIM (Tr. Th. Gautier fils)
- CONTES BIZARRES. 1

ADOLPHE ADAM
- SOUVENIRS D'UN MUSICIEN. . . . 1
- DERNIERS SOUVENIRS D'UN MUSICIEN. 1

W.-H. AINSWORTH (Trad. H. Revoil)
- LE GENTILHOMME DES GRANDES ROUTES. 2

***
- MADAME LA DUCHESSE D'ORLÉANS, HÉLÈNE DE MECKLEMBOURG-SCHWERIN.

ALFRED ASSOLLANT
- HISTOIRE FANTASTIQUE DE PIERROT. .

ÉMILE AUGIER de l'Acad. française
- POÉSIES COMPLÈTES. 1

LE DUC D'AUMALE
- INSTITUTIONS MILITAIRES DE LA FRANCE 1
- LES ZOUAVES ET LES CHASSEURS A PIED. 1

J. AUTRAN de l'Acad. française
- MILIANAH. Épisode des guer. d'Afrique. 1

H. DE BALZAC
- THÉATRE COMPLET. 2

THÉODORE DE BANVILLE
- ODES FUNAMBULESQUES 1

J. BARBEY D'AUREVILLY
- L'ENSORCELÉE. 1

ODYSSE BAROT
- HISTOIRE DES IDÉES AU XIX° SIÈCLE.— ÉM. DE GIRARDIN, sa vie, ses idées, etc. 1

Mme DE BASSANVILLE
- LES SECRETS D'UNE JEUNE FILLE . . 1

Mme DE BAWR
- NOUVELLES. 1
- RAOUL, ou l'Énéide. 1

BEAUMARCHAIS
- THÉATRE, avec Notice sur sa vie et ses ouvrages, par *Louis de Loménie*. 1

GUSTAVE DE BEAUMONT
- L'IRLANDE SOCIALE, POLITIQUE ET RELIG. 2

ROGER DE BEAUVOIR
- AVENTURIÈRES ET COURTISANES. . 1
- LE CABARET DES MORTS. 1
- LE CHEVALIER DE CHARNY. 1
- LE CHEVALIER DE SAINT-GEORGES . 1
- L'ÉCOLIER DE CLUNY. 1

ROGER DE BEAUVOIR (suite) vol.
- HISTOIRES CAVALIÈRES. 1
- LA LESCOMBAT. 1
- MADEMOISELLE DE CHOISY. 1
- LE MOULIN D'HEILLY. 1
- LES MYSTÈRES DE L'ILE SAINT-LOUIS. 2
- LE PAUVRE DIABLE. 1
- LES SOIRÉES DU LIDO. 1
- LES TROIS ROHAN. 1

Mme ROGER DE BEAUVOIR
- CONFIDENCES DE Mlle MARS. . . . 1
- SOUS LE MASQUE. 1

HENRI BÉCHADE
- LA CHASSE EN ALGÉRIE. 1

Mme BEECHER STOWE
- CASE DE L'ONCLE TOM. (Trad. Pilatte) 2
- SOUVENIRS HEUREUX. (Trad. Forcade). 3

LA PRINCESSE DE BELGIOJOSO
- ASIE-MINEURE ET SYRIE. 1

GEORGES BELL
- SCÈNES DE LA VIE DE CHATEAU. . . 1

BENJAMIN CONSTANT
- ADOLPHE, avec notice de *Sainte-Beuve*. 1

A. DE BERNARD
- LE PORTRAIT DE LA MARQUISE. . . 1

CHARLES DE BERNARD
- LES AILES D'ICARE. 1
- UN BEAU-PÈRE. 2
- L'ÉCUEIL. 1
- LE GENTILHOMME CAMPAGNARD . . 2
- GERFAUT. 1
- UN HOMME SÉRIEUX. 1
- LE NŒUD GORDIEN. 1
- LE PARATONNERRE. 1
- LE PARAVENT. 1
- PEAU DU LION ET CHASSE AUX AMANTS. 1

BERNARDIN DE SAINT-PIERRE
- PAUL ET VIRGINIE — Précédé d'un essai par *Prevost-Paradol*. . . . 1

ÉLIE BERTHET
- LA BASTIDE ROUGE. 1
- LES CHAUFFEURS. 1
- LE DERNIER IRLANDAIS. 1
- LA ROCHE TREMBLANTE 1

EUGÈNE BERTHOUD
- SECRETS DE FEMME. 1

CAROLINE BERTON
- ROSETTE. 1

ALBERT BLANQUET
- LA BELLE FERRONNIÈRE. 1
- LA MAITRESSE DU ROI. 1

***
- HOMMES DU JOUR. 1
- LES SALONS DE VIENNE ET DE BERLIN. 1

CH. DE BOIGNE
- LES PETITS MÉMOIRES DE L'OPÉRA. 1

LOUIS BOUILHET
- MÉLÆNIS, conte romain. 1

RAOUL BRAVARD

Titre	vol.
L'HONNEUR DES FEMMES	1
UNE PETITE VILLE	1
LA REVANCHE DE GEORGES DANDIN	1

A. DE BRÉHAT

Titre	vol.
L'AMOUR AU NOUVEAU-MONDE	1
LES AMOUREUX DE VINGT ANS	1
LES AMOURS DU BEAU GUSTAVE	1
LES AMOURS D'UNE NOBLE DAME	1
L'AUBERGE DU SOLEIL D'OR	1
LE BAL DE L'OPÉRA	1
LA CABANE DU SABOTIER	1
LES CHASSEURS D'HOMMES	1
LES CHASSEURS DE TIGRES	1
LE CHATEAU DE VILLEBON	1
LES CHAUFFEURS INDIENS	1
LES CHEMINS DE LA VIE	1
LE COUSIN AUX MILLIONS	1
DEUX AMIS	1
UN DRAME A CALCUTTA	1
UN DRAME A TROUVILLE	1
HISTOIRES D'AMOUR	1
UNE FEMME ÉTRANGE	1
LES ORPHELINS DE TRÉGUÉREC	1
SCÈNES DE LA VIE CONTEMPORAINE	1
LA SORCIÈRE NOIRE	1
LA VENGEANCE D'UN MULATRE	1

BRILLAT-SAVARIN

Titre	vol.
PHYSIOLOGIE DU GOUT. *Nouv. édition.*	1

MAX BUCHON

Titre	vol.
EN PROVINCE	1

E.-L. BULWER Trad. *Amédée Pichot*

Titre	vol.
LA FAMILLE CAXTON	2
LE JOUR ET LA NUIT	2

ÉMILIE CARLEN Trad. *Souvestre*

Titre	vol.
DEUX JEUNES FEMMES	1

ÉMILE CARREY

Titre	vol.
L'AMAZONE. HUIT JOURS SOUS L'ÉQUATEUR	1

HIPPOLYTE CASTILLE

Titre	vol.
HISTOIRES DE MÉNAGE	1

CHAMPFLEURY

Titre	vol.
LES BOURGEOIS DE MOLINCHART	1
CHIEN-CAILLOU	1
LES EXCENTRIQUES	1
M. DE BOISDHYVER	1
LE RÉALISME	1
LES SENSATIONS DE JOSQUIN	1
SOUVENIRS DES FUNAMBULES	1
LA SUCCESSION LE CAMUS	1

F. DE CHATEAUBRIAND

Titre	vol.
ATALA—RENÉ—LE DERNIER ABENCÉRAGE, avec avant-propos *de M. Ste-Beuve.*	1
LE GÉNIE DU CHRISTIANISME, avec un avant-propos *de M. Guizot.*	2
HISTOIRE DE FRANCE, essai analytique avec une notice par *Ste-Beuve.*	2
ITINÉRAIRE DE PARIS A JÉRUSALEM, avec une Étude *de M. de Pontmartin.*	2
LES MARTYRS, avec un essai *d'Ampère.*	2
LES NATCHEZ, avec un essai du *Prince Albert de Broglie.*	2
LE PARADIS PERDU *de Milton,* trad. préc. d'une étude *de M. John Lemoinne.*	1
VOYAGE EN AMÉRIQUE, avec une introduction *de Ste-Beuve.*	1

ÉMILE CHEVALIER

Titre	vol.
LES DERNIERS IROQUOIS	1
LA FILLE DES INDIENS ROUGES	1
LA HURONNE	1
LES NEZ-PERCÉS	1

ÉMILE CHEVALIER (Suite)

Titre	vol.
PEAUX-ROUGES ET PEAUX-BLANCHES	1
LES PIEDS-NOIRS	1
POIGNET-D'ACIER	1
LA TÊTE-PLATE	1

GUSTAVE CLAUDIN

Titre	vol.
POINT ET VIRGULE	1

Mme LOUISE COLET

Titre	vol.
QUARANTE-CINQ LETTRES DE BÉRANGER	1

HENRI CONSCIENCE

Titre	vol.
L'ANNÉE DES MERVEILLES	1
AURÉLIEN	2
BATAVIA	1
LES BOURGEOIS DE DARLINGEN	1
LE BOURGMESTRE DE LIÈGE	1
LE CHEMIN DE LA FORTUNE	1
LE CONSCRIT	1
LE COUREUR DES GRÈVES	1
LE DÉMON DE L'ARGENT	1
LE DÉMON DU JEU	1
LES DRAMES FLAMANDS	1
LA FIANCÉE DU MAITRE D'ÉCOLE	1
LE FLÉAU DU VILLAGE	1
LE GANT PERDU	1
LE GENTILHOMME PAUVRE	1
LA GUERRE DES PAYSANS	1
LE GUET-APENS	1
HEURES DU SOIR	1
HISTOIRE DE DEUX ENFANTS D'OUVRIERS	1
LE JEUNE DOCTEUR	1
LA JEUNE FEMME PALE	1
LE LION DE FLANDRE	2
MAITRE VALENTIN	1
LE MAL DU SIÈCLE	1
LE MARCHAND D'ANVERS	1
LE MARTYR D'UNE MÈRE	1
LA MÈRE JOB	1
L'ONCLE REIMOND	1
L'ORPHELINE	1
LE PAYS DE L'OR	1
LE SANG HUMAIN	1
SCÈNES DE LA VIE FLAMANDE	2
SOUVENIRS DE JEUNESSE	1
LA TOMBE DE FER	1
LE TRIBUN DE GAND	1
LES VEILLÉES FLAMANDES	1
LA VOLEUSE D'ENFANT	1

H. CORNE

Titre	vol.
SOUVENIRS D'UN PROSCRIT POLONAIS	1

P. CORNEILLE

Titre	vol.
ŒUVRES, avec notice de *Sainte-Beuve.*	2

LA COMTESSE DASH

Titre	vol.
UN AMOUR COUPABLE	1
LES AMOURS DE LA BELLE AURORE	2
LES BALS MASQUÉS	1
LA BELLE PARISIENNE	1
LA CHAINE D'OR	1
LA CHAMBRE BLEUE	1
LE CHATEAU DE LA ROCHE-SANGLANTE	1
LES CHATEAUX EN AFRIQUE	1
LA DAME DU CHATEAU MURÉ	1
LA DERNIÈRE EXPIATION	1
LA DUCHESSE D'ÉPONNES	1
LA DUCHESSE DE LAUZUN	1
LA FEMME DE L'AVEUGLE	1
LES FOLIES DU CŒUR	1
LE FRUIT DÉFENDU	1
LES GALANTERIES DE LA COUR DE LOUIS XV	1
— LA RÉGENCE	1
— LA JEUNESSE DE LOUIS XV	1

COLLECTION MICHEL LÉVY. — 1 FR. LE VOLUME.

LA COMTESSE DASH (suite).

Titre	vol.
— LES MAITRESSES DU ROI	1
— LE PARC AUX CERFS	1
LE JEU DE LA REINE	1
LA JOLIE BOHÉMIENNE	1
LES LIONS DE PARIS	1
MADAME LOUISE DE FRANCE	1
MADAME DE LA SABLIÈRE	1
MADEMOISELLE DE LA TOUR DU PIN	1
LA MAIN GAUCHE ET LA MAIN DROITE	1
LA MARQUISE DE PARABÈRE	1
LA MARQUISE SANGLANTE	1
LE NEUF DE PIQUE	1
LA POUDRE ET LA NEIGE	1
LA PRINCESSE DE CONTI	1
UN PROCÈS CRIMINEL	1
UNE RIVALE DE LA POMPADOUR	1
LE SALON DU DIABLE	1
LES SECRETS D'UNE SORCIÈRE	2
LA SORCIÈRE DU ROI	2
LES SOUPERS DE LA RÉGENCE	2
LES SUITES D'UNE FAUTE	1
TROIS AMOURS	1

LE GÉNÉRAL DAUMAS
LE GRAND DÉSERT	1

E.-J. DELÉCLUZE
DONA OLYMPIA	1
MADEMOISELLE JUSTINE DE LIRON	1
LA PREMIÈRE COMMUNION	1

ÉDOUARD DELESSERT
VOYAGE AUX VILLES MAUDITES	1

PAUL DELTUF
AVENTURES PARISIENNES	1
LES PETITS MALHEURS D'UNE JEUNE FEMME	1

CHARLES DICKENS Trad. Am. Pichot
CONTES DE NOEL	1
CONTES POUR LE JOUR DES ROIS	1
HISTORIETTES ET RÉCITS DU FOYER	2
LE NEVEU DE MA TANTE	2

OCTAVE DIDIER
UNE FILLE DE ROI	1
MADAME GEORGES	1

MAXIME DU CAMP
LE SALON DE 1857	1
LES SIX AVENTURES	1

ALEXANDRE DUMAS
ACTÉ	1
AMAURY	1
ANGE PITOU	2
ASCANIO	2
UNE AVENTURE D'AMOUR	1
AVENTURES DE JOHN DAVIS	1
LES BALEINIERS	2
LE BATARD DE MAULÉON	3
BLACK	1
LES BLANCS ET LES BLEUS	3
LA BOUILLIE DE LA COMTESSE BERTHE	1
LA BOULE DE NEIGE	1
BRIC-A-BRAC	2
UN CADET DE FAMILLE	3
LE CAPITAINE PAMPHILE	1
LE CAPITAINE PAUL	1
LE CAPITAINE RICHARD	1
CATHERINE BLUM	1
CAUSERIES	2
CÉCILE	1
CHARLES LE TÉMÉRAIRE	1
LE CHASSEUR DE SAUVAGINE	1
LE CHATEAU D'EPPSTEIN	1
LE CHEVALIER D'HARMENTAL	2

ALEXANDRE DUMAS (Suite)

Titre	vol.
LE CHEVALIER DE MAISON-ROUGE	2
LE COLLIER DE LA REINE	3
LA COLOMBE. Maître Adam le Calabrais	1
LE COMTE DE MONTE-CRISTO	6
LA COMTESSE DE CHARNY	6
LA COMTESSE DE SALISBURY	2
LES COMPAGNONS DE JÉHU	3
LES CONFESSIONS DE LA MARQUISE	2
CONSCIENCE L'INNOCENT	2
CRÉATION ET RÉDEMPTION. — LE DOCTEUR MYSTÉRIEUX	2
— LA FILLE DU MARQUIS	2
LA DAME DE MONSOREAU	3
LA DAME DE VOLUPTÉ	2
LES DEUX DIANE	3
LES DEUX REINES	2
DIEU DISPOSE	3
LE DRAME DE 93	4
LES DRAMES DE LA MER	1
LES DRAMES GALANTS - LA MARQ. D'ESCOMAN	2
LA FEMME AU COLLIER DE VELOURS	1
FERNANDE	1
UNE FILLE DU RÉGENT	1
LE FILS DU FORÇAT	1
LES FRÈRES CORSES	1
GABRIEL LAMBERT	1
LES GARIBALDIENS	1
GAULE ET FRANCE	1
GEORGES	1
UN GIL BLAS EN CALIFORNIE	2
LES GRANDS HOMMES EN ROBE DE CHAMBRE — CÉSAR	2
— HENRI IV — LOUIS XIII ET RICHELIEU	2
LA GUERRE DES FEMMES	2
HISTOIRE D'UN CASSE-NOISETTE	1
LES HOMMES DE FER	1
L'HOROSCOPE	1
L'ILE DE FEU	2
IMPRESSIONS DE VOYAGE — EN SUISSE	4
— EN RUSSIE	4
— UNE ANNÉE A FLORENCE	1
— L'ARABIE HEUREUSE	3
— LES BORDS DU RHIN	2
— LE CAPITAINE ARÉNA	1
— LE CAUCASE	3
— LE CORRICOLO	2
— LE MIDI DE LA FRANCE	2
— DE PARIS A CADIX	2
— QUINZE JOURS AU SINAI	1
— LE SPERONARE	2
— LE VÉLOCE	2
— LA VILLA PALMIERI	1
INGÉNUE	2
ISABEL DE BAVIÈRE	2
ITALIENS ET FLAMANDS	2
IVANHOE de W. Scott (Traduction)	2
JACQUES ORTIS	1
JANE	1
JEHANNE LA PUCELLE	1
LOUIS XIV ET SON SIÈCLE	4
LOUIS XV ET SA COUR	2
LOUIS XVI ET LA RÉVOLUTION	3
LES LOUVES DE MACHECOUL	4
MADAME DE CHAMBLAY	1
LA MAISON DE GLACE	2
LE MAITRE D'ARMES	1
LES MARIAGES DU PÈRE OLIFUS	1
LES MÉDICIS	1
MES MÉMOIRES	10

ALEXANDRE DUMAS (Suite)

	vol.
MÉMOIRES DE GARIBALDI	2
MÉMOIRES D'UNE AVEUGLE	2
MÉMOIRES D'UN MÉDECIN (BALSAMO)	5
LE MENEUR DE LOUPS	1
LES MILLE ET UN FANTOMES	1
LES MOHICANS DE PARIS	4
LES MORTS VONT VITE	2
NAPOLÉON	1
UNE NUIT A FLORENCE	1
OLYMPE DE CLÈVES	3
LE PAGE DU DUC DE SAVOIE	2
PARISIENS ET PROVINCIAUX	2
LE PASTEUR D'ASHBOURN	2
PAULINE ET PASCAL BRUNO	1
UN PAYS INCONNU	1
LE PÈRE GIGOGNE	2
LE PRINCE DES VOLEURS	2
LE PÈRE LA RUINE	1
LA PRINCESSE DE MONACO	2
LA PRINCESSE FLORA	1
LES QUARANTE-CINQ	3
LA RÉGENCE	4
LA REINE MARGOT	2
ROBIN HOOD LE PROSCRIT	2
LA ROUTE DE VARENNES	1
LE SALTEADOR	1
SALVATOR	5
SOUVENIRS D'ANTONY	1
LES STUARTS	1
SULTANETTA	1
SYLVANDIRE	1
LA TERREUR PRUSSIENNE	2
LE TESTAMENT DE M. CHAUVELIN	1
TROIS MAITRES	1
LES TROIS MOUSQUETAIRES	2
LE TROU DE L'ENFER	1
LA TULIPE NOIRE	1
LE VICOMTE DE BRAGELONNE	6
LA VIE AU DÉSERT	2
UNE VIE D'ARTISTE	1
VINGT ANS APRÈS	3

ALEXANDRE DUMAS FILS

	vol.
ANTONINE	1
AVENTURES DE QUATRE FEMMES	4
LA BOITE D'ARGENT	1
LA DAME AUX CAMÉLIAS	1
LA DAME AUX PERLES	1
DIANE DE LYS	1
LE DOCTEUR SERVANS	1
LE RÉGENT MUSTEL	1
LE ROMAN D'UNE FEMME	1
SOPHIE PRINTEMS	1
TRISTAN LE ROUX	1
TROIS HOMMES FORTS	1
LA VIE A VINGT ANS	1

GABRIEL D'ENTRAGUES

	vol.
HISTOIRES D'AMOUR ET D'ARGENT	1

XAVIER EYMA

	vol.
AVENTURIERS ET CORSAIRES	1
LES FEMMES DU NOUVEAU-MONDE	1
LES PEAUX-ROUGES	1
LE ROI DES TROPIQUES	1
LE TRÔNE D'ARGENT	1

PAUL FÉVAL

	vol.
ALIXIA PAULI	1

PAUL FÉVAL (suite)

	vol.
LES AMOURS DE PARIS	2
BLANCHEFLEUR	1
LE BOSSU OU LE PETIT PARISIEN	3
LE CAPITAINE SIMON	1
LES COMPAGNONS DU SILENCE	3
LES DERNIÈRES FÉES	1
LES FANFARONS DU ROI	1
LE FILS DU DIABLE	4
LES NUITS DE PARIS	1
LA REINE DES ÉPÉES	1

GUSTAVE FLAUBERT

	vol.
MADAME BOVARY	2

PAUL FOUCHER

	vol.
LA VIE DE PLAISIR	1

FOURNIER ET ARNOULD

	vol.
STRUENSÉE	1

ARNOULD FRÉMY

	vol.
LES CONFESSIONS D'UN BOHÉMIEN	1

GALOPPE D'ONQUAIRE

	vol.
LE DIABLE BOITEUX AU CHATEAU	1
LE DIABLE BOITEUX A PARIS	1
LE DIABLE BOITEUX EN PROVINCE	1
LE DIABLE BOITEUX AU VILLAGE	1

ANTOINE GANDON

	vol.
LES 32 DUELS DE JEAN GIGON	1
L'ONCLE PHILIBERT	1

THÉOPHILE GAUTIER

	vol.
CONSTANTINOPLE	1
LES GROTESQUES	1

SOPHIE GAY

	vol.
ANATOLE	1
LE COMTE DE GUICHE	1
LA COMTESSE D'EGMONT	1
LA DUCHESSE DE CHATEAUROUX	1
ELLÉNORE	2
LE FAUX FRÈRE	1
LAURE D'ESTELL	1
LÉONIE DE MONTBREUSE	1
LES MALHEURS D'UN AMANT HEUREUX	1
UN MARIAGE SOUS L'EMPIRE	1
LE MARI CONFIDENT	1
MARIE DE MANCINI	1
MARIE-LOUISE D'ORLÉANS	1
LE MOQUEUR AMOUREUX	1
PHYSIOLOGIE DU RIDICULE	1
SALONS CÉLÈBRES	1
SOUVENIRS D'UNE VIEILLE FEMME	1

JULES GÉRARD

	vol.
LA CHASSE AU LION. *Dessins de G. Doré*	1

GÉRARD DE NERVAL

	vol.
LA BOHÈME GALANTE	1
LES FILLES DU FEU	1
LE MARQUIS DE FAYOLLE	1
SOUVENIRS D'ALLEMAGNE	1

ÉMILE DE GIRARDIN

	vol.
ÉMILE	1

Mme ÉMILE DE GIRARDIN

	vol.
LA CANNE DE M. DE BALZAC	1
CONTES D'UNE VIEILLE FILLE	1
LA CROIX DE BERNY (*en société avec Th. Gautier, Méry et Jules Sandeau*)	1
IL NE FAUT PAS JOUER AVEC LA DOULEUR	1
LE LORGNON	1
MARGUERITE	1
M. LE MARQUIS DE PONTANGES	1
NOUVELLES	1
POÉSIES COMPLÈTES	1

COLLECTION MICHEL LÉVY. — 1 FR. LE VOLUME.

Mme ÉMILE DE GIRARDIN (suite).   vol.
LE VICOMTE DE LAUNAY. Lettres parisiennes. *Edition complète*. . . . 4

W. GODWIN (*Trad. A. Pichot*)
CALEB WILLIAMS. 2

GŒTHE (*Trad. N. Fournier*)
HERMANN ET DOROTHÉE. 1
WERTHER, avec notice, d'*H. Heine* 1

OL. GOLDSMITH.(*Tr. N. Fournier*)
LE VICAIRE DE WAKEFIELD, avec étude de lord *Macaulay*, *trad. G. Guizot* 1

LÉON GOZLAN
BALZAC CHEZ LUI. 1
LE BARIL DE POUDRE D'OR. 1
LA COMÉDIE ET LES COMÉDIENS. . . 1
LA DERNIÈRE SŒUR GRISE. 1
LA FOLLE DU LOGIS. 1
LE NOTAIRE DE CHANTILLY. 1

Mme MANOEL DE GRANDFORT
L'AUTRE MONDE. 1
L'AMOUR AUX CHAMPS 1

M. GUIZOT
LA FRANCE ET LA PRUSSE. 1

LÉON HILAIRE
NOUVELLES FANTAISISTES. 1

HILDEBRAND(*Traduct. L. Wocquier*)
LA CHAMBRE OBSCURE. 1
SCÈNES DE LA VIE HOLLANDAISE. . 1

ARSÈNE HOUSSAYE
L'AMOUR COMME IL EST. 1
LES FEMMES COMME ELLES SONT. . 1

CHARLES HUGO
LA CHAISE DE PAILLE. 1

F. VICTOR HUGO (*Traducteur*)
LE FAUST ANGLAIS *de Marlowe*. . 1
SONNETS *de Shakspeare*. 1

F. HUGONNET
SOUV. D'UN CHEF DE BUREAU ARABE. 1

JULES JANIN
L'ANE MORT. 1
LE CHEMIN DE TRAVERSE. 1
UN CŒUR POUR DEUX AMOURS. . . . 1
LA CONFESSION 1

CHARLES JOBEY
L'AMOUR D'UN NÈGRE. 1

LE PRINCE DE JOINVILLE
GUERRE D'AMÉRIQUE, CAMPAGNE DU POTOMAC. 1

PAUL JUILLERAT
LES DEUX BALCONS. 1

ALPHONSE KARR
AGATHE ET CÉCILE. 1
LE CHEMIN LE PLUS COURT. 1
CLOTILDE. 1
CLOVIS GOSSELIN. 1
CONTES ET NOUVELLES. 1
ENCORE LES FEMMES. 1

ALPHONSE KARR (*Suite*)   vol.
LES FEMMES. 1
LA FAMILLE ALAIN. 1
FEU BRESSIER. 1
LES FLEURS. 1
GENEVIÈVE. 1
LES GUÊPES. 6
HISTOIRE DE ROSE ET JEAN DUCHEMIN 1
HORTENSE. 1
MENUS PROPOS. 1
MIDI A QUATORZE HEURES. 1
LA PÊCHE EN EAU DOUCE ET EN EAU SALÉE. 1
LA PÉNÉLOPE NORMANDE. 1
UNE POIGNÉE DE VÉRITÉS. 1
PROMENADES HORS DE MON JARDIN. 1
RAOUL. 1
ROSES NOIRES ET ROSES BLEUES. . 1
LES SOIRÉES DE SAINTE-ADRESSE. 1
SOUS LES ORANGERS. 1
SOUS LES TILLEULS 1
TROIS CENTS PAGES 1
UNE HEURE TROP TARD. 1

KAUFFMANN
BRILLAT LE MENUISIER. 1

LÉOPOLD KOMPERT (*Tr. L. Stauben*)
LES JUIFS DE LA BOHÊME. 1
SCÈNES DU GHETTO. 1

DE LACRETELLE
LA POSTE AUX CHEVAUX. 1

Mme LAFARGE, née *Marie Cappelle*
HEURES DE PRISON. 1
MÉMOIRES. 1

CHARLES LAFONT
LES LÉGENDES DE LA CHARITÉ. . . 1

G. DE LA LANDELLE
LES PASSAGÈRES. 1

STEPHEN DE LA MADELAINE
LE SECRET D'UNE RENOMMÉE. . . . 1

JULES DE LA MADELÈNE
LES AMES EN PEINE. 1
LE MARQUIS DES SAFFRAS. 1

A. DE LAMARTINE
ANTAR. 1
BALZAC ET SES ŒUVRES 1
BENVENUTO CELLINI. 1
BOSSUET. 1
CHRISTOPHE COLOMB. 1
CICÉRON 1
LES CONFIDENCES. 1
LE CONSEILLER DU PEUPLE. 6
CROMWELL 1
FÉNELON. 1
LES FOYERS DU PEUPLE 2
GENEVIÈVE. *Histoire d'une servante* . . 1
GUILLAUME TELL 1
HÉLOÏSE ET ABÉLARD 1

A. DE LAMARTINE (Suite)

	vol.
HOMÈRE ET SOCRATE	1
JACQUARD — GUTENBERG	1
JEAN-JACQUES ROUSSEAU	1
JEANNE D'ARC	1
Mme DE SÉVIGNÉ	1
NELSON	1
RÉGINA	1
RUSTEM	1
TOUSSAINT LOUVERTURE	1
VIE DU TASSE	1

L'ABBÉ DE LAMENNAIS

LE LIVRE DU PEUPLE, avec une étude de M. *Ernest Renan*	1
PAROLES D'UN CROYANT, avec une étude de M. *Sainte-Beuve*	1

VICTOR DE LAPRADE

LES SYMPHONIES — Idylles héroïques	1

CHARLES DE LA ROUNAT

LA COMÉDIE DE L'AMOUR	1

H. DE LATOUCHE

ADRIENNE	1
AYMAR	1
CLÉMENT XIV ET CARLO BERTINAZZI	1
FRAGOLETTA	1
FRANCE ET MARIE	1
GRANGENEUVE	1
LÉO	1
UN MIRAGE	1
OLIVIER BRUSSON	1
LE PETIT PIERRE	1
LA VALLÉE AUX LOUPS	1

CHARLES LAVOLLÉE

LA CHINE CONTEMPORAINE	1

CARLE LEDHUY

LE CAPITAINE D'AVENTURES	1
LE FILS MAUDIT	1
LA NUIT TERRIBLE	1

LOUIS LURINE

ICI L'ON AIME	1

CHARLES MAGNIN

HISTOIRE DES MARIONNETTES	1

FÉLICIEN MALLEFILLE

LE CAPITAINE LAROSE	1
MARCEL	2
MÉMOIRES DE DON JUAN	2
MONSIEUR CORBEAU	1

LE COMTE DE MARCELLUS

CHANTS POPUL. DE LA GRÈCE MODERNE	1

MARIVAUX

THÉÂTRE. Av. notice de *P. de St-Victor*	1

X. MARMIER

AU BORD DE LA NÉVA	1
LES DRAMES INTIMES	1
EN CHEMIN DE FER	1
UNE GRANDE DAME RUSSE	1
HISTOIRES ALLEMANDES ET SCANDINAVES	1

LE DOCTEUR FÉLIX MAYNARD

UN DRAME DANS LES MERS BORÉALES	1
VOYAGES ET AVENTURES AU CHILI	1

LE CAPITAINE MAYNE-REID
Traduction Allyre Bureau

	vol.
LES CHASSEURS DE CHEVELURES	1

MÉRY

UN AMOUR DANS L'AVENIR	1
ANDRÉ CHÉNIER	1
LA CHASSE AU CHASTRE	1
LE CHATEAU DES TROIS TOURS	1
LE CHATEAU VERT	1
UNE CONSPIRATION AU LOUVRE	1
LES DAMNÉS DE L'INDE	1
UNE HISTOIRE DE FAMILLE	1
UN HOMME HEUREUX	1
LES NUITS ANGLAISES	1
LES NUITS ITALIENNES	1
UNE NUIT DU MIDI	1
SALONS ET SOUTERRAINS DE PARIS	1
LE TRANSPORTÉ	1
TRAFALGAR	1
LA VIE FANTASTIQUE	1

PAUL MEURICE

LES TYRANS DE VILLAGE	1

EUGÈNE DE MIRECOURT

MASANIELLO, LE PÊCHEUR DE NAPLES	1

PAUL DE MOLÈNES

AVENTURES DU TEMPS PASSÉ	1
CARACTÈRES ET RÉCITS DU TEMPS	1
CHRONIQUES CONTEMPORAINES	1
HISTOIRES INTIMES	1
HISTOIRES SENTIMENTALES ET MILITAIRES	1
MÉM. D'UN GENTILH. DU SIÈCLE DERNIER	1

MOLIÈRE

ŒUVRES COMPLÈTES. — *Nouvelle édition* publiée par *Philarète Chasles*	5

HENRY MONNIER

MÉMOIRES DE M. JOSEPH PRUDHOMME	2

CHARLES MONSELET

LES FEMMES QUI FONT DES SCÈNES	1

LE COMTE DE MONTALIVET

RIEN ! 18 années de gouvernement parlementaire. 3e *édition*	1

LE COMTE DE MOYNIER

BOHÉMIENS ET GRANDS SEIGNEURS	1

HÉGÉSIPPE MOREAU

ŒUVRES, avec notice par *L. Ratisbonne*	1

FÉLIX MORNAND

BERNERETTE	1

HENRY MURGER

LES BUVEURS D'EAU	1
LE DERNIER RENDEZ-VOUS	1
MADAME OLYMPE	1
LE PAYS LATIN	1
PROPOS DE VILLE ET PROPOS DE THÉÂTRE	1
LE ROMAN DE TOUTES LES FEMMES	1
LE SABOT ROUGE	1
SCÈNES DE CAMPAGNE	1
SCÈNES DE LA VIE DE BOHÈME	1
SCÈNES DE LA VIE DE JEUNESSE	1
LES VACANCES DE CAMILLE	1

A. DE MUSSET, DE BALZAC, G. SAND vol.
LES PARISIENNES A PARIS 1

PAUL DE MUSSET
LA BAVOLETTE 1
PUYLAURENS 1

NADAR
LE MIROIR AUX ALOUETTES 1
QUAND J'ÉTAIS ÉTUDIANT 1

HENRI NICOLLE
LE TUEUR DE MOUCHES 1

JULES NORIAC
MADEMOISELLE POUCET 1

ÉDOUARD OURLIAC
LES GARNACHES 1

THÉODORE PAVIE
RÉCITS DE TERRE ET DE MER . . . 1

PAUL PERRET
LES BOURGEOIS DE CAMPAGNE . . . 1
HISTOIRE D'UNE JOLIE FEMME . . 1

LAURENT PICHAT
LA PAÏENNE 1

AMÉDÉE PICHOT
LE CHEVAL-ROUGE 1
UN DRAME EN HONGRIE 1
L'ÉCOLIER DE WALTER SCOTT . . . 1
LA FEMME DU CONDAMNÉ 1
LES POÈTES AMOUREUX 1

EDGAR POE (Trad. Ch. Baudelaire.)
AVENTURES D'ARTHUR GORDON PYM . 1
EUREKA 1
HISTOIRES EXTRAORDINAIRES . . . 1
HISTOIRES GROTESQUES ET SÉRIEUSES. 1
NOUVELLES HISTOIRES EXTRAORDINAIRES. 1

F. PONSARD
ÉTUDES ANTIQUES 1

A. DE PONTMARTIN
CONTES D'UN PLANTEUR DE CHOUX . 1
CONTES ET NOUVELLES 1
LA FIN DU PROCÈS 1
MÉMOIRES D'UN NOTAIRE 1
OR ET CLINQUANT 1
POURQUOI JE RESTE A LA CAMPAGNE 1

L'ABBÉ PRÉVOST
MANON LESCAUT, précédée d'une Étude par *John Lemoinne* 1

RABELAIS
ŒUVRES COMPLÈTES publiées par *Philarète Chasles* 1

ANNE RADCLIFFE (Trad. N. Fournier)
LA FORÊT OU L'ABBAYE DE SAINT-CLAIR.
L'ITALIEN OU LE CONFESSIONNAL DES PÉNITENTS NOIRS 1
JULIA OU LES SOUTERRAINS DU CHATEAU DE MAZZINI 1
LES MYSTÈRES DU CHATEAU D'UDOLPHE. 2
LES VISIONS DU CHATEAU DES PYRÉNÉES. 1

RAOUSSET-BOULBON
UNE CONVERSION 1

B.-H. REVOIL Traducteur
LE DOCTEUR AMÉRICAIN 1
LES HAREMS DU NOUVEAU-MONDE . . 1

LOUIS REYBAUD
CE QU'ON PEUT VOIR DANS UNE RUE. 1
CÉSAR FALEMPIN 1
LA COMTESSE DE MAULÉON 1
LE COQ DU CLOCHER 1

LOUIS REYBAUD (suite) vol.
LE DERNIER DES COMMIS-VOYAGEURS . 1
ÉDOUARD MONGERON 1
L'INDUSTRIE EN EUROPE 1
JÉRÔME PATUROT à la recherche de la meilleure des Républiques . . 1
JÉRÔME PATUROT à la recherche d'une position sociale 1
MARIE BRONTIN 1
MATHIAS L'HUMORISTE 1
PIERRE MOUTON 1
LA VIE A REBOURS 1
LA VIE DE CORSAIRE 1

W. REYNOLDS
LES DRAMES DE LONDRES :
— LES FRÈRES DE LA RÉSURRECTION. 1
— LA TAVERNE DU DIABLE 1
— LES MYSTÈRES DU CABINET NOIR. 1
— LES MALHEURS D'UNE JEUNE FILLE. 1
— LE SECRET DU RESSUSCITÉ . . . 1
— LE FILS DU BOURREAU 1
— LES PIRATES DE LA TAMISE . . 1
— LES DEUX MISÉRABLES 1
— LES RUINES DU CHATEAU DE RAVENSWORTH 1
— LE NOUVEAU MONTE-CRISTO . . . 1

RÉGINA ROCHE (Trad. N. Fournier)
LA CHAPELLE DU VIEUX CHATEAU . 1

HIPPOLYTE RODRIGUES
LES TROIS FILLES DE LA BIBLE . 1

AMÉDÉE ROLLAND
LES MARTYRS DU FOYER 1

JEAN ROUSSEAU
PARIS DANSANT 1

JULES DE SAINT-FÉLIX
LE GANT DE DIANE 1
MADEMOISELLE ROSALINDE 1
SCÈNES DE LA VIE DE GENTILHOMME. 1

GEORGE SAND
ADRIANI 1
LES AMOURS DE L'AGE D'OR . . . 1
LES BEAUX MESSIEURS DE BOIS-DORÉ. 2
LE CHATEAU DES DÉSERTES 1
LE COMPAGNON DU TOUR DE FRANCE. 2
LA COMTESSE DE RUDOLSTADT . . . 2
CONSUELO 3
LES DAMES VERTES 1
LA DANIELLA 2
LE DIABLE AUX CHAMPS 1
LA FILLEULE 1
FLAVIN 1
HISTOIRE DE MA VIE 10
L'HOMME DE NEIGE 3
HORACE 1
ISIDORA 1
JEANNE 1
LÉLIA — Métella — Melchior — Cora. 2
LUCREZIA FLORIANI — Lavinia . 1
LE MEUNIER D'ANGIBAULT 1
NARCISSE 1
PAULINE 1
LE PÉCHÉ DE M. ANTOINE 2
LE PICCININO 2
PROMENADES AUTOUR D'UN VILLAGE. 1
LE SECRÉTAIRE INTIME 1
SIMON 1
TEVERINO — Léone Léoni 1

JULES SANDEAU

	vol.
CATHERINE	1
LE JOUR SANS LENDEMAIN	1
MADEMOISELLE DE KÉROUARE	1
SACS ET PARCHEMINS	1

EUGÈNE SCRIBE

	vol.
THÉATRE	9
— COMÉDIES-VAUDEVILLES	7
— OPÉRAS	1
— OPÉRAS-COMIQUES	1

FRÉDÉRIC SOULIÉ

	vol.
AU JOUR LE JOUR	1
LES AVENTURES DE SATURNIN VICHET	2
LE BANANIER — EULALIE PONTOIS	1
LE CHATEAU DES PYRÉNÉES	2
LE COMTE DE FOIX	1
LE COMTE DE TOULOUSE	1
LA COMTESSE DE MONRION	2
CONFESSION GÉNÉRALE	2
LE CONSEILLER D'ÉTAT	1
CONTES ET RÉCITS DE MA GRAND'MÈRE	1
CONTES POUR LES ENFANTS	1
LES DEUX CADAVRES	1
DIANE ET LOUISE	1
LES DRAMES INCONNUS	5
— LA MAISON N° 3 DE LA RUE DE PROVENCE	1
— AVENTURES D'UN CADET DE FAMILLE	1
— LES AMOURS DE VICTOR BONSENNE	1
— OLIVIER DUHAMEL	2
UN ÉTÉ A MEUDON	1
LES FORGERONS	1
HUIT JOURS AU CHATEAU	1
LE LION AMOUREUX	1
LA LIONNE	1
LE MAGNÉTISEUR	1
LE MAÎTRE D'ÉCOLE	1
UN MALHEUR COMPLET	1
MARGUERITE	1
LES MÉMOIRES DU DIABLE	3
LE PORT DE CRÉTEIL	1
LES PRÉTENDUS	1
LES QUATRE ÉPOQUES	1
LES QUATRE NAPOLITAINES	2
LES QUATRE SŒURS	1
UN RÊVE D'AMOUR — LA CHAMBRIÈRE	1
SATHANIEL	1
SI JEUNESSE SAVAIT, SI VIEILLESSE POUVAIT	2
LE VICOMTE DE BÉSIERS	1

ÉMILE SOUVESTRE

	vol.
LES ANGES DU FOYER	1
AU BORD DU LAC	1
AU BOUT DU MONDE	1
AU COIN DU FEU	1
CAUSERIES HISTORIQUES ET LITTÉRAIRES	3
CHRONIQUES DE LA MER	1

ÉMILE SOUVESTRE (Suite)

	vol.
LES CLAIRIÈRES	1
CONFESSIONS D'UN OUVRIER	1
CONTES ET NOUVELLES	1
DANS LA PRAIRIE	2
LES DERNIERS BRETONS	1
LES DERNIERS PAYSANS	1
DEUX MISÈRES	1
LES DRAMES PARISIENS	1
L'ÉCHELLE DE FEMMES	1
EN BRETAGNE	1
EN FAMILLE	1
EN QUARANTAINE	1
LE FOYER BRETON	2
LA GOUTTE D'EAU	1
HISTOIRES D'AUTREFOIS	1
L'HOMME ET L'ARGENT	1
LOIN DU PAYS	1
LA LUNE DE MIEL	1
LA MAISON ROUGE	1
LE MARI DE LA FERMIÈRE	1
LE MAT DE COCAGNE	1
LE MÉMORIAL DE FAMILLE	1
LE MENDIANT DE SAINT-ROCH	1
LE MONDE TEL QU'IL SERA	1
LE PASTEUR D'HOMMES	1
LES PÉCHÉS DE JEUNESSE	1
PENDANT LA MOISSON	1
UN PHILOSOPHE SOUS LES TOITS	1
PIERRE ET JEAN	1
PROMENADES MATINALES	1
RÉCITS ET SOUVENIRS	2
LES RÉPROUVÉS ET LES ÉLUS	1
RICHE ET PAUVRE	2
LE ROI DU MONDE	1
SCÈNES DE LA CHOUANNERIE	1
SCÈNES DE LA VIE INTIME	1
SCÈNES ET RÉCITS DES ALPES	1
LES SOIRÉES DE MEUDON	1
SOUS LA TONNELLE	1
SOUS LES FILETS	1
SOUS LES OMBRAGES	2
SOUVENIRS D'UN BAS-BRETON	1
SOUV. D'UN VIEILLARD. La dernière étape	1
SUR LA PELOUSE	1
THÉATRE DE LA JEUNESSE	1
TROIS FEMMES	1
TROIS MOIS DE VACANCES	1
LA VALISE NOIRE	1

MARIE SOUVESTRE

	vol.
PAUL FERROLL, *traduit de l'anglais*	1

DANIEL STAUBEN

	vol.
SCÈNES DE LA VIE JUIVE EN ALSACE	1

DE STENDHAL (H. BEYLE)

	vol.
DE L'AMOUR	1
LA CHARTREUSE DE PARME	1
CHRONIQUES ET NOUVELLES	1
PROMENADES DANS ROME	2
LE ROUGE ET LE NOIR	2

COLLECTION MICHEL LÉVY. — 1 FR. LE VOLUME.

DANIEL STERN
vol.
- NELIDA.......................... 1

STERNE (Trad. N. Fournier)
- VOYAGE SENTIMENTAL, avec Notice de Walter-Scott.................. 1

EUGÈNE SUE
- LA BONNE AVENTURE.............. 2
- LE DIABLE MÉDECIN............... 3
- — ADÈLE VERNEUIL................ 1
- — CLÉMENCE HERVÉ................ 1
- — LA GRANDE DAME................ 1
- LES FILS DE FAMILLE............. 3
- GILBERT ET GILBERTE............. 3
- LES SECRETS DE L'OREILLER....... 3
- LES SEPT PÉCHÉS CAPITAUX........ 6
- — L'ORGUEIL..................... 2
- — L'ENVIE — LA COLÈRE........... 2
- — LA LUXURE — LA PARESSE........ 1
- — L'AVARICE — LA GOURMANDISE.... 1

Mme DE SURVILLE née DE BALZAC
- BALZAC, SA VIE ET SES ŒUVRES.... 1

E. TEXIER
- AMOUR ET FINANCE............... 1

WILLIAM THACKERAY (Tr. W. Hughes)
- LES MÉMOIRES D'UN VALET DE PIED.. 1

LOUIS ULBACH
- SUZANNE DUCHEMIN................ 1
- LA VOIX DU SANG................. 1

OSCAR DE VALLÉE
vol.
- LES MANIEURS D'ARGENT........... 1

VALOIS DE FORVILLE
- LE COMTE DE SAINT-POL........... 1
- LE CONSCRIT DE L'AN VIII........ 1
- LE MARQUIS DE PAZAVAL........... 1

MAX. VALREY
- MARTHE DE MONTBRUN.............. 1

V. VERNEUIL
- MES AVENTURES AU SÉNÉGAL........ 1

LE DOCTEUR L. VÉRON
- MÉMOIRES D'UN BOURGEOIS DE PARIS... 5

L. VITET
- LES ÉTATS D'ORLÉANS............. 1

ALFRED DE VIGNY
- LAURETTE OU LE CACHET ROUGE..... 1
- LA VEILLÉE DE VINCENNES......... 1
- VIE ET MORT DU CAPITAINE RENAUD. 1

CHARLES VINCENT ET DAVID
- LE TUEUR DE BRIGANDS............ 1

JULES DE WAILLY FILS
- SCÈNES DE LA VIE DE FAMILLE..... 1

FRANCIS WEY
- LES ANGLAIS CHEZ EUX............ 1
- LONDRES IL Y A CENT ANS......... 1

E. YEMENIZ
- LA GRÈCE MODERNE................ 1

COLLECTION A 50 CENTIMES
Jolis volumes format grand in-32, sur beau papier

UN ASTROLOGUE
vol.
- LA COMÈTE ET LE CROISSANT. Présages et prophéties sur la Guerre d'Orient. 1

GUSTAVE CLAUDIN
- PALSAMBLEU!.................... 1

Mme LOUISE COLET
- QUATRE POÈMES couronnés par l'Académie........................... 1

ALEXANDRE DUMAS
- LA JEUNESSE DE PIERROT. Conte de fée.. 1
- MARIE DORVAL................... 1

HENRY DE LA MADELÈNE
- GERMAIN BARBE-BLEUE............ 1

LÉON PAILLET
vol.
- VOLEURS ET VOLÉS............... 1

J. PETIT-SENN
- BLUETTES ET BOUTADES........... 1

NESTOR ROQUEPLAN
- LES COULISSES DE L'OPÉRA....... 1

AURÉLIEN SCHOLL
- CLAUDE LE BORGNE............... 1

EDMOND TEXIER
- UNE HISTOIRE D'HIER............ 1

H. DE VILLEMESSANT
- LES CANCANS.................... 1

COLLECTION FORMAT IN-32

1 FRANC LE VOLUME

Jolis volumes papier vélin

	vol.
ÉMILE AUGIER	
LES PARIÉTAIRES. Poésies	1
***	
LES ZOUAVES ET LES CHASSEURS A PIED.	1
H. DE BALZAC	
LES FEMMES	1
THÉODORE DE BANVILLE	
LES PAUVRES SALTIMBANQUES	1
LA VIE D'UNE COMÉDIENNE	1
GEORGES BELL	
LE MIROIR DE CAGLIOSTRO	1
A. DE BELLOY	
PHYSIONOMIES CONTEMPORAINES	1
PORTRAITS ET SOUVENIRS	1
ALFRED BOUGEARD	
LES MORALISTES OUBLIÉS	1
ALFRED DE BRÉHAT	
LE CHATEAU DE KERMARIA	1
SÉRAPHINE DARISPE	1
ALFRED BUSQUET	
LA NUIT DE NOEL	1
CHAMPFLEURY	
MONSIEUR DE BOISDHYVER	3
ÉMILE DESCHANEL	
LE BIEN et LE MAL qu'on a dit des enfants	1
HISTOIRE DE LA CONVERSATION	1
LE MAL QU'ON A DIT DE L'AMOUR	1
XAVIER EYMA	
EXCENTRICITÉS AMÉRICAINES	1
OL. GOLDSMITH *Trad. Alph. Esquiros*	
VOYAGE D'UN CHINOIS EN ANGLETERRE	1
LÉON GOZLAN	
UNE SOIRÉE DANS L'AUTRE MONDE	1
LE COMTE F. DE GRAMMONT	
COMMENT ON VIENT et COMMENT ON S'EN VA	1
CHARLES JOLIET	
L'ESPRIT DE DIDEROT	1
LOUIS JOURDAN	
LES PRIÈRES DE LUDOVIC	1
E. DE LA BÉDOLLIÈRE	
HISTOIRE DE LA MODE EN FRANCE	1
A. DE LAMARTINE	
LES VISIONS	1

	vol.
SAVINIEN LAPOINTE	
MES CHANSONS	1
LARCHER ET JULIEN	
CE QU'ON a dit de la FIDÉLITÉ et de L'INFIDÉLITÉ	1
ALBERT DE LASALLE	
HISTOIRE DES BOUFFES-PARISIENS	1
ALFRED DE LÉBIS	
MES VIEUX AMIS	1
TROIS NOUVELLES ET UN CONTE	1
ALBERT LHERMITE	
UN SCEPTIQUE S'IL VOUS PLAIT	1
Mme MANNOURY-LACOUR	
ASPHODÈLES	1
SOLITUDES. 2e *édition*	1
MÉRY	
LES AMANTS DU VÉSUVE	5
ANGLAIS ET CHINOIS	1
HISTOIRE D'UNE COLLINE	1
MICHELET	
POLOGNE ET RUSSIE	1
HENRY MURGER	
BALLADES ET FANTAISIES	1
PROPOS DE VILLE ET PROPOS DE THÉATRE	1
EUGÈNE NOEL	
RABELAIS	1
LA VIE DES FLEURS ET DES FRUITS	1
F. PONSARD	
HOMÈRE. Poëme	1
JULES SANDEAU	
OLIVIER	1
***	
PARIS CHEZ MUSARD	1
P. J. STAHL	
LES BIJOUX PARLANTS	1
L'ESPRIT DE VOLTAIRE	1
DE L'AMOUR ET DE LA JALOUSIE	1
LOUIS ULBACH	
L'HOMME AUX CINQ LOUIS D'OR	2
LE DOCTEUR YVAN	
CANTON. UN COIN DU CÉLESTE-EMPIRE	1

MUSÉE LITTÉRAIRE CONTEMPORAIN
CHOIX DES MEILLEURS OUVRAGES DES AUTEURS MODERNES
10 Centimes la Livraison — Format in-4° à 2 colonnes

ROGER DE BEAUVOIR — f. c.

LE CHEVALIER DE SAINT-GEORGES —	» 90
LE CHEVALIER DE CHARNY . . . —	» 90

CHARLES DE BERNARD

UN ACTE DE VERTU . . . . —	» 50
L'ANNEAU D'ARGENT. . . . . . —	» 50
UNE AVENTURE DE MAGISTRAT. . —	» 30
LA CINQUANTAINE. . . . . . . —	» 50
LA FEMME DE QUARANTE ANS . —	» 50
LE GENDRE. . . . . —	» 50
L'INNOCENCE D'UN FORÇAT . . —	» 30
LA PEINE DU TALION . . . . . —	» 30
LE PERSÉCUTEUR. . . . . . . —	» 30

CHAMPFLEURY

LES GRANDS HOMMES DU RUISSEAU . . . . —	» 60

LA COMTESSE DASH

LES GALANTERIES DE LA COUR DE LOUIS XV. . . . . . . —	3 »
— LA RÉGENCE . . . . —	» 90
— LA JEUNESSE DE LOUIS XV. —	» 90
— LES MAÎTRESSES DU ROI . . —	» 90
— LE PARC AUX CERFS . . . —	» 90

ALEXANDRE DUMAS

ACTÉ . . . . —	» 90
AMAURY. . . . . —	» 90
ANGE PITOU . . . . —	1 80
ASCANIO. . . . . —	1 50
AVENTURES DE JOHN DAVYS . . —	1 80
LES BALEINIERS. . . . . . . —	1 30
LE BATARD DE MAULÉON . . —	2 »
BLACK. . . . . —	» 90
LA BOULE DE NEIGE. . . . . —	» 90
BRIC-A-BRAC. . . . . —	1 20
LE CAPITAINE PAUL . . . . —	» 70
LE CAPITAINE RICHARD . . . —	» 90
CATHERINE BLUM. . . . . . —	» 70
CAUSERIES — LES TROIS DAMES. —	1 30
CÉCILE. . . . . —	» 90
CHARLES LE TÉMÉRAIRE . . . —	1 30

ALEXANDRE DUMAS (Suite) — f. c.

LE CHATEAU D'EPPSTEIN . . . —	1 50
LE CHEVALIER D'HARMENTAL. —	1 50
LE CHEV. DE MAISON-ROUGE. —	1 50
LE COLLIER DE LA REINE . . —	2 50
LA COLOMBE. . . . . —	» 50
LES COMPAGNONS DE JÉHU . —	2 10
LE COMTE DE MONTE-CRISTO . —	4 »
LA COMTESSE DE CHARNY. . —	4 5
LA COMTESSE DE SALISBURY . —	1 50
LES CONFESSIONS DE LA MARQUISE —	1 70
CONSCIENCE L'INNOCENT. . . —	1 30
LA DAME DE MONSOREAU . . —	2 50
LA DAME DE VOLUPTÉ. . . . —	1
LES DEUX DIANE. . . . . . —	2 20
LES DEUX REINES. . . . . . —	1 50
DIEU DISPOSE . . . . —	1 80
LES DRAMES DE LA MER . . —	» 70
LA FEMME AU COLLIER DE VELOURS . . . . —	» 70
FERNANDE. . . . . —	» 90
UNE FILLE DU RÉGENT. . . . —	» 90
LES FRÈRES CORSES . . . . —	» 60
GABRIEL LAMBERT . . . . . —	» 90
GAULE ET FRANCE. . . . . . —	» 90
UN GIL-BLAS EN CALIFORNIE. . —	» 70
GEORGES . . . . —	» 90
LA GUERRE DES FEMMES . . . —	1 65
HISTOIRE D'UN CASSE-NOISETTE. —	» 50
L'HOROSCOPE. . . . . —	» 90
IMPRESSIONS DE VOYAGE:	
UNE ANNÉE A FLORENCE. . . —	» 90
L'ARABIE HEUREUSE . . . . —	2 10
LES BORDS DU RHIN . . . . —	1 30
LE CAPITAINE ARÉNA . . . . —	» 90
LE CORRICOLO . . . . —	1 65
DE PARIS A CADIX . . . . . —	1 65
EN SUISSE. . . . . —	2 20
LE MIDI DE LA FRANCE . . . —	1 30
QUINZE JOURS AU SINAÏ . . —	» 90
LE SPÉRONARE. . . . . . . —	1 50
LE VÉLOCE . . . . —	1 65
LA VILLA PALMIÉRI . . . . —	» 90
INGÉNUE. . . . . —	1 80
ISABEL DE BAVIÈRE . . . . —	1 30

ALEXANDRE DUMAS (Suite)

Titre	f.	c.
ITALIENS ET FLAMANDS	1	50
IVANHOE de Walter Scott	1	70
JEHANNE LA PUCELLE	»	90
LES LOUVES DE MACHECOUL	2	50
MADAME DE CHAMBLAY	1	50
LA MAISON DE GLACE	1	50
MAITRE ADAM LE CALABRAIS	»	50
LE MAITRE D'ARMES	»	90
LES MARIAGES DU PÈRE OLIFUS	»	70
LES MÉDICIS	»	70
MES MÉMOIRES. (Complet)	8	»
— 1re série. (Séparément)	3	60
— 2e série. (—)	4	50
MÉM. DE GARIBALDI. (Complet)	1	30
— 1re série. (Séparément)	»	70
— 2e série. (—)	»	70
MÉMOIRES D'UNE AVEUGLE	1	70
MÉM. D'UN MÉDECIN — BALSAMO	4	»
LE MENEUR DE LOUPS	»	90
LES MILLE ET UN FANTÔMES	»	70
LES MOHICANS DE PARIS	3	60
LES MORTS VONT VITE	1	50
NOUVELLES	»	50
UNE NUIT A FLORENCE	»	70
OLYMPE DE CLÈVES	2	60
OTHON L'ARCHER	»	50
LE PAGE DU DUC DE SAVOIE	1	70
PASCAL BRUNO	»	50
LE PASTEUR D'ASHBOURN	1	80
PAULINE	»	50
LA PÊCHE AUX FILETS	»	50
LE PÈRE GIGOGNE	1	50
LE PÈRE LA RUINE	»	90
LA PRINCESSE FLORA	»	70
LES QUARANTE-CINQ	2	50
LA REINE MARGOT	1	65
LA ROUTE DE VARENNES	»	70
LE SALTEADOR	»	70
SALVATOR	4	»
SOUVENIRS D'ANTONY	»	90
SYLVANDIRE	»	90
LE TESTAMENT DE M. CHAUVELIN	»	70
LES TROIS MOUSQUETAIRES	1	65
LE TROU DE L'ENFER	»	90
LA TULIPE NOIRE	»	90
LE VICOMTE DE BRAGELONNE	4	75
LA VIE AU DÉSERT	1	30
UNE VIE D'ARTISTE	»	70
VINGT ANS APRÈS	2	20

ALEXANDRE DUMAS FILS

Titre	f.	c.
CÉSARINE	»	50
LA DAME AUX CAMÉLIAS	»	90
UN PAQUET DE LETTRES	»	50
LE PRIX DE PIGEONS	»	50

XAVIER EYMA

Titre	f.	c.
LES FEMMES DU NOUVEAU-MONDE	»	90

PAUL FÉVAL

Titre	f.	c.
LES AMOURS DE PARIS	1	30
LE BOSSU OU LE PETIT PARISIEN	2	50
LE FILS DU DIABLE	3	»
LE TUEUR DE TIGRES	»	70

CHARLES HUGO

Titre	f.	c.
LA BOHÊME DORÉE	1	50

CH. JOBEY

Titre	f.	c.
L'AMOUR D'UN NÈGRE	»	90

ALPHONSE KARR

Titre	f.	c.
FORT EN THÈME	»	70
LA PÉNÉLOPE NORMANDE	»	90
SOUS LES TILLEULS	»	90

A. DE LAMARTINE

Titre	f.	c.
LES CONFIDENCES	»	90
L'ENFANCE	»	50
GENEVIÈVE. Hist. d'une Servante	»	70
GRAZIELLA	»	60
LA JEUNESSE	»	60
RÉGINA	»	50

FÉLIX MAYNARD

Titre	f.	c.
L'INSURRECTION DE L'INDE. De Delhi à Cawnpore	»	70

MÉRY

Titre	f.	c.
UN ACTE DE DÉSESPOIR	»	50
LE BONHEUR D'UN MILLIONNAIRE	»	50
LE CHATEAU DES TROIS TOURS	»	70
LE CHATEAU D'UDOLPHE	»	50
UNE CONSPIRATION AU LOUVRE	»	90
LE DIAMANT A MILLE FACETTES	»	60
HISTOIRE DE CE QUI N'EST PAS ARRIVÉ	»	50
LES NUITS ANGLAISES	»	90
LES NUITS ITALIENNES	»	90
SIMPLE HISTOIRE	»	70

EUGÈNE DE MIRECOURT

	f. c.
LES CONFESSIONS DE MARION DELORME.	3 70
LES CONFESSIONS DE NINON DE LENCLOS.	3 70

HENRY MURGER

LES AMOURS D'OLIVIER.	— » 30
LE BONHOMME JADIS.	— » 30
MADAME OLYMPE.	— » 50
LA MAITRESSE AUX MAINS ROUGES.	— » 30
LE MANCHON DE FRANCINE.	— » 30
SCÈNES DE LA VIE DE BOHÈME.	— » 90
LE SOUPER DES FUNÉRAILLES.	— » 50

GEORGE SAND

ADRIANI.	— » 90
LA DANIELLA.	— 1 80
LE DIABLE AUX CHAMPS.	— » 90
ELLE ET LUI.	— » 90
LA FILLEULE.	— » 90
L'HOMME DE NEIGE.	— 2 20
JEAN DE LA ROCHE.	— 1 30
LES MAITRES SONNEURS.	— 1 10
LE MARQUIS DE VILLEMER.	— 1 30
MONT-REVÊCHE.	— 1 30
NARCISSE.	— » 90

JULES SANDEAU

SACS ET PARCHEMINS.	— » 90

SCRIBE

PROVERBES.	— » 70

FRÉDÉRIC SOULIÉ

AU JOUR LE JOUR.	— » 70
AVENT. DE SATURNIN FICHET.	— 1 30
LE BANANIER.	— » 50
LA COMTESSE DE MONRION.	— » 70
CONFESSION GÉNÉRALE.	— 1 80
LES DEUX CADAVRES.	— » 70
LES DRAMES INCONNUS.	— 2 50
— LA MAISON N° 3, RUE DE PROVENCE.	— » 70
— LES AVENTURES D'UN CADET DE FAMILLE.	— » 70
— LES AMOURS DE VICTOR BONSENNE.	— » 70
— OLIVIER DUHAMEL.	— » 70

FRÉDÉRIC SOULIÉ (Suite)

	f. c.
EULALIE PONTOIS.	— » 30
LES FORGERONS.	— » 70
HUIT JOURS AU CHATEAU.	— » 70
LE LION AMOUREUX.	— » 30
LA LIONNE.	— » 70
LE MAITRE D'ÉCOLE.	— » 50
MARGUERITE.	— » 50
LES MÉMOIRES DU DIABLE.	— 2 »
LE PORT DE CRETEIL.	— » 70
LES QUATRE NAPOLITAINES.	— 1 50
LES QUATRE SŒURS.	— » 50
SI JEUNESSE SAVAIT; SI VIEILLESSE POUVAIT.	— 1 50

ÉMILE SOUVESTRE

DEUX MISÈRES.	— » 90
L'HOMME ET L'ARGENT.	— » 70
JEAN PLÉBEAU.	— » 50
LE MENDIANT DE SAINT-ROCH.	— » 70
PIERRE LANDAIS.	— » 50
LES RÉPROUVÉS ET LES ÉLUS.	— 1 50
SOUVENIRS D'UN BAS-BRETON.	— 1 50

EUGÈNE SUE

LA BONNE AVENTURE.	— 1 50
LE DIABLE MÉDECIN.	— 2 70
— LA FEMME SÉPARÉE DE CORPS ET DE BIENS.	— » 90
— LA GRANDE DAME.	— » 50
— LA LORETTE.	— » 30
— LA FEMME DE LETTRES.	— » 90
— LA BELLE FILLE.	— » 50
LES FILS DE FAMILLE.	— 2 70
GILBERT ET GILBERTE.	— 2 70
LES MÉMOIRES D'UN MARI.	— 2 70
— UN MARIAGE DE CONVENANCES.	— 1 50
— UN MARIAGE D'ARGENT.	— » 90
— UN MARIAGE D'INCLINATION.	— » 50
LES SECRETS DE L'OREILLER.	— 2 20
LES SEPT PÉCHÉS CAPITAUX.	— 5 »
— L'ORGUEIL.	— 1 50
— L'ENVIE.	— » 90
— LA COLÈRE.	— » 70
— LA LUXURE.	— » 70
— LA PARESSE.	— » 50
— L'AVARICE.	— » 50
— LA GOURMANDISE.	— » 50

VALOIS DE FORVILLE

LE CONSCRIT DE L'AN VIII.	— » 90

BROCHURES DIVERSES

ÉMILE AUGIER — f. c.
DISCOURS DE RÉCEPTION A L'ACADÉMIE FRANÇAISE . . . . 1 »

LE DUC D'AUMALE
LA QUESTION ALGÉRIENNE à propos de la lettre adressée par l'Empereur au maréchal de Mac-Mahon . . . 1 »

LOUIS BLANC
LA RÉVOLUTION DE FÉVRIER AU LUXEMBOURG . . . . 1 »

BLANQUI ET ÉMILE DE GIRARDIN
DE LA LIBERTÉ DU COMMERCE ET DE LA PROTECTION DE L'INDUSTRIE . . 2 »

H. BLAZE DE BURY
M. LE COMTE DE CHAMBORD — UN MOIS A VENISE . . . . 1 »

BONNAL
ABOLITION DU PROLÉTARIAT . . . . 1 »
LA FORCE ET L'IDÉE . . . . 1 »

G. BOULLAY
RÉORGANISATION ADMINISTRATIVE . . 1 »

CHAMPFLEURY
RICHARD WAGNER . . . . » 50

GUSTAVE CHAUDEY
DE L'ÉTABLISSEMENT DE LA RÉPUBLIQUE 1 »

RENÉ CLÉMENT
ÉTUDE SUR LE THÉATRE ANTIQUE . . 1 »

ATHANASE COQUEREL FILS
LE BON SAMARITAIN, sermon prêché en 1864, dans les églises de Lusignan et de Reims . . . . » 50
LE CATHOLICISME ET LE PROTESTANTISME considérés dans leur origine et leur développement . . . . . 1 »
LES CHOSES ANCIENNES ET LES CHOSES NOUVELLES, sermon prononcé en 1864, dans les églises de Poitiers, Reims, Nîmes, Montpellier, Montauban et Lyon . . . . » 50
L'ÉGOÏSME DEVANT LA CROIX, sermon sur Luc, prêché dans les églises de Vauvert, Anduze, Sommières, Uzès et Clairac . . . . » 50
PROFESSION DE FOI CHRÉTIENNE . . » 50
LA SCIENCE ET LA RELIGION, sermon prêché en 1864, dans les églises de Nîmes et de Dieppe . . . . . » 50
SERMON D'ADIEU prêché dans l'église de l'Oratoire . . . . » 50

L. COUTURE
DU BONAPARTISME DANS L'HISTOIRE DE FRANCE . . . . 1 »
DU GOUVERNEMENT HÉRÉDITAIRE EN FRANCE . . . . » 50

UN CURÉ
A NOTRE SAINT-PÈRE LE PAPE . . . 1 »

CHARLES DIDIER
QUESTION SICILIENNE . . . . . . 1 »
UNE VISITE AU DUC DE BORDEAUX . 1 »

ERNEST DESJARDINS
NOTICE SUR LE MUSÉE NAPOLÉON III et promenade dans les galeries . » 50

DUFAURE
DU DROIT AU TRAVAIL . . . . . » 30

ALEXANDRE DUMAS
RÉVÉLATIONS SUR L'ARRESTATION D'ÉMILE THOMAS . . . . » 50

ALEXANDRE DUMAS FILS — f. c.
NOUVELLE LETTRE DE JUNIUS A SON AMI A.-D., révélations sur les principaux personnages de la guerre actuelle 3e édit. . . . . 2 »
UNE LETTRE SUR LES CHOSES DU JOUR 1 »

ADRIEN DUMONT
LES PRINCIPES DE 1789 . . . . . 1 »

LÉON FAUCHER
LE CRÉDIT FONCIER . . . . . . » 30

OCTAVE FEUILLET
DISCOURS DE RÉCEPTION A L'ACADÉMIE FRANÇAISE . . . . 1 »

LE MARQUIS DE GABRIAC
DE L'ORIGINE DE LA GUERRE D'ITALIE. 1 »

ÉMILE DE GIRARDIN
L'ABOLITION DE L'AUTORITÉ . . . . 1 »
ABOLITION DE L'ESCLAVAGE MILITAIRE. 1 »
AVANT LA CONSTITUTION . . . . » 50
LA CONSTITUANTE ET LA LÉGISLATIVE. 1 »
LE DROIT DE TOUT DIRE . . . . . 1 »
L'ÉQUILIBRE FINANCIER PAR LA RÉFORME ADMINISTRATIVE . . . . 1 »
L'EXPROPRIATION ABOLIE PAR LA DETTE FONCIÈRE CONSOLIDÉE . . . . . 2 »
LE GOUVERNEMENT LE PLUS SIMPLE. 1 »
JOURNAL D'UN JOURNALISTE AU SECRET. 1 »
LA NOTE DU XIV DÉCEMBRE . . . . 1 »
L'ORNIÈRE DES RÉVOLUTIONS . . . 1 »
LA PAIX. 2e édition . . . . . . 1 »
RESPECT DE LA CONSTITUTION . . . 1 »
LE SOCIALISME ET L'IMPOT . . . . 1 »
SOLUTION DE LA QUESTION D'ORIENT. » 50

GLADSTONE
DEUX LETTRES au lord Aberdeen sur les poursuites politiques exercées par le gouvernement napolitain . . . . 1 »

JULES GOUACHE
LES VIOLONS DE M. MARRAST . . . » 50

EUGÈNE GRANGÉ
LES VERSAILLAISES, chansons . . . 1 »

LE COMTE D'HAUSSONVILLE
CONSULTATION DE MM. LES BATONNIERS DE L'ORDRE DES AVOCATS . 1 »
LETTRE AUX BATONNIERS DE L'ORDRE DES AVOCATS . . . . 1 »
M. DE CAVOUR ET LA CRISE ITALIENNE. 1 »

LÉON HEUZEY
CATALOGUE DE LA MISSION DE MACÉDOINE ET DE THESSALIE . . . . » 50

VICTOR HUGO ET CRÉMIEUX
DISCOURS SUR LA PEINE DE MORT (Procès de l'Événement) . . . . . . 1 »

LOUIS JOURDAN
LA GUERRE A L'ANGLAIS. 2e édit. . 1 »

LAMARTINE
DU DROIT AU TRAVAIL . . . . . » 30
LETTRE AUX DIX DÉPARTEMENTS . . » 30
LA PRÉSIDENCE . . . . » 30
DU PROJET DE CONSTITUTION . . . » 30
UNE SEULE CHAMBRE . . . . . . » 30

ÉDOUARD LEMOINE
ABDICATION DU ROI LOUIS-PHILIPPE. » 50

JOHN LEMOINNE
AFFAIRES DE ROME . . . . 1 »

BROCHURES DIVERSES.

A. LEYMARIE — f. c.
HISTOIRE D'UNE DEMANDE EN AUTORISATION DE JOURNAL. — Simple question de propriété........ 2 »

ÉTIENNE MAURICE
DÉCENTRALISATION ET DÉCENTRALISATEURS.................. 1 »

LE COMTE DE MONTALIVET
OBSERVATIONS SUR LE PROJET DE LOI RELATIF AUX CONSEILS-GÉNÉRAUX. 1 »
LE ROI LOUIS-PHILIPPE ET SA LISTE CIVILE............... » 50

LE BARON DE NERVO
L'ADMINISTRATION DES FINANCES SOUS LA RESTAURATION........ 1 »
LES FINANCES DE LA FRANCE SOUS LE RÈGNE DE NAPOLÉON III...... 1 »

D. NISARD
LES CLASSES MOYENNES EN ANGLETERRE ET LA BOURGEOISIE EN FRANCE............... 1 »
DISCOURS PRONONCÉ A L'ACADÉMIE FRANÇAISE en réponse au discours de réception de M. Ponsard..... 1 »

UN PAYSAN CHAMPENOIS.
A TIMON sur son projet de Constitution............... » 50

CASIMIR PERIER
LE BUDGET DE 1863......... 1 »
LA RÉFORME FINANCIÈRE DE 1862. 1 »

GEORGES PERROT
CATALOGUE DE LA MISSION D'ASIE-MINEURE............ » 50

ANSELME PETETIN
DE L'ANNEXION DE LA SAVOIE. 2 éd. 1 »

H. PLANAVERGNE — f. c.
NOUVEAU SYSTÈME DE NAVIGATION, fondé sur le principe de l'envergence des corps roulants sur l'eau 1 50

A. PONROY
LE MARÉCHAL BUGEAUD........ 1 »

F. PONSARD
DISCOURS DE RÉCEPTION A L'ACADÉMIE FRANÇAISE............. 1 »

PRÉVOST-PARADOL
LES ÉLECTIONS DE 1863..... 1 »
DU GOUVERNEMENT PARLEMENTAIRE ET DU DÉCRET DU 24 NOVEMBRE.. 1 »
DE LA LIBERTÉ DES CULTES EN FRANCE. 1 »
DEUX LETTRES SUR LA RÉFORME DU CODE PÉNAL........... 1 »
QUELQUES RÉFLEXIONS SUR NOTRE SITUATION INTÉRIEURE....... » 50

ESPRIT PRIVAT
LE DOIGT DE DIEU........ 1 »

ERNEST RENAN
CATALOGUE DES OBJETS PROVENANT DE LA MISSION DE PHÉNICIE.. » 50
LA MONARCHIE CONSTITUTIONNELLE EN FRANCE........... 1 »
LA PART DE LA FAMILLE ET DE L'ÉTAT DANS L'ÉDUCATION...... » 50

SAINTE-BEUVE
A PROPOS DES BIBLIOTHÈQ. POPULAIRES » 50
DE LA LIBERTÉ DE L'ENSEIGNEMENT SUPÉRIEUR............ » 50
DE LA LOI SUR LA PRESSE..... » 50

SAINT-MARC GIRARDIN
DU DÉCRET DU 24 NOVEMBRE ou de la réforme de la Constitution de 1852............. 1 »

GEORGE SAND
LA GUERRE............ 1 »

G. SAND ET V. BORIE
TRAVAILLEURS ET PROPRIÉTAIRES.. 1 »

THIERS
DU CRÉDIT FONCIER......... » 30
LE DROIT AU TRAVAIL....... » 30

LES FIGURES DU TEMPS

NOTICES BIOGRAPHIQUES

Par LEMERCIER DE NEUVILLE. Brochures grand in-18, avec des Photographies
DE PIERRE PETIT

ROBERT HOUDIN. 1 fr. | **Mme PETIPA**....... 1 fr.

L'UNIVERS ILLUSTRÉ
JOURNAL PARAISSANT LE SAMEDI

Chaque numéro contient 16 pages format in-folio (8 de texte et 8 de gravures
Prix : 30 Centimes le numéro
Abonnement : un An, 20 fr. — Six Mois, 10 fr.
— *Pour plus de détails, demander le prospectus* —

LE JOURNAL DU DIMANCHE
LITTÉRATURE — HISTOIRE — VOYAGES — MUSIQUE
26 vol. sont en vente. Chaque vol. format in-4, orné de 104 gravures. Prix : 3 fr.

LE JOURNAL DU JEUDI
LITTÉRATURE — HISTOIRE — VOYAGES
20 vol. sont en vente. Chaque vol. format in-4, orné de 104 gravures. Prix : 3 fr

---

LES BONS ROMANS
CHEFS-D'ŒUVRE DE LA LITTÉRATURE CONTEMPORAINE

Par VICTOR HUGO, ALEXANDRE DUMAS, GEORGE SAND, LAMARTINE, ALFRED DE MUSSET, EUGÈNE SUE, FRÉDÉRIC SOULIÉ, ALPHONSE KARR, CH. DE BERNARD, ALEX. DUMAS FILS, HENRY MURGER, HENRI CONSCIENCE, PAUL FÉVAL, ÉMILE SOUVESTRE, ETC., ETC.

21 vol. sont en vente. Chaque volume, format in-4, orné de 104 gravures. Prix : 3 f.

DICTIONNAIRE DES NOMS PROPRES
OU ENCYCLOPÉDIE ILLUSTRÉE
DE BIOGRAPHIE, DE GÉOGRAPHIE, D'HISTOIRE ET DE MYTHOLOGIE
Par B. Dupiney de Vorepierre

L'ouvrage, imprimé sur papier de luxe et avec des caractères neufs, formera deux volumes grand in-4, publiés en 160 livraisons, et sera enrichi

DE 400 CARTES OU PLANS, DE 2000 PORTRAITS ET DE 2000 GRAVURES

Représentant des vues de villes, monuments ou sites remarquables, des types de races, etc.

50 centimes la livraison. — Chaque livraison se compose de deux feuilles de texte et contient presque la matière d'un volume in-8°

DICTIONNAIRE FRANÇAIS ILLUSTRÉ
ET ENCYCLOPÉDIE UNIVERSELLE

Ouvrage qui peut tenir lieu de tous les vocabulaires et de toutes les encyclopédies
ENRICHI DE 20,000 FIG. GRAVÉES SUR CUIVRE PAR LES MEILLEURS ARTISTES
Dirigé par B. Dupiney de Vorepierre
ET RÉDIGÉ PAR UNE SOCIÉTÉ DE SAVANTS ET DE GENS DE LETTRES

169 livraisons à 50 centimes. Chaque livraison est composée de deux feuilles de texte et contient la matière d'un volume in-8 ordinaire. L'ouvrage, composé en caractères entièrement neufs et imprimé sur papier de luxe, forme deux magnifiques volumes in-4. . . . . Prix, broché : 80 fr.
Demi-reliure chagrin, plats toile. . . . . Prix . . . . 92 fr.

www.ingramcontent.com/pod-product-compliance
Lightning Source LLC
Chambersburg PA
CBHW060406170426
43199CB00013B/2031